本书系吉林省教育厅"十三五"科学研究规划重点项目

"吉林省高校本科 STEM 教育课程建设研究"（项目编号：JJKH20201184SK）的研究成果

大概念课程与教学

Curriculum and Teaching Design around Big Ideas

从理论到实践

from Theory to Practice

李刚 著

社会科学文献出版社

SOCIAL SCIENCES ACADEMIC PRESS (CHINA)

前　言

2018 年 1 月，中华人民共和国教育部发布了《普通高中课程方案（2017 年版）》及 20 个学科的普通高中课程标准，凝练了各个学科的核心素养，例如物理学科的核心素养包括物理观念、科学思维、科学探究、科学态度与责任四个方面，并以此为据，更新了课程内容与评价体系。该课程标准首次使用"大概念"一词统整各学科课程内容，引领课程与教学改革，明确强调以学科大概念为核心促进学科核心素养的转化。2020 年，经济合作与发展组织（OECD）发布《课程再设计：来自 OECD 教育 2030 项目的系列专题报告》，指出了四个类别共计 12 条课程设计指导原则，其中可迁移性原则强调课程的结构能够让学生理解支撑特定学科的大概念，了解其如何应用于不同学科以及认识到学生如何在特定的学科环境中发展技能，并将其应用于不同的学科和环境中。除此之外，包括美国在内的诸多国家都将教育变革的焦点放在大概念上，大概念视野下的课程与教学变革正式开启。

本书着眼于当前课程与教学变革的最新趋势，从多个视角探析大概念视野下课程与教学变革的理论意涵及实践路径。第一，本书从大概念的内涵、类型以及特征三方面阐释了大概念的基本意涵，指出大概念是基于事实抽象出来的，能够解释和预测较大范围内事物和现象，涵盖基本知识与基本技能，帮助学习者认识世界和理解世界，少数的、可迁移的核心概念，同时充分挖掘了大概念研究的脑科学基础、认识论基础、心理学基础以及教育学基础，详述了大概念研究的必要价值。第二，本书阐释了核心素养时代大概念在课程设计中的重要角色，着重比较了加拿大科学课程、日本理科课程、新加坡数学课程以及中国课程设计中的大概念线索，并系统研究了大概念课程设计的金字塔模式、系统网模式和线性链模式。第三，本书阐释了核心素养时代大概念教学的重要理念，分析了教学目标的设计理念、教学活动的组织理念以及教学评价的编制理念，并阐释了大概念教学的建构逻辑、实用工具与设计路径。第四，本书进行了课程与教学的实践探索，在课程方面对于生命教育课程、劳动教育课程以及 STEM 教育课程进行了案例设计，在教学方面选取了学前教育阶段、义务教育阶段以及高中教育阶段的来自不同学科的 11 个案例进行了案例设计。

在本书的撰写与出版过程中，作者参考了大量国内外专家学者的论著、教材等有关文献资料，获得了诸多启示，在此一并致谢。同时，特别感谢导师吕立杰教授一直以来对我的点拨和帮助，特别感谢东北师范大学教育学部叶兰欣、赵鹏飞，物理学院唐倩，地理科学学院侯家璇，数学与统计学院张燕，广东省深圳市盐田区教科院附属田东小学孙敬陶，四川省攀枝花市第七高级中学邓纯臻，以及其他诸多教师与研究者同课题组成员共同花费大量时间完成大概念教学方面案例的撰写与修改，特别感谢李祥竹、李垚、吴珊珊对全书进行校对修订，特别感谢社会科学文献出版社及陈颖编审对本书的大力支持与帮助。

大概念是当前以及未来中国基础教育发展的重要理念，受到广大专家学者共同关注。由于作者学识有限，本书有关大概念课程与教学的研究可能存在一些缺点和错误，恳请读者提出宝贵意见，作者将在后续研究中不断修订。

李　刚

2021 年 11 月

于东北师范大学田家炳教育书院

目　录

第一部分　大概念课程与教学的基础理论

第二部分　大概念课程与教学的实践探索

绪论 迈向核心素养时代的基础教育改革

一 中国基础教育改革的发展脉络

《基础教育课程改革纲要（试行）》的颁布实施标志着新时期中国教育改革的开始，也是中国教育改革的纲领性文件与核心驱动力。截至 2021 年，中国教育改革已历经 20 年风雨。在这 20 年中，中国基础教育发生了翻天覆地的变化。分析发现：在宏观方面，现有的研究包含了教育改革的理论研究、对策研究等主题；在微观方面，现有的研究涉及了对于教育改革中具体实践的研究，包括教师教育、教材研究、学校管理等主题。

（一）基础教育改革关注的问题视域

教育改革是教育发展的直接动力。基础教育一直是中国教育体系中的关键环节，这就决定了基础教育改革在中国教育改革中的重要属性。麦克尼尔（J. D. McNeil）曾指出：教育改革通常有五种形态，即替代、交替、紊乱、重建性变革与价值观变革。[①] 中国 2001 年开始的基础教育改革是一场深刻的教育变革，这种变革并不是单纯的替代，而是教育价值观的根本变革。其为中国的教育建设带来了诸多变革，多维推进课程与教学实施、开发多样教育资源、拓展多元评价方式等，并且多个相关领域的研究已经形成较为完整的体系，从理念到实践、从目标到评价、从过程到效果、从行为到反思，提纲挈领，深入学科，全面勾画出中国教育研究的轮廓。这 20 年来，教育改革主要围绕五个问题视域展开，即教师教育、信息技术、教材研究、课程标准、考试改革。

---

① 〔美〕约翰·D. 麦克尼尔：《课程导论》，施良方等译，辽宁教育出版社，1990，第 145 ~ 146 页。

就教师教育问题视域而言，教师是教育改革中最重要的人的因素，教师专业发展是重中之重。基础教育改革对于教师专业发展的背景、内涵、模式等方面进行了深刻的思考。教师在教育变革中的角色已经发生明显变化，由教育理念的被动执行者变为主动参与者，由学生控制者变为学生引导者。此外，国家和地方开展的教师培训在教师专业发展中发挥了重要作用，有关教师培训的形式及效用的讨论为教师专业队伍的形成提供了建议和对策。

就信息技术问题视域而言，信息技术的发展为基础教育改革带来了新的机遇和挑战。基础教育改革中信息技术的应用是基础教育对于时代发展的积极应答，不仅有力推动了中国基础教育发展，还促进了基础教育改革。信息技术改变了教师备课方式、上课方式以及评价方式等，同时改变了学生的学习方式。信息技术的应用打破了使用纸介教材的局限，突破了仅在固定教室进行学习的现状，颠覆了知识检索、储存、传播、交流的常规模式，带来的教育变革异常深刻。

就教材研究问题视域而言，无论是纸质教材还是电子教材、生活教材等其他形式，教材在基础教育中的地位无可撼动，教材研究必然是基础教育改革的重点领域。教材研究对教材比较、教材编写与教材使用三个方面的关注程度较高。教材比较方面，主要包括教材的横向比较、纵向比较、国际比较三个维度，为教材设计与编写提供反思建议；教材编写方面，对理论基础、开发设计、组织结构、特色文化等方面的探讨有利于不断完善教材体系，提升教材质量；教材使用方面，教师教材观出现了从将教材视为"圣经"到将其视为"材料"的变化，依据雷米拉德（Remillard）关于教师与课程间的互动模型可测查教师使用教材样态。

就课程标准问题视域而言，课程标准是中国教育改革的纲领性文件，对于课程标准的研究长期受到关注。自教育改革实施以来，从内涵解读到角色解读，从功能解读到价值解读，从操作解读到测评解读，课程标准研究不断深入。课程标准所带来的课程与教学以及教师方面的变化不仅仅包括理念上的，还包括行为上的。对课程标准的反思和修订体现了国家对于基础教育的新看法、新认识和新举动。

就考试改革问题视域而言，考试是评价的重要手段之一，基础教育改革背景下的考试改革主要体现在考试观念、考试内容以及考试形式三个方面。在考试观念方面，传统考试观念过分强调鉴定、甄别和遴选功能，忽视了考试的教育功能，过分关注训练而非改进、关注结果而非过程；在考试内容方面，由以往的重知识、轻能力的应试教育向重能力、强应用的素质教育转变；在考试形式方面，由以往单一、封闭的纸笔测试向多元、开放的综合考试形式转变，例如开卷考试、重复考试、研究性考试等。

（二）基础教育改革探讨的热点话题

基础教育改革在多个方面取得了成功，涉及教育理念、教育目标、课堂教学、教学方式、课程内容、课程结构、教师教育、课程教材、课程标准等各个方面的转变。基础教育改革已经从文本领域的变革深入实践领域的变革，从局部浅层的变革深入整体深层的变革。基础教育改革是一个迂回前进的过程，一直处在多方博弈之中。伴随教育改革的不断深入，变革自身遇到的难点，以及外部环境资源的变化，已经影响到了教育改革的进行。因此，各种各样针对改革的模糊问题涌现出来，促使研究者对基础教育改革进行更深入的探讨。但凡出现困惑的节点必然是基础教育改革推行过程中的关键问题，是基础教育领域中的热切关注点。那么，新课程改革二十年间主要探讨了哪些热点话题呢？

1. 对基础理论的思考

教育改革基础理论是实施改革的根本依据，是关系基础教育改革方向和成败的关键。有关改革基础理论的讨论主要集中在三个方面。一是关于知识观的问题。知识观的改变是教育改革的标志之一，对于"什么样的知识最有价值"的不同认识将会引向不同的教育实践，有学者认为当前基础教育改革中存在"轻视知识"的教育思潮，[①] 有学者则从教育理念的价值观、知识观、课程观、学习观等方面为基础教育改革进行了辩护[②]。二是关于基础教育改革方向的探讨。有学者认为，我国基础教育改革正在发生实质转型、实现大步跨越，[③] 然而也有学者指出，随着当前改革的进行，困

---

① 王策三：《认真对待"轻视知识"的教育思潮——再评由"应试教育"向素质教育转轨提法的讨论》，《北京大学教育评论》2004 年第 3 期，第 5～24 页。

② 钟启泉、有宝华：《发霉的奶酪——〈认真对待"轻视知识"的教育思潮〉读后感》，《全球教育展望》2004 年第 10 期，第 3～7 页。

③ 钟启泉：《概念重建与我国课程创新——与〈认真对待"轻视知识"的教育思潮〉作者商榷》，《北京大学教育评论》2005 年第 1 期，第 48～57 页。

惑、质疑与批评不断涌现，纷繁复杂的变革使得原有的教育体系混乱乃至瓦解①。三是关于理论基础的讨论。对于教育改革理论基础的大讨论旷日持久，有学者表示理论基础模糊不清，教育改革体系混乱匮乏，② 也有学者则认为其理论基础明确清晰、先进前瞻，③ 还有学者则强调兼容并蓄、本土改造。④

2. 对三维目标的探讨

三维目标的提出是基础教育改革中的一个亮点，包括知识与技能目标、过程与方法目标以及情感态度与价值观目标。三维目标自提出以来就广受争议。一方面，有学者认为，三维目标是基础教育改革的大胆创新，是对传统双基理论的超越，是科学合理的。三维目标的提出对于传统教育来讲具有革命性的意义，体现了现代教育的价值。三维目标以人的全面发展为核心要义，是教师从事教育教学的基本依据，是课堂教学的基本要求。⑤ 另一方面，有学者指出，三维目标并非最新理念，而是早已有之，并非明确清晰，而是表述模糊、逻辑混乱、缺乏论证，不符合布鲁姆（B. Bloom）的目标分类学原理。三维目标仅仅是传统观念的另一种说法，并没有实质性的创新，也没有明确指出三维目标之间的结构、关系以及地位，而是草率上升到了现实社会等方面的诉求。课程目标是基础教育课程改革的核心，三维目标能否担起、如何担起课程目标的重任值得思考。

3. 课堂教学中的预设与生成

在课堂教学中，关注预设还是关注生成，其关系如何，这在基础教育改革理念落实的过程中引起了不小的争议。一般而言，教学预设是指教师对于课堂教学的系统化规划与设计，使教学过程与教学结果按计划、按期望达成。教学生成是相对于教学预设而言的，是教师根据具体课堂教学情境灵活调整既定的教学策略、积极引导教学活动更新创造的过程。教学预设具有预设性、封闭性，而教学生成则具有动态性、开放性。部分学者认为，教学生成是新课程改革所提倡的教学理念，体现了人文关怀、对话建

---

① 王策三：《"新课程理念""概念重建运动"与学习凯洛夫教育学》，《课程·教材·教法》2008 年第 7 期，第 3～21 页。

② 靳玉乐、艾兴：《新课程改革的理论基础是什么》，《中国教育报》2005 年 5 月 28 日，第 3 版。

③ 马福迎：《谁在"简单化、误读和随意发挥"》，《全球教育展望》2006 年第 6 期，第 73～75 页。

④ 肖磊：《课程改革的困境与文化重建的迷茫》，《基础教育》2016 年第 6 期，第 53～61 页。

⑤ 谢淑海：《我国新课程"三维目标"研究十年：回顾与反思》，《河北师范大学学报》（教育科学版）2012 年第 6 期，第 55～59 页。

构的思想，应当是教学活动中的主要部分，而教学预设则被认为是僵化生硬的、简单灌输的、知识传递式的教学形式，是和新课程理念相背离的。[①] 也有学者认为，教学预设是必要的，教师在上课前必须对教学任务有清晰的认识、思考和设计。如果没有教学预设，教学将无法开展，教学过程是基于教学预设进行的，教学生成是教学预设的重要补充，一味地生成将使教师失去对教学的驾驭。[②]

4. 教师主体与学生主体的讨论

在教育改革过程中，主体性教育研究的核心问题是对学生的主体地位与教师的主体地位的讨论，并提出了"教师主体论""学生主体论""双主体论"等观点。[③] 教师为主体、学生为客体的观点主张教师在教学活动中的绝对权威与控制地位，却忽视了学生的主观能动性。学生为主体、教师为客体的观点则是对忽视学生主体地位的一种辩驳和反抗，认为学生是教学活动的中心，教学目的最终指向学生发展，学生主体地位不可动摇。教师与学生互为主客体的双主体论力图将前两种观点折中整合、矫正偏颇，学生和教师在不同情境中分饰不同角色。然而，这种看似平衡的观点却将教学分割成了"教"与"学"两个部分。[④] 认识水平不同、研究视角不同等因素是教师主体与学生主体论战尚未获得统一结论的主要原因，但其对于深入认识教师与学生这两个教学活动中的重要因素是大有裨益的。

5. 教育技术中多媒体技术的争议

多媒体技术在教学中的应用已经十分普遍，极大地便利了教师教学与学生学习。然而，伴随着多媒体教学的普及，随之而来的诸多使用问题却将多媒体技术的应用引向风口浪尖。多媒体辅助课堂教学在一定程度上丰富了教学内容，改进了教学方法，优化了教学过程，提升了教学效果，成为当前课堂教学的主流手段。然而，过分依赖多媒体的不正常现象引发了公众对多媒体技术应用的思考。教师或者直接将书本知识搬到大屏幕上照

---

① 朱文辉：《预设与生成：有效教学范式之嬗变》，《教育探索》2010 年第 10 期，第 16～17 页。
② 熊梅、脱中菲：《和谐课堂教学的几点思考》，《中国教育学刊》2006 年第 7 期，第 55～57 页。
③ 岳伟、涂艳国：《我国主体性教育研究 30 年回顾与展望》，《中国教育学刊》2009 年第 6 期，第 20～23＋41 页。
④ 刘要悟、柴楠：《从主体性、主体间性到他者性——教学交往的范式转型》，《教育研究》2015 年第 2 期，第 102～109 页。

读，或者直接使用他人的课件，或者将所有知识都由多媒体呈现，等等，这些现象使得多媒体成为教师教学投机取巧的一种途径。教师对于多媒体的过分依赖使得当前课堂教学呼吁传统教学中"一本书、一支粉笔、一块黑板"的回归。

（三）基础教育改革传递的深层信息

基础教育改革本身是一个连续的过程，人为划分阶段只是为了更好地进行总结与反思。总体来说，每一次教育改革都取得了一定的成果，每一次教育改革都是中国教育事业发展的一个重要阶段。

1. 对核心问题的理解螺旋上升，逐步成熟

基础教育改革是复杂的、非线性的、长期的、持续的、动态的发展过程。分析相关文献可以发现，教育改革中有些核心问题的研究呈现"钟摆现象"，时而涌现、时而沉寂，再涌现、再沉寂，看似重复往返，实则螺旋向上发展。这是因为每一次实践都是对理论的修正与反思，每一次反思都指导着新的实践进行。基础教育改革就是在这种不断发现问题、不断解决问题、不断反思问题的过程中动态发展，对核心问题的理解螺旋上升，逐步成熟。

以基础教育改革中对于教师因素这一核心问题的关注为例，对于教师关注点较高的年份分别为 2002 年、2006 年、2010 年。深入文献分析可以发现，2002 年，对于教师因素的研究主要集中在教师对于教育改革理念的应对，对于教育观念的更新与转变，更多地从理论指导实践的路径提出建议。2006 年，在反思教师教学能力不足阻碍基础教育改革的背景下，研究者对于教师的关注重点体现在教师专业发展方面，强调教师要从合格教师走向优秀教师、从优秀教师走向卓越教师，并提出了校本教研、赋权增能等教师专业发展新思路。2010 年，关于教师素质的话题再次引发关注，究其原因，是教师在基础教育改革实施过程中的重要作用日益凸显，对于教师素质的反思及提升又有了新的要求。

2. 教育改革焦点下移，新突破与新难点并存

历经二十年，基础教育改革的理念、问题、对策与反思研究较为全面，但难以有突破性的理论出现，且已经从上位研究潜入下位研究、从宏观研究潜入微观研究，这也是数据分析中文献数量逐年下滑、文献话题逐

渐分化的重要原因。在未来发展中，基础教育改革将秉承"创新、协调、绿色、开放、共享"的发展理念，全面深入，稳步开拓，形成"改革焦点下移，新突破与新难点并存"的课程改革新常态。

"教育领域的新常态，就是在教育规律的作用下，在政策要求和实践需求的双重冲击下所共同塑造的教育发展新趋势。它是我国教育转型升级和进入更高发展阶段的必然诉求。"[①] 教育改革新常态是指教育改革历经"肯定—否定—否定之否定"的波浪式发展所形成的新的均衡调控模式，是动态调整、稳衡发展的。课程改革新常态具有两方面的内涵，一是教育改革焦点下移，二是新突破与新难点并存。首先，教育改革焦点下移是指随着教育改革的逐步深入，教育改革的宏观框架与体系建立已经基本完成，整体改革推进速度放缓，未来将投入主要力量，以解决体系内部中微观视野中的关键问题、核心问题。其次，新突破与新难点并存是指在教育改革过程中，在以往问题研究的基础上会酝酿新的思路，以及在以往解决方案的基础上会产生新的问题的教育改革时空状态。新突破与新难点是对立统一关系，是对于教育改革新时期的新认识，是教育改革逐步深入、螺旋上升的内在驱动力，借此可以全力实现新突破、着手解决新问题、促进教育改革新常态建设。

3. 迈向高质量发展，全力书写中国教育故事

2020年，教育部发布《普通高中课程方案（2017年版2020年修订）》，拉开了新时代课程改革的帷幕，强调"落实全国教育大会精神，全面贯彻党的教育方针，落实立德树人根本任务，发展素质教育，推进教育公平，以社会主义核心价值观统领课程改革，着力提升课程思想性、科学性、时代性、系统性、指导性，推动人才培养模式的改革创新，培养德智体美劳全面发展的社会主义建设者和接班人"。2020年11月，党的十九届五中全会通过《中共中央关于制定国民经济和社会发展第十四个五年规划和二〇三五年远景目标的建议》，指出我国已进入高质量发展阶段，但创新能力不适应高质量发展要求，明确了到2035年建成教育强国、建设高质量教育体系的重要目标，健全学校家庭社会协同育人机制，提升教师教书育人能力，增强学生文明素养、社会责任意识、实践本领，重视青少年身体素质和心理健康教育。坚持教育公益性原则，深化教育改革，促进教育

---

① 朱文辉：《新课程改革：从"深水区"到"新常态"——由"穿新鞋走老路"引发的思考》，《教育发展研究》2016年第2期，第19～23页。

公平，推动义务教育均衡发展和城乡一体化，完善普惠性学前教育和特殊教育、专门教育保障机制，鼓励高中阶段学校多样化发展。① 建设高质量教育体系、谱写中国教育故事是新时代中国教育发展的重要方向，也是中国基础教育改革的重要使命。

二　深化落实核心素养的现实挑战

当前，社会发展对于学习者的能力要求已发生变化，越来越多的工作需要自动化，技术在工作和生活的各个领域发挥更大的作用，学习者需要进行正确的技能和能力组合从而维持当前的生活水平以及面对未来社会发展的挑战。基于此，美国、新加坡、新西兰、OECD、联合国教科文组织以及中国等国家与国际组织纷纷提出了核心素养框架，旨在让学习者获得实现个人成就、身体健康、数字能力以及社会包容等所需的关键技能，以提高个体在快速变革时期的应变能力。2016 年，北京师范大学联合课题组发布了中国学生发展核心素养，以培养"全面发展的人"为核心，分为文化基础、自主发展、社会参与三个方面，综合表现为人文底蕴、科学精神、学会学习、健康生活、责任担当、实践创新等六大素养，具体细化为国家认同等 18 个基本要点。各素养之间相互联系、相互补充、相互促进，在不同情境中整体发挥作用。中国学生发展核心素养是党的教育方针的具体细化。为建立核心素养与课程教学的内在联系，充分挖掘各学科课程教学对全面贯彻党的教育方针、落实立德树人根本任务、发展素质教育的独特育人价值，我国各学科课程基于学科本质凝练了本学科的核心素养，明确了学生学习该学科课程后应达到的正确价值观念、必备品格和关键能力，对知识与技能、过程与方法、情感态度价值观三维目标进行了整合，使其能够更好地进行实践应用。

（一）核心素养的内涵理解

核心素养的提出是国家落实立德树人根本任务的重要举措，是引领基础教育课程改革进一步走向纵深的顶层理念与指导方向，对学生形成

---

① 《中共中央关于制定国民经济和社会发展第十四个五年规划和二〇三五年远景目标的建议》，《人民日报》2020 年 11 月 4 日，第 1 版。

关键能力与必备品格有独特作用，能够统摄和整合学生整个教育阶段的学习。

1. 核心素养的内涵理解

学生的核心素养形成以后，能够在学生未来面临实际问题时发挥广泛的迁移作用和持续的影响力，这在解决实际问题时具有强大的适用性与建构力。因此，对于核心素养内涵的探讨关系着核心素养培育策略与路径的选择。

首先是核心素养与学科核心素养之间的关系。各个学科核心素养是核心素养的重要组成部分，但核心素养不是学科核心素养的简单相加，而是有机整合，一个学生的核心素养不是仅仅靠某一个学科教育就能完成的，而是依托多学科乃至学科之外的教育共同培育的。此外，学科核心素养也并非核心素养在各个学科的简单体现或者演绎，而是有着独特的内涵与外延，不同的学科因为其学科性质的不同、思维方式的差异等，都可以在不同方面给学生发展予启示，具有不可替代的育人价值。

其次是核心素养的发展是一个建构的过程。核心素养的形成绝不是一蹴而就的，而是需要经历一个持续建构、螺旋上升的过程。在这个过程中，核心素养汲取具体的学科知识、专门的学科技能等内容中的相关成分，并且各种成分的数量和质量得到不断的充分扩展，最终实现核心素养在结构与形态上的实质性变化。可见，学生核心素养的形成是不断积累与跃迁突变、不断冲突与融合、不断解构与建构的过程。[①]

2. 核心素养的特征概述

核心素养概念在被提出之后持续受到教育领域的广泛讨论和深入追问，为了能够用形象直观的语言高度概括核心素养的本质，本文使用隐喻这一语言修辞进行分析。从隐喻视角出发考察核心素养所蕴含的本质特征，有助于深入浅出地阐述核心素养的意涵，更好地把握核心素养的深意。

（1）核心素养的冰山隐喻——整体特征

冰山隐喻最早由哈佛大学的麦克利兰（D. C. Meclelland）教授引入，被应用于能力素质研究，直观形象地指出能力素质由知识、技能等浮在水

---

① 李松林：《学科核心素养的发展机制与培育路径》，《课程·教材·教法》2018 年第 3 期，第 31～36 页。

面上的可见部分和态度、认知等隐匿在水面下的不可见部分组成。核心素养也具有类似冰山的特质，既有表面可见的知识技能等小部分内容，也有内隐不可见的态度认知等大部分内容。① 以物理学科核心素养中的物理观念为例，对于物理知识、物理现象以及物理过程的学习和掌握是物理观念的水上冰山部分，学生形成的综合认识及对于物理问题的整体思考进而升华沉淀得到的认识世界和改造世界的价值观与方法论则是物理观念的水下冰山部分。考虑到核心素养这一冰山特质，培养学生核心素养的重中之重是要让学生充分把握水下部分的内涵，重视对本质上的理解。

（2）核心素养的驾驶隐喻——情境特征

知识与技能的获得虽然是形成核心素养的基础，但是并不代表着核心素养的形成。核心素养的驾驶隐喻就是对核心素养内涵的深入理解和通俗表达。我们知道驾驶汽车需要拿到对应车型的驾驶证才可以开车上路，考驾照的第一项是交通标志、守则等理论知识考试，通过后获得知识；随后是倒车入库、靠边停车等场地驾驶考试，通过后获得技能；最后是通过人行横道等道路驾驶考试以及文明驾驶考试，通过后获得能力。知识越多不一定能力越强，能力转化成素养还需要反思。对于司机而言，安全驾驶是关键能力、礼貌行车是必备品格、尊重生命是价值观念，这些是让司机不管在中国、美国还是澳大利亚都能够开车上路的驾驶素养。② 基于此，学校教育最终要留给学生的核心素养也一定是能够适应情境变化、及时调整应对。

（3）核心素养的涟漪隐喻——召唤特征

自然界中的涟漪是指石子等物体落入水中后，水波不断向四周扩散的现象。学科核心素养就如同这投入水中的石子，激起不断向外扩散的、面积数倍、数十倍于石子大小的涟漪，而这涟漪则是核心素养所召唤出来的、学生不断发展和组织起来的、比核心素养自身更为广泛的适应个体发展和社会发展的生活本领。核心素养并不是能够打开所有锁头的万能钥匙，而是能够制造匹配锁头所需钥匙的工具。核心素养是关键素养，其关键性在于其所具有的召唤结构，不同的学生能够依据不同的组合召唤出不

---

① 蔡清田：《核心素养的学理基础与教育培养》，《华东师范大学学报》（教育科学版）2018年第1期，第42～54＋161页。

② 崔允漷、邵朝友：《试论核心素养的课程意义》，《全球教育展望》2017年第10期，第24～33页。

同的知识、能力以及情感态度，继而构筑自身的开放性素养结构，使得学生能够顺利解决所遇到的各种问题。[①] 核心素养的召唤特征从共时性与历时性两个方面逐渐建构起学生发展的、完整的、幸福的人生大厦。

（二）核心素养的研究热点

研究热点通常是指在某时间区间内，成果数量较多、相互联系密集的论文群所集中关注的问题或专题。[②] 综合来看，研究主要围绕核心素养的三个方面展开，即学科核心素养与核心素养的关系、学科核心素养在课程标准中的体现、学科核心素养在学科教学中的渗透三个方面。

就学科核心素养与核心素养的关系而言，核心素养是当前我国深化课程改革的重要理念与依托，学科核心素养被认为是核心素养的具体化与一般化，发挥语文、数学、英语等学科的育人价值是培养学生具有学科特征的必备品格和关键能力的直接路径。目前在教育学界广为认可的观点是核心素养较为抽象，学科核心素养较为具体，二者之间的联系十分紧密。核心素养伴随不同学科的课程内容选择及组织等方式进行表达，进而使处于上位的、一般性的、高度概括的核心素养真正贯穿于整个课程改革过程中，引领学生发展。不同学科的学科核心素养之间应相辅相成、组合匹配，而非分科解构、抛开总体框架、局限在学科内思考。各学科核心素养之间的边界应该是模糊的而非清晰的，是互通的而非隔离的，是整体的而非分解的。教师需要具体以及更有把握地建构培养学生核心素养的路径和方法，学生在表现出学科特征的思维与方法习惯的同时，能够将多个学科核心素养进行有效融合，进而发展出面对真实存在的现实世界的整体能力。

就学科核心素养在课程标准中的体现而言，为了能够更好地落实核心素养内核，2020 年教育部发布的《普通高中课程方案和语文等学科课程标准（2017 年版 2020 年修订）》（以下简称《课程标准修订》）的最大变化是在文件中正式纳入学科核心素养概念及其内涵，各学科基于学科本质凝练了本学科的核心素养，明确了学生学习该学科课程后应达到的正确价值

---

① 成尚荣：《核心素养的中国表达》，《中国教育报》2016 年 9 月 19 日，第 3 版。
② 闫守轩、朱宁波、曾佑来：《十二年来我国课程研究的热点主题及其演进——基于 2001—2012 年 CSSCI 数据库关键词共现知识图谱的可视化分析》，《全球教育展望》2014 年第 3 期，第 64～72 页。

观念、必备品格和关键能力，对知识与技能、过程与方法、情感态度价值观三维目标进行了整合。《课程标准修订》以学科核心素养为纲领，贯穿了课程标准文本的各个部分，使其保持内在的一致性与统一性。例如《普通高中物理课程标准（2017年版）》中指出学科核心素养是学科育人价值的集中体现，是学生通过学科学习而逐步形成的正确价值观念、必备品格和关键能力，如物理学科核心素养主要包括物理观念、科学思维、科学探究、科学态度与责任四个方面。当前，诸多教育领域研究者围绕课程标准中的学科核心素养调整课程安排与教学计划，增强核心素养落实的针对性与实效性。

就学科核心素养在学科教学中的渗透而言，教学在特定学科领域、特定时间范围内发生，但是其指向的是学习者能够获得的在任何适当的现实生活中可以使用的、永久保留的记忆或者思维。教学本身不是目的，也不是介绍书本上新的内容，而是让学习者在教学过程中接触到更多有意义的知识和经验。核心素养导向的教学观照挖掘学生思维潜力，通过创设思维发展情境还学生以真实存在的生活世界。杜威指出，"思维是从直接经验的情境中产生的……思维的目的和结果都是由产生思维的情境决定的"[1]。课堂教学如若让学生产生思维活动，就要创设经验情境，让学生的思维从情境中来，到情境中去，将可疑的、矛盾的、失调的情境变为清楚的、有序的、和谐的情境，真正的思维活动也就发生了，而这个过程以认识到新的价值、建立起新的观念而告终。在教学中落实核心素养、推进深度学习的具体教学策略逐渐展露出其重要影响，能够促进知识意义建构、发展学生思维品质、从内容本位转向能力本位，实现学生个体的主体性、对话性学习。

（三）核心素养落实的基本原则

进入21世纪以来，世界范围内的课程改革正在围绕发展学生核心素养深度进行，英国、美国、日本和中国等国家以及欧盟等世界组织纷纷提出相应的核心素养框架指导学校课程与教学变革，其中英国修订的《数学课程标准》、日本更新的《学习指导要领》，中国2020年发布的《普通高中课程方案和语文等学科课程标准（2017年版2020年修订）》和2022年出台的《义务教

---

① 〔美〕约翰·杜威：《我们怎样思维·经验与教育》，姜文闵译，人民教育出版社，2017，第87~89页。

育课程方案和课程标准（2022 年版）》都进行了核心素养内容的体现并围绕其进行课程教学的整体设计。首先，课程教学是学生知识经验的主要来源，凝练了人类发展知识经验的总和，能够让学习者系统地获得发展核心素养的知识基础；其次，课程教学是学生转识成智的主要依托，所具有的逻辑性、结构性能够帮助增强学习者的推理能力、分析能力以及想象能力等，使学习者超越知识，走向智慧，最终形成核心素养；最后，课程教学是学生适应社会的主要路径，核心素养指向的是学生自我发展和社会发展的必备品格与关键能力，课程内容与社会发展的密切结合有助于增强学习者适应能力，帮助学习者改造现实社会，实现理想社会。未来，深化落实核心素养需要秉持三方面的基本原则。

1. 坚持立德树人，服务国家战略需求

教育强则国家强，教育兴则民族兴。落实立德树人根本任务、服务国家人才战略总体需求是新时代落实核心素养的根本出发点与落脚点。当今世界正面临百年未有之大变局，新一轮科技革命和产业变革大潮正在悄然改变世界格局。我国必须加快引领关键技术创新，在突破"卡脖子"技术等前瞻性、战略性领域下好"先手棋"，在坚持教育优先发展这一支撑国家长远、可持续发展的基础性保障的同时，深化课程教学领域改革，通过高质量课程教学建设培养担当民族复兴大任的时代新人。一方面，深化落实核心素养需要进一步凝练课程教学目标、内容组织以及课程评价，密切联系学生生活经验与时代发展需求。另一方面，深化落实核心素养需要有效发挥思政课程与课程思政在学科教学中的协同作用，继续深度回应"培养什么人，怎样培养人，为谁培养人"的关键问题，将立德树人根本任务贯穿于整个课程教学中，在科学文化知识的课程教学中渗透社会主义核心价值观，助力学生树立正确的世界观、人生观与价值观，激发爱国情怀，强化社会责任意识。

2. 坚持人民满意，助力学生幸福成长

2021 年 3 月 6 日，习近平总书记在看望参加政协会议的医药卫生界教育界委员时指出，"要全面贯彻党的教育方针，坚持社会主义办学方向，坚持教育公益性原则，着力构建优质均衡的基本公共教育服务体系，建设高质量教育体系，办好人民满意的教育，培养德智体美劳全面发展的社会主义建设者和接班人"。[①] 办好人民满意的教育是高质量教育体系的建设目

① 《习近平在看望参加政协会议的医药卫生界教育界委员时强调　把保障人民健康放在优先发展的战略位置　着力构建优质均衡的基本公共教育服务体系》，《中国人力资源社会保障》2021 年第 3 期，第 5 页。

标，深化落实核心素养是其应有之义，也要围绕人民满意这一根本原则进行全面变革，这是以人民为中心思想在课程教学中的深刻体现。① 在不同的时代，素养内核寄托了包括学生、教师、家长以及整个社会在内的所有人对于获得美好生活的期盼和向往。习近平总书记强调，"把人民拥护不拥护、赞成不赞成、高兴不高兴、答应不答应作为衡量一切工作得失的根本标准"，② 即人民群众对于落实核心素养的满意度是评判和检验课程与教学建设的根本标准与最高标准，学生是不是能够幸福成长、教师是不是能够开心教学、家长是不是能够有课程惠民的温度感、社会是不是能够感受到课程变革的力度等，都是核心素养是否深化落实的直观体现。因此，新时期深化落实核心素养要着眼于人民实实在在的获得感，要着眼于党和国家事业发展的未来，以赢得人民更长久、更深切的满意。

3. 坚持守正创新，传递中国教育话语

在全球教育飞速发展的背景下，构建中国的话语体系是现在以及未来中国教育发展的重要任务。当前，我国教育发展已经进入一个新的历史起点，我们不仅要站在世界的角度来看中国教育现象，还要看中国教育变革给世界提供了什么样的实践经验。立足新时代，深化落实核心素养需要坚持守正创新，深度挖掘课程教学话语体系中的中国特色、中国风格、中国气派，向世界传递中国教育话语，这其中包括教育文化、教育表达、教育实践以及教育经验四方面的内容。③ 就教育文化而言，其内核是中国文化，失去了中国文化特征的核心素养是无意义的，中国文化孕育的教育带有根深蒂固的中国话语特征，中国教育研究者只有具备高度的文化自觉意识才能够形成具有中国特色的教育话语；就教育表达而言，教育表达是深化核心素养外化呈现给他人的形式，也是阐释和代表中国教育改革思想理念的重要载体，通过中国特有的思维方式叙说中国教育故事；就教育实践而言，深化落实核心素养一定是基于实践的，如果离开实践，那么核心素养将成为象牙塔式的理念，核心素养的培养将无法成为中国本土意义的教育，其实施成效将大打折扣；就教育经验而言，深化落实核心素养需要基

---

① 《习近平总书记关于"办好人民满意的教育"论述的基本特征》，《中国教育报》2020年12月31日，第6版。

② 付海莲、邱耕田：《习近平以人民为中心的发展思想的生成逻辑与内涵》，《中共中央党校学报》2018年第22期，第21～30页。

③ 冯建军：《构建教育学的中国话语体系》，《高等教育研究》2015年第36期，第1～8页。

于中国实践总结中国教育发展的独特规律，并将其提升凝练为中国教育话语进行广泛传播，扩大新时代中国基础教育改革的国际影响。

（四）核心素养落实的现实问题

核心素养的落实是现阶段推动基础教育改革的内在追求与价值体现，这也成为课程改革中面临的最大挑战和难题。如果说核心素养本质上是在回答"培养什么样的人"的结果性问题，那么核心素养的落实本质上是在回答"怎样培养人"的过程性问题。综观目前课程专家学者以及一线教师的多样解读与实践探索，不难发现愿景与现实之间尚存在一定的距离，面临着诸多现实问题。[①]

1. 囿于单一学科困境，难以形成整体观念

核心素养是要学生形成对自然、对社会的整体观念。落实核心素养如果仅仅是简单沿袭学科本位、囿于单一学科困境、固守自我学科边界，将不利于学生对自然以及社会中综合问题的分析与解决。这一方面是由于单一学科内部线性知识的学习虽然利于学生系统掌握知识内容，但是忽略了对学科本身网状知识结构的整体把握，学生需要学习的内容繁杂且无法融通，不便于知识提取及使用。另一方面是由于清晰的学科边界会使学科之间的对话存在障碍，学生解决问题的思路受到了限制，无法获得更广的学习视角与更好的学习体验。例如对于能量利用问题，学生需要整合物理学科核心素养中的物理观念、实验探究以及生物学科核心素养中的社会责任等不同线索形成总体看法，这不仅要观照学科内部的思想方法，还要涉及相关学科中的知识。可见，落实核心素养既要关注学科特色，强调本学科对学生发展的特殊作用，又要关注学科内与学科间的联系，形成纵向衔接、横向联合的学科核心素养结构，进而支撑学生自我发展与认识世界的整体框架，因此，找寻组成这一框架的基本元素是实现这一构想的关键之举。

2. 限于浅层学习桎梏，难以深入理解本质

长期以来，教师在教学过程中一直没能冲破浅层学习桎梏，学生往往以单纯的知识获取或者技能的反复熟练为主，止步于知识再现的浅层学

---

① 李刚、吕立杰：《大概念课程设计：指向学科核心素养落实的课程架构》，《教育发展研究》2018 年第 Z2 期，第 35～42 页。

习，缺乏对于知识的继续思考与深入探究，不利于学生核心素养的培养。核心素养强调教师为学生理解而教，重视对于知识的深度处理和挖掘，引导学生发展高阶思维活动，探求隐藏于知识符号背后的本质原理与思想意义，追求学生主动学习能力、创新性思维以及批判性思维的发展。可见，真正落实核心素养不能再让学生的学习停留在浅层学习层面，而要彻底改革以往的教学模式，重视单元设计的完整性与深刻性，立足某个核心概念或者核心主题，进行从事实到观念、从知道到理解、从表象到本质的设计，才能使学生真正获得核心素养。基于此，发掘核心概念或者核心主题成为单元设计的重中之重。

3. 受限于情境固化遮蔽，难以迁移扩展应用

教师在教学过程中设置情境有助于学生理解学习内容，提升学习效果。然而，教师对于某个知识点的讲解往往仅限于一种情境，很久才进行更新或者不进行更新，导致教学实践中单一情境反复出现，情景固化的问题越来越突出，这种固化在一定程度上阻碍了学生思维能力的发展，同时也阻碍了教师对于学习内容的再思考与再认识。熟悉的、单一的情境引起的固化使教师将所要表达的内容限定在已经规划好的情境中，忽略了时代发展的影响，失去了对现实的解释力，表面看似促进学习，实则形成了遮蔽。学科核心素养具有情境性、迁移性特征，创建教学情境是教学过程中的必要途径，虽然知识与情境之间的联系十分重要，但实现此情境与彼情境之间的互通也需要引起重视。多重情境的互通能够帮助学生灵活地进行知识迁移与运用，帮助学生对问题形成多元思考和全面把控，这就要求所选主题不仅处于情境中心，也处于学科内中心以及学科间中心。

核心素养的落实不是朝夕之力，而是长久之功。其目的在于将其落实到每一项活动、每一节课堂、每一个学生中，让核心素养带来的改变真正发生在学生身上，内化为学生成长的不竭动力。其关键在于找到核心素养与学生之间的榫卯结构，实现学生与核心素养之间的有效对接，而大概念是实现这一构想的最佳选择。

第一部分
大概念课程与教学的基础理论

第一章　理解大概念

　　新时代的学科教育需要学科核心素养。怀特海（A. N. Whitehead）在《教育的目的》中谈到了学科核心素养的雏形，"对观念结构的欣赏是文化智能的重要方面，这只能在学科学习的影响下得以生长……唯有学科学习能够对普遍观念的准确结构予以欣赏，对结构化的关系予以欣赏，对观念服务于理解生活予以欣赏。如此学科化的智能应当更抽象，又更具体。它经由对抽象思想的理解和具体事实的分析得以锻炼"①。2017 年 2 月，教育部颁布《义务教育小学科学课程标准》，在阐述学习评价的方式中指出"在小学阶段并不要求学生对科学概念有深入的理解，但是学生必须明确与科学概念相关的自然现象和过程，能够用科学的或接近科学的术语对自然的事物或现象进行描述和解释，能够知道某些科学概念之间的联系，以及各个科学概念的应用范围"。此外，在每个学习领域，教学内容的划分和要求都用科学的大概念进行统领和安排。2018 年 1 月，教育部发布了普通高中课程方案及 20 个学科的普通高中课程标准，凝练了各个学科核心素养，例如物理学科的核心素养包括物理观念、科学思维、科学探究、科学态度与责任四个方面，并以此为据，更新了课程内容与评价体系。新课程标准首次使用大概念统整各学科课程内容，引领课程与教学改革，明确强调以学科大概念为核心促进学科核心素养的转化。

一　大概念的基本意蕴

　　学科核心素养不否认学科知识，但指向的是学科高级能力，由学科事

---

① Whitehead A. N., *The Aims of Education and Other Essays*（New York：The Free Press，1929），pp. 11 – 12.

实的学习走向学科理解、学科思维与学科观念的发展。① 让学科教育超越学科事实、走向学科观念是发展学生学科核心素养的关键所在，这一过程需要大概念的引领。

（一）大概念的内涵

大概念，英文 Big Ideas，也有学者将其译为大观念。在教育领域，有关大概念的研究至少可以追溯到布鲁纳（J. S. Bruner）对于教育过程的研究。布鲁纳等强调，无论教师教授哪类学科，一定要使学生理解该学科的基本结构，有助于学生解决课堂内外所遇到的各类问题。掌握事物的基本结构，就是以允许它与许多别的东西有意义地联系起来的方式去理解它，学习这种基本结构就是学习事物之间是怎样相互关联起来的。教师若掌握学科的基本概念架构，将有助于在教学中促进学生对学科知识的记忆保留，并促进学生学习的迁移。②

有研究者从认知发展的角度阐述大概念。克拉克（E. Clark）基于布鲁纳等人的研究，在定义观念时提到，观念是理解和联结小观念的大概念，并将观念与大概念等同起来，认为它们提供了构建自己理解的认知框架或结构，帮助个体整理归档无限数量的信息。③ 怀特利（M. Whiteley）强调大概念是理解的建筑材料，可以被认为是有意义的模式，用以使人们联结其他零散的知识点。④ 奥尔森（J. K. Olson）指出，大概念是在忘记具体的经验和事实之后还能够长久保留的中心概念（central concept），是学生可带走的信息（take - home message）。⑤

有研究者从课程内容的角度界定大概念。格兰特和格雷迪（S. G. Grant & J. M. Gradwell）认为，大概念是一个问题或概括，用来帮助教师思

---

① 张华：《论学科核心素养——兼论信息时代的学科教育》，《华东师范大学学报》（教育科学版）2019 年第 1 期，第 55～65、166～167 页。

② Bruner J. S. , Lufburrow R. A. , *The Process of Education*（Cambridge：Harvard University Press，1960）.

③ Clark E. , *Designing and Implementing An Integrated Curriculum：A Student - centered Approach*，（Brandon，Vermont：Holistic Education Press，1997），p. 94.

④ Whiteley M. , "Big Ideas, A Close Look at the Australian History Curriculum from A Primary Teacher's Perspective," *Agora* 47（2012）：p. 1.

⑤ Olson J. K. , "Concept - Focused Teaching：Using Big Ideas to Guide Instruction in Science," *Science and Children*（2008）：p. 45.

考和决定教什么。① 埃里克森（H. L. Erickson）认为大概念是指向学科中的核心概念，是基于事实基础上抽象出来的深层次的、可迁移的概念。埃里克森同时提出了大概念的操作性概念，即大概念能够为任何研究提供一个可聚焦的概念"透镜"；作为理解的关键，通过对多个事实、技能与经验的关联和组织来提供含义的广度；指向学科中专家理解的核心概念；需要"揭示"，因为它的意义或价值对于学习者来说是很不明显的，是违反直觉的，或者是容易产生误解的；有极大的迁移价值②。威金斯和麦克泰格（G. Wiggins & J. Mctighe）提到大概念是处于课程学习中心位置的观念、主题、辩论、悖论、问题、理论或者原则等，能够将多种知识有意义地联结起来，是不同环境中应用这些知识的关键。③

也有研究者从学科教育的角度分析大概念。相较而言，数学教育和科学教育尤其重视大概念的问题。查尔斯（R. I. Charles）将大概念定义为对数学学习至关重要的观念，是数学学习的核心，能够使学生将数学看作一个连贯的大概念集合，有助于调动学生学习的积极性，促进其深层次的理解，减少记忆性知识等。④ 哈伦（W. Harlen）从科学教育角度提出了 14 项科学教育的大概念。例如，在宇宙中能量的总量是不变的，但是，在某种事件发生的过程中，能量会从一种储存形式转化为另一种储存形式。其认为大概念是能够用于解释和预测较大范围内物体和现象的概念，且概念有大有小，大概念只是一个相对的概念。⑤

综上所述，我们认为大概念主要是指基于事实抽象出来的，能够解释和预测较大范围内事物和现象，涵盖基本知识与基本技能，帮助学习者认识世界和理解世界，少数的、可迁移的核心概念。

---

① Grant S. G. & Gradwell J. M., "The Road to Ambitious Teaching: Creating Big Ideas Units in History Classes," *Journal of Inquiry & Action in Education* 2 (2009): p. 2.

② Erickson H. L., *Stirring the Head, Heart, and Soul: Redefining Curriculum and Instruction* (Corwin Press, 1995).

③ Wiggins G., Mctighe J., *Alexandria V. Understanding by Design* (Expanded 2nd ed.) (Association for Supervision & Curriculum Development, 2005).

④ Charles, R. I. "Big Ideas and Understandings as the Foundation for Early and Middle School Mathematics," *NCSM Journal of Educational Leadership*, 8: pp. 9 – 24.

⑤ Harlen. W. (ed.), *Principles and Big Ideas of Science Education* (Hatfield, UK: Association of Science Teachers, 2010).

（二）大概念的类型

大概念具有复杂内涵与多维结构，无论是在宏观层面的认知框架方面，还是在中观层面的课程线索方面，以及在微观层面的教学设计方面，大概念都显示出独有的贡献。深入把握大概念在教育领域中的价值，将有效推进中国的教育改革进程。[①] 按照不同的分类标准，我们可将大概念分为不同的类型。

1. 依据大概念适用范围分类

依据大概念适用范围分类，我们可以将大概念分为学科内大概念、跨学科大概念与超学科大概念。陈倩在其研究中认为，学科内大概念是本学科的核心概念，具有学科特性，是学科的基本骨架，学科内大概念是具有统领性的重要核心概念，能够将具体、烦琐的学科知识进行有序、结构化的组织，同时能够增加其深度和复杂性。跨学科大概念是相对于学科内大概念更加上位、通用的大概念，是反映多个学科共同特性的小范围融合概念。超学科大概念是打破学科边界的大概念，是在超越学科的视野之上构建的全新框架和研究范式或基本原理，往往是一种哲学性的思考。[②]

例如在 STEM（科学、技术、工程、数学）教育中，学科内大概念是指学科独有的大概念，如果将工程学科中的模式识别这一学科内大概念应用于其他 STEM 学科背景下，学习者将难以理解其内核。跨学科大概念是位于两个或者更多 STEM 学科中的内容思想或者过程思想，例如变量、模式、计算、推理、论证等，因为这些大概念的跨学科性，其可以为教育工作者提供设计和实施整合科学、技术、工程以及数学课程单元的有意义的、最有效的方式和途径。这不但可以扩展一个学科的概念到另一领域，同时还有助于提升学生的概念理解能力，并深化学习者解决复杂问题和创新性问题的能力。跨学科的大概念虽然在不同的 STEM 学科中被定义和被使用的方式相似，但在不同的学科背景中并不完全相同，使用跨学科的大概念能够帮助学生思考和联系这些差异，促进其深入理解概念。例如证明大概念，其在数学中往往采用证伪猜想和演绎方式，而在科学中则依赖于无法找到反例以及有概率的接受。超学科大概念可以分为概念整合大概念

---

① 李刚：《科学大概念的课程转化研究》，东北师范大学博士学位论文，2019，第 22 ~ 25 页。
② 陈倩：《大概念统整的学科项目化学习设计研究》，四川师范大学硕士学位论文，2020，第 34 ~ 36 页。

和内容整合大概念两种类型，概念整合大概念是指 STEM 中所有学科共享的超级大概念，是能够集成和建立更多大概念的大概念，例如系统、关系、变化等；内容整合大概念通常是基于一个主题，使 STEM 教育能够对准人类现实世界中的重要问题，约翰逊（C. C. Johnson）等曾将 STEM 课程单元围绕五个主题进行集中，即因果关系、创新进步、表征世界、可持续发展和优化人类经验，使学生学习与真实世界及全球挑战联系起来。[①]

2. 依据大概念所涵盖的阶段指向分类

基于大概念在使用时涵盖的阶段指向，我们可以将大概念分为静态的内容大概念与动态的过程大概念。查莫斯（C. Chalmers）等认为大概念可分为两个相辅相成的类型，即内容大概念和过程大概念，其中：内容大概念主要是概念（例如空间、时间、能量、加减法、优化、反馈等）、原理（例如能量守恒定律等）、理论（例如原子理论、混沌理论等）、策略（例如权衡策略，自上而下以及自下而上的策略等）或者模型（例如概率模型等）等；过程大概念是获取和有效使用与知识有关的技能，例如观察、实验、控制变量、制定假设、解释数据等。查莫斯等在深入分析 STEM 教育相关文献时认识到，STEM 教育工作者不仅仅关注 STEM 大概念中的静态内容知识，同时越来越重视 STEM 大概念的动态应用，并通过 STEM 大概念集成 STEM 课程单元以促进 STEM 的深入学习及相关课程的开展。[②]

3. 依据大概念内容结构分类

陈倩在其研究中按照不同的内容结构将大概念分为结果结论类大概念、思想方法类大概念和作用价值类大概念。按照这种分类方式，我们发现陈倩对于大概念的分类有助于教师理解大概念的类型，从而在具体教学过程中进行实践。具体而言，结果结论类大概念属于知识的最终成果的一类大概念，往往包括学科中所涉及的理论、结构和模型等，集中揭示的是概念、原理与类目之间的相互关系，如物理学中的相对论、生物体中细胞的结构、数学中的等体积变换模型等，这类大概念往往是关于"答案"的知识。思想方法类大概念是体现知识的发现与建构类的大概念，主要包括

① Johnson C. C., Peters - Burton E. E., Moore T. J. "STEM Road Map: A Framework for Integrated STEM Education"（New York: Routledge, 2016）, pp. 3 - 13.

② Chalmers C., Carter M., Cooper T., et al., "Implementing 'Big Ideas' to Advance the Teaching and Learning of Science, Technology, Engineering, and Mathematics（STEM），" *International Journal of Science & Mathematics Education* 15（2017）: pp. 25 - 43.

以思维为核心的问题解决方案和学科学习方法，它们能够帮助学生获得更为有效地从事学习与问题解决所需要的策略、方法和程序，往往包括等量替代法、转化法、数形结合法、反省认知策略、问题解决策略等，这类大概念往往是阐述"如何学习"和与智慧运用技能相关的大概念。作用价值类大概念是体现知识的迁移与运用的大概念，主要指知识本身所具有的运用功能和价值，以及人类对知识的情感、态度、价值观，如乘法对生活的简化作用、方程对人类思维的价值、仿生技术给人类带来的利弊、世界上唯一不变的就是变、科学只能证伪不能证实、哲学是所有学科之母，等等，这类大概念往往是回答"学习有何用"的知识。①

事实上，安德森（Anderson）在修订的布鲁姆（B. Bloom）目标分类学中将知识分为四类，分别是事实性知识、概念性知识、程序性知识以及反省认知知识。其中：事实性知识是指一门学科或解决其中的问题所必须知道的基本要求，主要是关于术语、具体细节和要素的知识，这类知识是零散琐碎的，不具备大概念的中心性特征；概念性知识是能够说明较大结构中基本成分之间的相关关系的知识，主要是分类或类目的知识，原理和概括的知识，理论、模型和结构的知识，这类知识具有一定的统摄性，属于大概念的类型；程序性知识是指如何做什么，研究方法和运用技能、算法、技术和方法的标准，主要是具体学科的技能和算法的知识，具体学科的技术和方法的知识，决定何时运用适当程序的标准的知识，这类知识具有一定的联结性，属于大概念的类型；反省认知知识是指一般认知知识和有关自己的认知的意识和知识，主要是策略性知识，是包括情境性和条件性的知识在内的关于认知任务的知识以及自我知识，这类知识强调学生要对自己的知识和思维有更多的意识和负更多的责任。据此，我们也可以将大概念分为三类，分别是结构原理类大概念、技能方法类大概念、情境认知类大概念。其中，结构原理类大概念基于概念性知识，反映的是系统化的，结构化的，联系性的理论、原理与模型，例如不同种类心理问题的知识，算术运算原理的知识，以及化学原理之间相互联系的知识等；技能方法类大概念基于程序性知识，反映的是技能、算法、技术和方法的知识，例如解方程的各种算法的知识，评价健康概念方法的知识，以及决定用哪种方法去解代数方程

---

① 陈倩：《大概念统整的学科项目化学习设计研究》，四川师范大学硕士学位论文，2020，第35~36页。

式的标准的知识；情境认知大概念基于反省认知知识，反映的是自我认知知识和认知意识，例如思维策略知识、情绪感知及调控方面的知识等。

（三）大概念的表述

大概念的不同表述反映出教师教学理解的差异及对大概念功能定位的不同认识，同时直接关系着教师教学设计的水平和学生课堂学习的效果。埃里克森指出，大概念是对概念关系的表述，是一种抽象概括或基本理解，威金斯和麦格泰提到，大概念是指课程学习中心位置的观念、主题、辩论、悖论、问题、理论或者原则等，具有多种表述形式，能够将多种知识有意义地联结起来，是在不同环境中应用这些知识的关键。

近年来，国内不同专家学者围绕大概念的表述有着不同的观点，综合来看可分为四种取向：第一种是理解取向，即将大概念表述为两种及以上概念之间关系的陈述句形式，例如"生物体需要能量和营养物质，为此它们经常需要依赖其他生物或与其他生物竞争"等；第二种是目标取向，即将大概念表述为学生需要达到或完成的要求的祈使句形式，例如"建构对观察的理解并进行观察实践"；第三种是主题取向，即将大概念表述为围绕某一主题的短语形式，例如"写作的目的和意义""积累素材的途径与方法"等；第四种是知识取向，即将大概念表述为简短的词语或词组形式，例如"数据""算法""物质和能量"等。

上述四种不同的大概念表述取向代表了大概念在教师教学过程中的不同角色，其中目标取向、主题取向以及知识取向这三种仍旧将大概念困囿在传统教学思维网络中，虽然保有大概念的中心性特征，却失掉了大概念在认识论、方法论以及学习论方面的价值，没有将大概念提到更高的意义理解层面，关联性、持久性以及迁移价值都大大降低。这一方面体现在教师在规划教学设计时不能较好地把握整个单元结构与课时结构，不利于整个教学设计的整体化；另一方面体现在学生在学习时无法通过这三种取向的大概念表述清晰地贯穿相级联的概念群，无法确认需要理解的内容及其意义，也就无法建立概念网络，更不用说进行更大范围的迁移了。

相较而言，理解取向的大概念表述清晰地阐释了概念间的关系，指向了更有深度、更高层次的协同性思考，打破了事实性知识的孤立零散状态。同时，理解取向的大概念表述建立了新旧知识之间的关联，为学生提供了跨时间、跨区域、跨情境的线索迁移。总体来看，理解取向的大概念表述真正连接了广博的宏观主题与微观的概念集群，形成了一个聚焦单主题内容同时激发概念集群、具有清晰且强大张力的理解性桥梁。这不仅能够让教师把握教学设计的整体结构，同时能够让学生内化并获得更好的迁移。但这里需要特别强调的是，理解取向的大概念表述虽然强调概念之间的关系，但并不意味着相关概念越多越好，而是需要根据学生认知水平进行调整，一般控制在 2 ~ 4 个概念，概念过多会让学生陷入对于词汇术语的理解上并将其视为需要掌握的核心，而在大概念的理解上注意力不足，同时也会增加学生的认知理解难度。

（四）大概念的特征

基于对大概念研究的历史追溯以及对大概念的内涵分析，我们可以发现，一般情况下，大概念基于学科的基本结构和方法，它们不是具有简单的具体答案的事实问题，而是指向具体知识背后的核心内容。对于大概念本质属性的理解，我们可将其简单概括为 Big Ideas Cent（大概念币）。

1. 大概念呈现中心性（Centrality，C）

不是学科中所有的概念都能被称为大概念，大概念不是基础概念，而是聚合概念。大概念就如同一个文件夹，提供了归档无限小概念的有序结构或合理框架。大概念的这种中心性特征与舒尔曼（L. Schulman）提到的"结构"有类似之处，"大量的结构作为组织学科的基本概念和原则的方式，其包含了所有的事实"，这些"结构"可被视为大概念间的联系与联结。① 有限的大概念之间相互联结，共同构成了学科的连贯整体，使学科不再被视为一套断断续续的概念、原则、事实或方法。大概念居于学科的中心位置，大概念群集中体现了学科结构和学科本质。大概念虽然只是相对的概念，可以是某一学科的大概念，也可以是某一单元的大概念，但其起着提纲挈领的重要作用。

2. 大概念呈现可持久（Enduring，E）

大概念是对学科的深入理解，有的教师会在教学中思考，这门学科希望学生学到什么，在忘记了那些事实性的知识之后还剩下什么，这里的"什么"其实就是这门学科中的大概念。大概念不是暂时保存的记忆，而是具有可持久性、在经验和事实消失之后还能够存留的核心概念。大概念的习得不

---

① Schulman L. , "Those Who Understand: Knowledge Growth in Teaching," *Educational Researcher* 15 (1986): pp. 4 – 14.

是一蹴而就的，而是缓慢且逐渐深化的，随着大概念在课程与教学中的不断螺旋出现，学生也会不断地获得对大概念的深入理解。大概念能够用于解释学生在学校学习和毕业以后的生活中遇到的物体、事件和现象，贯穿学生的一生。也正是因为这种学习的缓慢性，大概念存在的时间也相较持久，但是这种持久并不是永恒不变的，而是会随着当下证据的验证结果进行不断调整。

3. 大概念呈现网络状（Network，N）

大概念并不是无序游离在学科结构中的，而是呈现出网络状结构。这种网络状结构包括了学科内网络结构和学科间网络结构（也可称为跨学科网络结构），每一个大概念则是完成网络结构间通信的基站。学科内大概念网是指将某一学科进行纵向联结，不同学段以大概念为中心进行课程内容的选取和组织，是课程设计的关键线索；学科间大概念网是指将某些学科进行横向联结，跨越两个或者多个知识领域，不同学科之间基于某一个共同的大概念进行合理对接，有效地模糊了学科之间的边界。

4. 大概念呈现可迁移性（Transferable，T）

在布鲁纳看来，迁移是教育过程的核心，应该使用基本的和一般的观念不断扩大和加深认识。这种迁移，从本质上说，一开始不是学习一种技能，而是学习一个一般观念，然后这个一般观念可以用作认识后继问题的基础，这些后继问题是开始所掌握的观念的特例。埃里克森指出大概念有极大的迁移价值，随着时间的推移能被应用于许多其他纵向的学科内情境和横向的学科间情境，以及学校以外的新情境。[①] 大概念有助于使新的、不熟悉的概念看起来更熟悉。其不仅是一个事实或者一个模糊的抽象概念，而且是一种概念性工具，用于强化思维，连接不同的知识片段，使学生具备应用和迁移的能力。

二　大概念的研究基础

PISA 2006 科学领域评价测试指出，虽然在学校学习到大纲明确规定的知识是重要的，但是在现实生活中应用这种知识还要依赖更为普遍的概念和技能，也就是大概念，例如掌握动植物名称，不如理解如能量消耗、

[①] Erickson H. L., *Stirring the Head*, *Heart*, *and Soul*: *Redefining Curriculum and Instruction* (Corwin Press, 1995), p. 221.

生物多样性和人类健康这些在成人社会中有争议的广泛话题来得更有价值[1]。大概念能够将众多学科理解与连贯的整体联系起来，是基于事实抽象出来的深层次概念，处于课程学习的中心位置，能够将多种知识有意义地连接起来。大概念是当前中国基础教育改革的关键内核与推进动力，厘清大概念的学理基础是坚定改革方向、扩展改革道路的重要前提。

（一）脑科学基础

脑是生物亿万年进化到一定阶段才出现的产物，是宇宙中已知的最复杂、最精细的体系。脑的发达程度是区别动物进化程度的主要标志，人类正因为有了无与伦比的发达大脑，才成为主宰世界的万物之灵。探究大脑的结构和功能始终是自然科学研究中最具挑战的课题。国际脑研究组织（International Brain Research Organization，IBRO）把 21 世纪作为"脑的世纪"。脑科学是一门实验性科学，有关脑的结构和功能、发育和可塑性等的内容和结论都来自对实体的观测和实验研究。通过在细胞水平上对神经元网络结构与功能进行研究以及脑功能成像技术的应用，人们不断揭示脑的高级功能的发生机制，例如感知、信息加工、记忆等。

脑研究表明，脑的每一个区域都是由细胞、树突和与其他部分相联系的神经元组成的非常复杂的神经网络，人脑以平行、多元的方式将大量复杂的信息分散在各个不同的区域中加以处理。[2] 在认知过程中，外部刺激通过五种感官进入体内，被直接输送到丘脑。丘脑充当一个分类站，把这些感官输入重新分配给脑内处理每种具体感觉的区域，进行知识和行为的建构。但学习者并不是像镜子一样简单地反射出他们所听到或看到的信息，大脑也不会原封不动地储存某一事件的完整画面，即它并不直接记录呈现在眼前的任何客体的情状。脑把学习者感觉器官对世界所进行的各种言语或非言语感知结果的各个方面都储存在不同的区域，比如形状、颜色与运动状态，名词与动词等都有各自相应的位置。在将各种知觉结果纳入所属区域的同时，存储区内的各细胞之间就构筑起"路径"，即建立了联系，而这一过程其实就是将词汇、物体、事件及其相互之间的关系以一种有序且相互交织的方式组织起来。结果人类知识就以群集的形式储存在大

---

[1] OECD, *Assessing Scientific, Reading and Mathematical Literacy: A Framework of PISA 2006*（Panis: OECD, 2006），pp. 10 – 20.

[2] 解建团：《脑科学与教育》，陕西师范大学硕士学位论文，2004，第 16 ~ 18 页。

脑中，并形成系统。在特定的场合，这些系统和路径就能被重新激活。因此，以往的学科分立模式并不符合人们的真正学习历程，若能提供课程的统整，即为学生提供综合性、生活化的学习活动，培养多种智能，儿童则可以通过不同智能的途径去学习，从多样的活动中寻找出适合他们自己智能的发展途径。玛利亚·哈迪曼（Mariale Hardiman）在其设计的以脑为导向的教学模式中指出："知识是通过整体的理解和宏观的概念去组织的，因此，我们设计的学习体验使用了视觉表征的方式展现给学生一个整体图景以及新概念和旧知识的联系。"[①]

对于课堂教学而言，其目的是让学习者更好地理解抽象理论。教育神经科学研究指出，以脑的右半球为导向的学习者更容易学习抽象概念，以脑的左半球为导向的学习者更容易从实践中增强对抽象概念的理解，但是当学习者花费相当长的时间从事实践活动时，大脑更倾向于使用相对较少的新皮层资源自动执行这类操作，这就降低了教学的价值。在培养新时期创造性人才的时代背景下，任何教学环境的重点都应该放在高层次的概括性概念上，实践内容可以用来增强对这些概念的理解，但如果仅仅培养学习者的某种操作实践技能，那么教学就失去了其真正的意义。[②] 大脑由很多不同的功能区组成，学习者应使用多个大脑区域或者功能区域来解决问题，尽可能多地联结相关的神经网络，从而精细地使用额叶皮层资源，避免自动化现象的产生。[③] 当学习者能够将多领域的知识以及可能领域的知识结合起来做出推论时，学习者的智慧将得到大幅提升。在评估中，当额叶皮层参与到问题解决决策时，评估过程需要相对较长的时间，这是因为其需要整合来自身体其他部分的信息，而在有限的评估时间内，教育工作者需要创建复杂的问题，而非高难度的问题。

（二）认识论基础

认识论通常又被称为知识论，是系统性地探索构成人类知识基础的结

---

① 〔美〕玛利亚·哈迪曼：《脑科学与课堂：以脑为导向的教学模式》，杨志等译，华东师范大学出版社，2017，第163~170页。

② Watagodakumbura C. , "Principles of Curriculum Design and Construction Based on the Concepts of Educational Neuroscience," *Journal of Education & Learning* 6 (2017)：p. 54.

③ Watagodakumbura C. , "Validity, Lasting Outcomes and Fairness of Learner Assessment from the Perspective of Educational Neuroscience," *International Journal of Education* 9 (2017)：pp. 67 - 90.

构和方法的学问，是探讨认识的本质，认识发生、发展过程及其规律，认识成果及其检验等的哲学学说。人类在自然界中生活，就要适应环境、改造环境，那就要认识自然界。个体在社会中生活，也要适应社会、改造社会，那也就要认识社会。认识论所关注的便是人类认识的过程以及人的思维机制。从一定意义上说，人类所形成的对世界的认识既不是简单从经验土壤中生长出来的树，也不是简单从理念空气中自由结成的茧，这种认识更像是一张把理念世界与经验世界连接起来的观念之网。①

观念来自经验，每一个人的心中都会有一些观念，它们是人们思维的对象。外部的对象使得人们去理解并获得各种各样的可感性质的观念，这些观念就是那些对象在人们的心灵里面所产生的各种不同的感觉。了解观念的分类是十分重要的事情，因为只有这样才能明白人类知识的本质、方式、限度和范围。所以我们应当在自己的观念方面，仔细注意一件事情，观念并非浑然一团的东西，而是有着不同区别的，有的观念是简单的，有的观念是复杂的。简单观念仅仅包括一种单一的现象，或者是在人的心灵之中的一种单一的意图，并且不能再被区分为不同的观念。简单观念是复杂观念产生的原始材料，能够帮助人类从周围世界中独立出来进而发展价值性实践活动。② 观念之网不是概念或者命题的无序堆积，而是存在某种内在的相互联系，使得人类能够形成对于世界的深层次认识。对于这种观念之网的建构来说，人们既需要有基于经验观察的事实或实证证据的支撑，同时也要有基于思维创造的概念或理念的支撑，这二者都是不可或缺的，既需要从经验观察到思维创造，同时也需要从思维创造到经验观察，实现经验世界与理念世界的贯通。

因此，教学虽然在特定学科领域、特定时间范围内进行，但是其目的是让学习者获得能够在任何适当的现实生活中可以使用的长期保留的观念并能够随时回顾。教学本身不是目的，也不是为了介绍新的内容，重要的是学习者在教学过程中接触到更多知识和经验时可以建立更多观念网络和

---

① 李润洲：《论课改理论可靠性的认识论基础》，《全球教育展望》2007 年第 7 期，第 8～11＋36 页。

② 靳松：《认识何以形成——洛克哲学思想的认识论基础》，《西南大学学报》（社会科学版）2010 年第 36 期，第 97～101 页。

相互联系。① 高级概念或者说更广义的知识往往被保留为持久的语义记忆，而不是情景记忆，鉴于有限的教学时间，教育工作者在教学过程中应涵盖重要的高级概念或概括性概念，使其在与现有的观念网络建立连接时更好也更有效，减少对于具体细节或狭义知识的过度关注，让学习者留下积极的回忆而不是否定性回忆，以免学生在未来的学习中形成永久性障碍。此外，详细的描述虽然有助于促进学生理解，但无法帮助学生以语义记忆的形式产生意义或者持久记忆，个体的记忆能力有限，当其充满了细节内容时，便很难与之前的知识建立联系，形成观念更是难上加难。基于此，教育工作者在进行教学设计时应该使用上下文完整的句子而不是孤立的片段来突出高级概念，让学习者在连续统一体中获得意义、形成观念。

（三）心理学基础

心理学的主要研究对象是包括心理过程和个性心理在内的心理现象，其中心理过程涵盖了认识过程（感觉、知觉、记忆、思维等）、情感过程（愉快、满意、气愤等）以及意志过程（感受、论述等），个性心理包括动力系统（需要、动机、兴趣、理想等）和心理特征（能力、气质和性格等）。心理学关于心理现象的描述及其所揭示的心理规律对于指导教育实践有着深刻影响，尤其是对于学生学习方式的变革有着直接指导作用。对于本书影响比较大的主要包括以下两方面的内容。

1. 有意义学习理论

奥苏贝尔（Ausubel）指出，所谓有意义学习是针对机械学习而言的，它是指在学习知识过程中，符号所代表的新知识与学习者认知结构中已有的适当观念建立实质性和非人为性联系的过程。所谓实质性联系，是指新符号所代表的新知识观念能与学习者认知结构中已有的表象，有意义的符号、概念或命题建立内在联系，而不仅仅是字面上的联系。例如，学习"菱形是四条边都相等的平行四边形"这一新概念时，学生会在头脑中已有的"平行四边形"的概念或表象的基础上，对之加以改造，从而产生菱形的表象或概念。这样，新知识"菱形"就与原有认知结构中的平行四边形之间建立了实质性联系。学生就能借助有关平行四边形的属性特征来理

---

① Watagodakumbura C., "Reviewing the Purpose of Education and Challenges Faced in Implementing Sound Pedagogical Practices in the Presence of Emerging Evidence from Neuroscience," *World Journal of Education* 5 (2015): pp. 23 – 36.

解"菱形"的特征。由于新旧知识之间建立的是实质性联系，而不是字面上的联系，新学习的知识就有可能摆脱字面表述形式的限制。奥苏贝尔指出，有意义学习的结果是形成认知结构，认知结构是按层次的形式组织起来的诸多类属者，类属者即概念或观念，众多的类属者按照层次组织起来就是认知结构。换句话说，认知结构指学生现有知识的数量、清晰度和组织方式，它由学生当前能回想出来的事实、概念、命题、理论等构成，既是学生学习的结果，又是学生学习的基础。他指出，当学生把教学内容与自己的认知结构联系起来时，有意义学习便发生了。

"学生仅仅通过记住答案或知道解答同类问题的常规方法，是不能具备应对新情境和解决新问题的能力的。"[1] 知识和技能是解决问题的基础，但如何组织、联结以及调用这些知识和技能才是解决问题的关键。因此，教师教学需要通过设计一个事实、事件或场景的深层意义，使学习者利用记忆中的已有知识去发掘事实和方法背后的含义并生成或揭示一些有意义的事情，从而捕捉学习者"理解"的证据，准确判断一个学习者是否真正理解。教师一直希望学生能够对所学内容的意义产生深刻理解，但对于"理解"仅有着含糊的认识，甚至找不到"理解"的证据。比如询问"如果在地球上挖一个洞，你会发现什么？"，学生表现为鸦雀无声，而只有询问"地心的状态是什么？"时才能回答出"岩浆"的话，那么学习者的学习是"不理解的"或者说"理解"并未发生，这是因为认知环境稍有变化，学习者便无能为力。

2. 学习进阶理论

2005 年，美国国家研究委员会（NRC）在开发和实施高质量的全美科学成就测验时指出，标准的科学评估体系必须考虑学生的理解是如何发展以及各学段学生应分别获取哪些科学知识、能力和理解，即发展的连贯性（Developmentally Coherent）。史密斯（Smith）等在研究"物质与原子－分子理论"教学时，首次提出"学习进阶"（Learning Progressions，LPs），并将其定义为"学生在学习某一核心概念的过程中，所遵循的一系列逐渐复杂的思维路径"。随后，罗斯曼（Roseman）指出学习进阶是一条由小学延续到高中的、有逻辑的、符合学生发展规律的"概念序列"。美国国家

---

[1] Bloom B. S., Madaus G. F., Hastings J. T., *Evaluation to Improve Learning* (New York: McGraw - Hill, 1981), pp. 231 - 233.

研究委员会强调，学习进阶是"对孩子们在一个较大时间跨度内学习和研究某一主题时，所遵循的连贯的、逐渐深入的思维路径的描述"。我国学者刘晟等指出，学习进阶是对学生在各学段学习同一主题的概念时所遵循的连贯的、典型的学习路径的描述，一般呈现为围绕核心概念展开的一系列由简单到复杂、相互关联的概念序列。①

一般认为，学习进阶包括进阶终点、进阶维度、多个相互关联的成就水平、各水平的预期表现以及特定的评测工具，其回应了"为学生设定怎样的学习路径"这一核心问题，基于现有教学情境下的学生认知发展进程，支持围绕学科领域的核心概念建构学生的认知体系。学习进阶通常从具体的、简单的、真实生活中的现象出发，逐渐发展为复杂的、抽象的概念理解，其所构建出的概念发展进程能够优化学生学习，帮助学生形成概念融合的交叉体系，最大限度地避免学习内容的遗漏或重复，为"少而精"的学习奠定基础。

（四）教育学基础

教育是广泛存在于人类生活中的社会现象，是有目的地培养社会人的活动。教育学则是专门研究教育的学科，是对教育实践活动的根本性指导。教育学以教育活动为研究对象，主要集中在教育事实、教育问题、教育现象和教育规律上，注重揭示教育的规律，注重探讨教育的价值和教育的艺术。总之，教育学是深刻回答培养什么样的人以及怎样培养人的根本问题的专门领域，涉及教育目的、课程开发、教学过程、教材编制、学生学习等诸多内容。在这里，布鲁纳的《教育过程》对于教育发展有着重要影响。

布鲁纳在该书中强调了学科基本结构的重要性，一个人学到的观念越是基本，几乎归结为定义，那么这些观念对新问题的适用性就越宽广。此外，布鲁纳还提出了四个有助于教授学科基本结构的一般论点，第一是懂得基本原理可以使学科更容易理解，例如只要抓住了"一个民族为了生存，必须进行贸易"的基本观念，那么美洲殖民地三角贸易的现象就更容易理解；第二是涉及人类的记忆，即学习普遍或基本的目的就在于保证记

---

① 刘晟、刘恩山：《学习进阶：关注学生认知发展和生活经验》，《教育学报》2012 年第 2 期，第 81~87 页。

忆的丧失不是全部丧失，遗留下来的东西将使我们在需要的时候得以把一件件事情重新构思起来，高明的理论不仅是现在用以解释现象的工具，也是明天用以回忆那个现象的工具；第三是领会基本的原理和观念能够有效实现迁移，因为其有助于帮助学生理解可能遇见的其他类似的事物；第四是需要经常检查"高级知识"与"初级知识"之间的差距并进行弥补。基于此，布鲁纳提出了发现教学法，认为教师通过引导让学生自己主动地去学习，概括出原理或法则，他们就会因自己的发现感到愉快和拥有成就感，所获得的知识也不容易遗忘并能广泛应用于实际情况。

"我们教一门课，不是建造有关这一科目的一个小型的现代图书馆，而是使学生亲自像一名数学家那样思考数学，像一名史学家那样思考史学，使知识的获得过程体现出来。认识是一个过程而不是一种产品。"[1] 教学不能仅是传递关于结果的知识，而是可以还原知识产生的本来状态，让学生可以追踪、经历并获得知识的产生过程，让学生通过了解知识的基本原理建构学科地图。加德纳（Gardner）更是认为，"要检验理解，不是让学生重述所学内容，也不是看实践行为。确切地说，要看是否能够将相应的概念或原理应用到新的问题情境之中"。[2] 相较于观察学生能够回忆知识概念或基本原则而言，学习者如果能够将所学的知识在情境化问题中"提取"理解并加以应用，我们就可以认为学习者已经形成了何时、何地、为什么以及如何运用所学知识来解决新问题的灵活理解了。

三　大概念的遴选路径

真正的大概念不是无所不包、内容庞杂的概念群体，而是理解学科领域本质的核心，往往通过深入探究得以掌握，是各领域专家整体思考和全面审视学科领域问题的主要方式。大概念并不仅停留在所包含的知识范围内，而且其既是各种条理清晰关系的核心，又是使事实成为更容易理解的概念的锚点，同时作为一种概念性的工具用于强化学生学科思维，连接知识片段，使学生具备迁移和应用的未来素养。菲利普斯（Phenix P. H.）曾

---

[1] 〔美〕J. S. 布鲁纳：《布鲁纳教育论著选》，邵瑞珍等译，人民教育出版社，2018，第430～431页。

[2] Gardner H. , *The Unschooled Mind: How Children Think and How Schools Should Teach* (New York: Basic Books, 1991), pp. 117–145.

以"代表性概念"的说法对大概念进行阐述,其认为"如果一门学科有明确的特征概念可以代表它,那么对这些概念的全面理解也就相当于对整个学科知识的理解"。[①]

大概念通常有多种表现形式,例如一个词、一个短语、一个句子等,就其表现内容也可以分为概念(如函数、适应、能量)、主题(如西部大开发、"一带一路")、观点(如先天、后天)、理论(如进化论、宿命论)、基本假设(如市场是理性的)以及原则(如形式追随功能)等。大概念就隐藏在这些纷繁复杂的形式中,寻找及分析真正的大概念,是立德树人根本任务顺利展开的关键。大概念是一个横向延展、纵向深入、指向实践的多层次多维度的复合概念,其不仅仅是基于知识本身的概念统整系统,也是超越知识本身指向知识背后哲学观念的意义生发系统,而且是扎根于课堂教学实践并服务于学生核心素养培养的课程原则系统。围绕大概念的课程与教学的首要阶段是对于大概念进行遴选分析,剖析大概念的具体内涵,明晰其表层及深层指向,级联该大概念进入课程与教学时的原则,从而使大概念与课程教学之间完美契合。遴选大概念的有效策略包括以下四种方式,但这四种方式并不是各自独立的,而是相辅相成的。

(一) 素养转化

核心素养的落地需要从大概念入手,对大概念的理解和运用直接体现了学生核心素养的发展水平。相较而言,核心素养是学生适应社会发展与个体发展的必备品格与关键能力,是知识、技能以及情感发展的整合,具有高度的概括性与价值性,无法直接通过具体的知识与反复的技能训练获得,而是需要转化成为大概念进行联结和统领。可见,大概念是联结核心素养与具体教学内容的桥梁,对于组织课程与教学活动有着重要意义。因此,由核心素养转化成大概念是遴选与提炼大概念的主要路径之一。具体来说,通过素养转化以遴选大概念的方式主要是对于核心素养进行不同层次与类型的划分,使所有类型的大概念共同诠释某一核心素养。

以中国学生发展核心素养中的人文底蕴为例,人文底蕴是指学生在学习、理解、运用人文领域知识和技能等方面所形成的基本能力、情感态度

---

① Phenix P. H., *Realms of Meaning: A Philosophy of the Curriculum for General Education* (Cambridge: Journal of Negro Education, 1964), pp. 4 - 6.

和价值取向，具体包括人文积淀、人文情怀和审美情趣等基本要求。其中，人文积淀是指具有古今中外人文领域基本知识和成果的积累，能理解和掌握人文思想中所蕴含的认识方法和实践方法等。具体来看，人文底蕴包含三方面的整合能力，这三方面能力仍然比较宽泛，无法直接统领该方面的基础概念，但每一方面所包含的内容已经十分接近概念集合，即大概念。例如"具有古今中外人文领域基本知识和成果的积累"可转换为大概念"古今中外人文领域的基本知识和成果是人类赖以生存与发展的基石"等。

以《普通高中生物学课程标准（2017 年版 2020 年修订）》为例，其提出的学科核心素养包括生命观念、科学思维、科学探究和社会责任。其中生命观念是指对观察到的生命现象及相互关系或特性进行解释后的抽象，是人们经过实证后的观点，是能够理解或解释生物学相关事件和现象的意识、观念和思想方法。生命观念涵盖了较多抽象性、观念性的思想内容，无法直接与具体概念相联系，其所包含的结构与功能观、进化与适应观、稳态与平衡观、物质与能量观等，可以用以提炼大概念。例如结构与功能观可转换为大概念"细胞是生物体结构与生命活动的基本单位""生命个体的结构与功能相适应，各结构协调统一共同完成复杂的生命活动，并通过一定的调节机制保持稳态"等。

（二）标准演绎

课程标准是我国指导课程与教学的基本依据，是进行教材编制、教学设计以及评价设计的重要参考，是教师开展日常教学活动的指导性文本。就我国发布的《普通高中课程方案及各学科课程标准（2017 年版 2020 年修订）》来看，部分学科没有提及清晰的学科大概念，部分学科采用不同取向的大概念表述方式，例如：语文课程、英语课程等并未提出清晰的学科大概念；美术课程倾向于从"结构和程序"的角度形成教学稳定性，让学生经历"像艺术家一样创作"的过程；通用技术课程将结构、流程、系统、控制四个大概念贯通在技术实践单元；信息技术课程紧扣数据、算法、信息系统、信息社会大概念体系选择课程内容并设计实体内容；生物学课程指出大概念包括对原理、理论等的理解和解释，是生物学科知识的主干部分，包括细胞是人类进行生命活动的基本单位等大概念内容。如前所述，理解取向的概念表述能够更好地指导教师教学与学生学习，而对于没有明确提出大概念的学科课程来说，可以采用标准演绎的方式进行提炼。例如《普通高中语文课程标准（2017 年版 2020 年修订）》中提到"掌握利用不同媒介获取信息、处理信息、应用信息的能力"，可以转换为大概念"媒介是可以用来获取信息、处理信息以及应用信息的载体"。

（三）学科理解

学科既是知识存在也是历史存在，同时也是文化存在。一般认为，学科理解是教师对学科知识、认识方式以及思维方法的系统化、结构化理解，是教师深度思考与挖掘学科本质的一种连续性的认识过程。[①] 其中，《普通高中化学课程标准（2017 年版 2020 年修订）》中将化学学科理解定义为"教师对化学学科知识及其思维方式和方法的一种本原性、结构化的认识"。总体来看，学科理解是教师扎根学科结构的历史观与方法论的思考，是过程性与结果性的呈现，代表了教师对于学科本质及其发展价值的观点和看法，既包含对学科知识的理解，也包含对学科育人价值的探讨。[②] 教师的学科理解帮助教师理解了学科的内涵及外延，但同时，其根本目的是指向学生学科核心素养的形成，而教师较高的学科理解水平能够更好地促成学科核心素养向大概念的转化，或者直接提炼大概念。

对于有着高水平学科理解的教师而言，其能够对于学科知识现状及发展形成系统的广域理解，对于学科所包含的思想方法、育人价值以及跨学科融合等方面有着较高的敏感性。一方面，这类教师能够基于学科核心素养进行大概念转化，另一方面，这类教师以其足够的敏感度整合相关资料信息提炼大概念进行教学活动。例如，教师教授"碳中和"（一个国家、地区、企业、团体或个人测算在一定时间内，直接或间接产生的温室气体排放总量，通过植树造林、节能减排等形式，抵消自身产生的二氧化碳排放，实现二氧化碳的零排放）与"碳达峰"（某个地区或行业年度二氧化碳排放量达到历史最高值然后经历平台期进入持续下降的过程，是二氧化碳排放量由增转降的拐点）时，部分教师从自然地理学深度思考，分析了

---

① 杨梓生：《增进学科理解是把握化学核心素养的关键》，《化学教育学》2017 年第 3 期，第 13～15 页。

② 杨莹莹：《教师学科理解的教育学立场及其实践之维》，《当代教育科学》2021 年第 9 期，第 3～9 页。

地球圈层以及地理空间规律等内容后，进行了相关知识的组织提炼，提出了大概念"碳循环是物质的迁移和能量的流动过程"。

（四）生活意义

生活世界蕴含着无限意义，却是无序的、零碎的，尽管如此，"人在科学世界里所获得的理智方面的发展，只有回溯到现实的生活世界中才能被赋予其对人生的意义"。胡塞尔（E. Husserl）认为"生活世界被教育遗忘了，不仅带来教育科学的危机，也带来了人类文化的危机"。[①] 因此，返身生活并重新拾起对美好生活的追求和向往是新时期教师教学的重要导向，生活意义对于教师进行大概念教学提供着深刻的启示。然而，教师初始看到的往往是一堆未经加工或者部分加工的、散落堆砌的生活碎片，这些碎片大多是某个大概念的零部件，大概念体系尚未形成。教师需要通过不断地反思与归纳生活素材进行大概念的提取、细化和调整。例如面对充斥在生活中的有关广告营销的内容，为了能够让学生正确认识广告营销，需要向学生阐释企业产品、消费者、营销方式、价值判断等诸多方面的概念内容，这些概念内容如果零零散散地教给学生，在面对广告营销时学生仍有可能无法做出正确的决定。因此，教师需要根据这些相关的小概念进行大概念的提取，在反复思考后可将大概念确定为"广告是企事业单位向消费者介绍产品的宣传方式，具有真实性和思想性"。

---

① 〔德〕埃德蒙德·胡塞尔：《欧洲科学危机和超验现象学》，张庆熊译，上海译文出版社，1988，第58~82页。

第二章　以大概念为核心的课程设计

大概念作为引领新时期课程改革中学科核心素养落实的关键，是当前教育领域的热点话题。教师若掌握学科的基本概念架构，将有助于学生对学科知识的记忆保留，并促进学习的迁移。[①] 因此，贯彻以大概念为核心引领课程改革、促进学生学科核心素养落实已成为新时期国际上的普遍做法，同时是我国课程改革的重要方向。

一　核心素养时代的大概念课程

学科核心素养的颁布成为连接核心素养理念与具体学科之间的关键环节，是核心素养在学科层面的具体化。大概念指向学科结构的中心，与学科核心素养有着潜在的相互联系，并最终促进其落实，大概念在学科核心素养的落实中扮演着重要的角色。[②]

（一）　大概念是学科核心素养指向学科内容的固定锚点

大概念居于学科中心位置，具有中心性特征，是学科核心素养下的具体化表征。学生对于大概念的理解和运用让学生把握了该学科内容的基本结构与关键脉络，指向学习内容的大概念、学生、学科核心素养三者之间的级联互动有效促进了学科核心素养在课程中的落实。大概念能够让教师和学生沿着清晰明确的线索进行教学和学习，具有重要的操作性指导意义，可以作为学科核心素养融入学科内容的固定锚点。学科核心素养是核

---

① Bruner J. S., Lufburrow R. A., *The Process of Education*（Cambridge：Harvard University Press，1960）.
② 李刚、吕立杰：《大概念课程设计：指向学科核心素养落实的课程架构》，《教育发展研究》2018 年第 38 期，第 35~42 页。

心素养在学科层面的表达，其目的在于使学生通过对特定知识内容的学习，习得有价值的思想方法，最终具备面对自我、社会与自然的观念能力。[①] 那么，大概念是如何固定学科内容的呢？德荣（Jang O. D.）等以化学学科为例，从化学知识、化学史和化学社会学三个视角分析了化学大概念对化学学科内容的固定作用。从化学知识角度来看，化学是用于描述、解释和预测化学现象的学科，大概念应涵盖化学反应、化学键等基本概念；从化学史角度来看，化学学科是通过化学家的积极努力而不断发展起来的，要学习如何在社会历史环境中发展化学知识，大概念应涵盖化学模型的发展、化学范式的转变等；从化学社会学角度来看，化学是在个人和社会层面起重要作用的科学，要学习和理解社会科学问题和相关问题，大概念应涵盖温室效应、化学污染等内容。[②]

大概念锚定了学科内容的基本框架，让学科核心素养不再是停留在理论层面的分析论述，而是明确地嵌入整个课程与教学过程，提供了教师教授的支撑以及学生学习的思路，让学生沿着大概念的引导能够像学科专家那样思考。

（二）大概念是学科核心素养指向学科情境的生成单体

学科核心素养同核心素养有相似之处，它们都不是孤立的单一素养，而是综合的整体素养，各个素养之间相互联系、相互补充、相互促进，在不同的情境中整体发挥作用。一般情况下，学科核心素养处于静默状态，当个体在与自我、社会以及自然互动的过程中才显现出来，统整知识、能力与态度，最终促成个体的行为表现。学科核心素养的情境化是对学生迁移能力的必然诉求，是学生面对复杂问题时进行适应性转化的前提条件。学科核心素养是学生生存和发展所需的基本素养，这些素养既广泛又有强有力的适用性，可以从一种情境迁移到另一种情境，而使用大概念作为形成这种广泛适用性结构的基本单位则是再合适不过了。

大概念能够有效组织零碎的知识与技能并将其应用到具体的情境中，改变了以往僵硬固化的知识形态，有助于能力的情境化迁移。一直以来，

---

① 吕立杰、韩继伟、张晓娟：《学科核心素养培养：课程实施的价值诉求》，《课程·教材·教法》2017 年第 9 期，第 18～23 页。

② Jong O. D., Talanquer V., *Why Is It Relevant to Learn the Big Ideas in Chemistry at School?* (Relevant Chemistry Education, Sense Publishers, 2015), pp. 11–31.

培养学生迁移能力受到广泛研究，美国学者罗耶（J. M. Royer）等基于信息加工视角提出了认知迁移理论，认为迁移的可能性取决于在记忆搜寻过程中遇到相关信息或技能的可能性，且搜寻可能性越大，则迁移可能性越大。任何增加信息间交互联结的方法都有助于提升迁移的可能性。教师使用大概念进行教学，能够帮助学生理解知识间的相互联系，增加知识结构内各单元交互联结的数量，提高学生应用所学知识解决实际问题的能力。[1]

学科核心素养虽然指向可迁移性，但其本身并不具备形成可迁移性的操作性策略，而大概念的网络状特性及可迁移性特征恰到好处地使学科核心素养在具体实践中落地生根。学科核心素养以大概念作为结构组成单体，将帮助学生更好地建立素养内与素养间的网络结构，根据所遇到问题情境的召唤，触发大概念的联结机制，最终使问题得到合理解决，而这个过程中所体现的正是学生所具备的学科核心素养。

（三）大概念是学科核心素养指向课程单元的设计核心

大概念可以帮助学生综合地理解学科概念，可以作为课程单元设计的基础。依据大概念设计的课程能够让学生逐一学习的概念具有一定的相关性，同时能够从整体上把握课程结构。比尔和古斯（Atweh B. & Goos M.）在研究澳大利亚数学课程时指出，虽然将知识内容按照传统课程安排在教学大纲中是非常方便的，但不适用于处理经常需要跨学科方法的现实世界，使用大概念进行概念联结是有效解决问题的关键。[2] 沃克（R. S. Walker）在参与美国五年实验计划《通过艺术改造教育》（Transforming Education Through the Arts Challenge）的研究中深刻体会到大概念在课程设计中的重要角色，并提出了围绕大概念进行课程建构的要领和基本步骤。[3] 韩国天主教大学的邦（D. Bang）等则利用知识金字塔整合大概念的内容进行 STEM 课程单元设计。[4]

大概念为学生提供了一个组织信息的蓝图，减少了必须记住的内容数

[1] Royer J. M. , Cable G. W. , "Illustrations, analogies, and facilitative transfer in prose learning," *Journal of Educational Psychology* 68 （1976）: pp. 205 – 209.

[2] Atweh B. , Goos M. , "The Australian Mathematics Curriculum: A Move Forward or Back to the Future?" *Australian Journal of Education* 55 （2011）: pp. 214 – 228.

[3] Walker R. S. , "Designing Art Curriculum with Big Ideas," *Journal of Arts Education* 139 （2004）: pp. 52 – 55.

[4] Bang D. , Park E. , Yoon H , "The Design of Integrated Science Curriculum Framework Based on Big Ideas", *Journal of the Korean Association for Science Education* 33 （2013）: pp. 1041 – 1054.

量，强化了学生的迁移能力。希伯特（J. Hiebert）等指出，如果学生能够了解所学的内容同已知的其他内容的关联，学生就能很好地理解，并且这种关联的数量和强度越大，学生理解得越透彻。[①] 学生依据大概念可以有序组织其在学习期间遇到的事实、概念、过程和方法，建立学习单元之间的相关以及与其他学习领域的联系，感觉到自己所做的一切都与大概念这个中心有关。大概念为教师提供了一个有效的方式来组织教学单元的内容。教师围绕大概念组织教学时，可以更容易地从必要的内容中分离出不必要的细节，选择合适有趣的活动，并将其组织成一个整体。美国数学教师理事会（NCTM）在其支持"共同核心国家标准"的学校数学原则和标准中指出，教师需要了解数学的大概念，能够将数学视为一个连贯的整体。[②]

二 大概念课程的国际经验

当前，围绕大概念进行课程设计已经成为国际课程改革的重要趋势，加拿大、日本、新加坡、澳大利亚以及韩国等不少国家和地区进行了充分的理论建构与实践探索，为我国全面进行大概念课程的建设实施提供了宝贵经验。[③]

（一）加拿大学科课程中的大概念

加拿大不列颠哥伦比亚省（British Columbia，简称 BC 省）拥有先进的教育体系，基本设施完善，师资水平一流，学生表现在历次 PISA 测试中位居前列。为了适应正在发生巨大而快速变化的世界形势，BC 省教育部从 2010 年起开始就该省 K－12 课程体系改革进行磋商，连续发布多个探索课程设计的文件，并于 2015 年 8 月正式公布新一轮课程改革方案。相比之前，本次课程改革方案有诸多创新，包括建立了适用所有学习领域的

---

① Hiebert J. , & Carpenter T. P. , *Learning and Teaching with Understanding. In Handbook of Research on MathematicsTeaching and Learning*（New York：Macmillan，1992），pp. 65 – 97.

② National Council of Teachers of Mathematics, *Principles and Standards for School Mathematics*（Reston，VA：NCTM. 2000），p. 17.

③ 李刚、吕立杰：《学科大概念基本样态与课程角色的比较与分析》，《教育科学研究》2020 年第 9 期，第 46～51 页。

共同框架等，① 其所提倡的在每个年级每个学习领域都设置学科大概念，并依托学科大概念落实核心素养与我国 2020 年颁布的《普通高中课程方案（2017 年版 2020 年修订)》有契合之处，为我国学科大概念的进一步探索提供了启示。为了能够更为全面地审视加拿大本次课程改革的相关举措，我们以科学课程为例进行深入挖掘。

BC 省教育部在课程改革专家征询过程中发现，大部分专家赞成未来的学生正在进入一个信息迅速扩张的时代，未来的课程必须以学生为中心，具备充分的灵活性与创新空间，注重读写等基本能力，重视基于概念驱动和素养驱动的方法来支持学生更深层次的学习，BC 省的课程需要重新设计。② BC 省的课程模式基于"Know – Do – Understand"模式进行设计，包括三部分内容——内容（Content）、课程素养（Curriculum Competencies）和大概念（Big Ideas），其中：内容是指学生应该知道哪些（Know），即每个年级的基本主题和知识；课程素养是指学生应该会做哪些（Do），即学生随着时间推移而发展出来的技能、策略，虽然具有较强的学科性，但是指向核心素养；大概念是指学生应该理解哪些（Understand），包括学习领域中的关键概念及原则，旨在超越学生对于单一学科单一年级的认识，有助于未来的理解（见图 2 – 1）。③

该模式凸显了大概念的重要价值和地位，尊重学科的独特性，同时支持跨学科学习。大概念作为概念之间关系的高度概括，是理解的基本素材，像"车辖"一样聚合碎片化信息并将其有意义地连接起来，使 BC 省各个课程能够有效帮助学生形成关于世界的上位的以及整体的认识、解决问题的新思想以及正确的价值观。例如：科学课程中的大概念在生物学领域、化学领域、物理领域、地球领域、空间和环境科学领域有所体现，包括所有物质都是由粒子构成的、机械装置能够传递力和能量、物质属性决定物质的功能等；艺术课程中的大概念在舞蹈领域、戏剧领域、音乐领域和视觉艺术领域中的所有体现，包括艺术家通过不同方式的实验来发现新的可能性，探索艺术作品能够让人民接触到不同的价值观和知识。

① Curriculum Redesign：What's New? What's the Same?，https：//curriculum. gov. bc. ca/sites/ curriculum. gov. bc. ca/files/pdf/redesign. pdf，最后检索日期：2019 年 5 月 1 日。

② Curriculum Redesign Update.，https：//curriculum. gov. bc. ca/sites/curriculum. gov. bc. ca/ files/pdf/Curriculum% 20Redesign% 20Update% 20Winter. pdf，最后检索日期：2019 年 5 月 1 日。

③ 顾佳磊：《卑诗省科学课程的大概念与学习标准》，《上海教育》2018 年第 26 期，第 10 ~ 19 页。

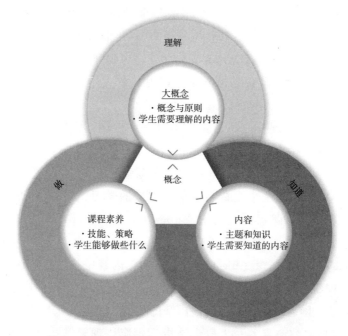

图 2-1 BC省"Know-Do-Understand"课程模式

资料来源：Curriculum Redesign Update. , https：//curriculum. gov. bc. ca/sites/ curriculum. gov. bc. ca/files/pdf/Curriculum% 20 Redesign% 20 Update% 20 Winter. pdf。

（二）日本理科课程中的基本科学概念

核心素养背景下的课程改革已经席卷包括日本在内的世界多个国家。2014年，日本展开了新一轮的课程改革，对学习指导要领进行了全面修改，并于2017年颁布了最新的《小学校学习指导要领》[①] 和《中学校学习指导要领》[②]。在中小学学习指导要领的理科部分，日本非常重视小学与中学课程结构的有效衔接，使用"物质·能量""生命·地球"四个基本科学概念（大概念）构成小初高课程内容的基本结构，其中小学阶段以"学年+基本科学概念"进行内容分类，初中阶段以"基本科学概念"进行内容分类，高中阶段以"学科"进行内容分类，呈现出明显的系统化与结构

---

① 日本文部科学省：《小学校学习指导要领》，http：//www. mext. go. jp/component/a_menu/ education/micro_detail/__ics Files/afieldfi le/2017/05/12/1384661_4_2. pdf，最后检索日期：2019年5月1日。

② 日本文部科学省：《中学校学习指导要领》，http：//www. mext. go. jp/component/a_ menu/ education/micro_ detail/_ _ ics Files/afieldfile. pdf，最后检索日期：2019年5月1日。

化特征。整体来看，以基本科学概念统领领域内容能够将知识作为学生认识世界和理解世界的基础和材料，帮助学生像专家一样将知识清晰化、结构化且有关联，并在整体上把握客观世界运行的基本规律。

具体而言，"物质·能量"部分以"能量""粒子"为线索，"生命·地球"部分以"生命""地球"为线索，共同组织理科课程中的碎片化知识，并且每个基本科学概念都能进行下位概念的分解。例如："能量"可以分为"能量的看法""能量的转化与守恒""能源的有效利用"；"粒子"可以分为"粒子的存在""粒子的结合""粒子的守恒""粒子具有能量"；"生命"可以进一步分为"生物的结构和功能""生命的连续性""生物和环境的关系"来考虑；"地球"可以进一步分为"地球内部和地表的变动""地球的大气和水的循环""地球和天体的运动"来考虑。下面以"能量"的小初概念体系为例（见表 2 - 1）。

表 2 - 1　日本基本科学概念"能量"的小初概念体系

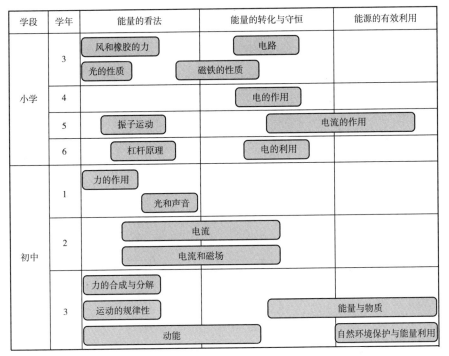

学段	学年	能量的看法	能量的转化与守恒	能源的有效利用
小学	3	风和橡胶的力　光的性质	电路　磁铁的性质	
	4		电的作用	
	5	振子运动	电流的作用	
	6	杠杆原理	电的利用	
初中	1	力的作用　光和声音		
	2	电流　电流和磁场		
	3	力的合成与分解　运动的规律性　动能		能量与物质　自然环境保护与能量利用

资料来源：日本文部科学省：《小学校学习指导要领》，http：//www. mext. go. jp/component/a_ menu/education/micro_ detail/__ics Files/afieldfile/2017/05/12/1384661_4_2. pdf，最后检索日期：2019 年 5 月 1 日。

（三）新加坡数学课程中的大概念

随着大概念的研究在世界各国受到高度重视，新加坡数学课程也围绕大概念进行了深度改革。2020年，新加坡发布新的数学课程大纲，指出数学本身提供了一种语言来表示和传达该学科的思想和结果，同时在最基本的层次上研究数字，空间的属性、关系、运算、算法和应用，在更高级的层次上研究抽象的对象和概念。作为新加坡数学教育的指导性文件，新的数学教育大纲指出数学教育要为每个公民提供必要的知识和技能以及逻辑思考、批判性和分析性思考能力，以参与并致力于在未来经济和社会方面发挥重要作用。[①]

新加坡数学教育注重学生对于数学知识的理解以及逻辑推理等数学思维的发展。为了能够避免将高度抽象与集成化的关于世界的事实程序简单打包给学生，使学生成为"静止的容器"，为了能够有效地进行数学教育，本次数学课程大纲围绕这一课程目标提出了四个数学主题以及隶属于四个主题下的八个数学大概念。具体整理如表 2－2 所示。

表 2－2　新加坡数学课程中的大概念及隶属主题

序号	大概念	释义	所隶属主题
1	图形	现实世界或数学对象的简洁直观表示,用于传达对象的属性并帮助解决问题	陈述与交流
2	等价	表达可以用两种不同形式表示的两个数学对象的"相等性"的关系	属性与关系 运算和算法
3	函数	两组对象之间的关系,表达了第一组(输入)中的每个元素如何根据规则或操作唯一地确定(相关)第二组(输出)中的元素	属性与关系 抽象与应用
4	守恒	数学对象的属性,当对象经历某种形式的变换时,该属性保持不变	属性与关系 运算与算法
5	数字	量化各种现实世界或数学对象的属性的度量,以便可以对其进行分析、比较和排序	抽象与应用

---

① 《新加坡数学课程》，https：//www.moe.gov.sg/-/media/files/secondary/syllabuses-nt/maths/2020-nt-maths_syllabus.pdf？la=en&hash=0F666F9B9A0CECD1E003630A35F3CF4B6C1475FF，最后检索日期：2019 年 5 月 1 日。

续表

序号	大概念	释义	所隶属主题
6	模型	使用数学对象和表示形式对现实情况或现象的抽象	抽象与应用 陈述与交流
7	符号	简洁明了地表示数学对象及其操作和关系的书写符号和约定	陈述与交流
8	比例	两个量之间的关系,该关系允许基于乘法推理从一个量中计算另一个量	属性与关系

资料来源:《新加坡数学课程》,https://www.moe.gov.sg/-/media/files/secondary/syllabuses-nt/maths/2020-nt-maths_ syllabus. pdf? la = en&hash =0F666FgB9A0CECD1E 003630A35F3CF4B6C1475FF。

(四) 澳大利亚课程中的重要观念

核心素养时代,培养学生适应未来挑战的关键能力与必备品格不在于拥有知识总量的多少,而在于通过课程内容设计帮助学生深刻理解事实和方法背后的意义进而完成自身知识建构,使得学生"炼制"属于自己的理解同时在复杂环境中灵活运用这些知识。一直以来,澳大利亚十分重视学生核心素养的培养,为所有年轻人提供公平优质的教育。自2008年开始,澳大利亚课程、评估和报告部门(ACARC)开始领导制定国家课程,从2010年的课程文件1.0版一直发展到2020年的8.4版,其间不断进行更新与修订。①

在2020年8.4版的课程文件中,澳大利亚课程共分为英语、数学、科学、体育与健康、人文和社会科学、艺术、语言以及技术等八个学习领域,为学生知识、理解、技能以及价值观的发展奠定了坚实的基础。不同的课程领域中往往包含基本原理、课程目标、课程结构等基本内容,但在数学、科学以及体育与健康课程中特别设置了关键概念,在艺术类以及社科类课程上并没有。事实上,重要观念(key idea)高度凝练并深度阐释了本学科的核心内容,能够较好地将不同概念之间的关联性深刻体现出来,并在观念层次上影响学生思维。学生能够通过对关键思想的学习对于本学科有一个整体性、结构化的把握,避免碎片化知识的堆砌。以下是部分学科课程中的重要观念(见表2-3)。

① F-10 curriculum | The Australian Curriculum,https://australiancurriculum.edu.au/f-10-curriculum/,最后检索日期:2020年7月15日。

表 2 - 3 　部分澳大利亚课程中的重要观念

序号	课程领域	重要观念
1	数学	·理解：学生建立可适应和可转移的数学概念的强大知识体系，能够在相关概念之间建立联系并逐步应用熟悉的概念来开发新想法。 ·流畅：培养学生选择适当程序的技能，能够灵活、准确、高效和适当地执行程序并容易回忆事实知识和概念。 ·问题解决：培养学生做出选择、解释、制定、建模和调查问题情况以及有效沟通解决方案的能力。 ·推理：培养学生发展出越来越复杂的逻辑思维和行动能力，例如分析、评估、解释、推断、证明和概括
2	科学	·模式、排序与组织：识别我们周围世界的模式，并对不同尺度的现象进行排序和组织。 ·形式与功能：物体或有机体的一个方面的性质或构成与其功能之间的关系。 ·稳定与变化：一些特性和现象似乎随着时间的推移保持稳定或不变，而另一些则发生变化。 ·尺度与测量：使用与日常经验相关的尺度，使用相对语言（例如"更大"或"更快"）和非正式测量来比较事件和现象。 ·物质与能量：根据物质和能量的流动来解释现象。 ·系统：从系统的角度进行思考、建模和分析，以便理解、解释和预测事件和现象
3	体育与健康	·专注于教育目的：描述支撑健康和体育的学科知识、理解和技能的进步和发展，以及学生如何在当代健康和运动环境中理解和应用它们。 ·采取基于优势的方法：基于所有学生和他们的社区都拥有特殊的优势和资源，以改善他们自己和他人的健康、福祉、运动能力和参与体育活动。 ·运动价值：促进人们了解各种形式的运动如何成为日常生活的核心——从满足功能要求和提供积极生活的机会到承认参与体育活动和运动是重要的文化和社会实践。 ·培养健康素养：个人以促进和维持健康与福祉的方式获取、理解和使用健康信息和服务的能力。 ·批判性调查方法：让学生参与关键的探究过程，帮助学生研究、分析、应用和评估健康与运动领域的知识

资料来源：F - 10 curriculum | The Australian Curriculum，https：//australiancurriculum. edu. au/f - 10 - curriculum/，最后检索日期：2020 年 7 月 15 日。

（五）韩国科学课程中的大概念

2014 年，韩国科学基金会和教育部启动了面向未来 30 年（2045 年）的下一代科学教育标准项目并规划了研究路线图，2019 年 8 月，韩国科学基金会发布《韩国下一代科学教育标准》（Korean Science Education Standards for the Next Generation，简称 KSES），且以此为基础全面进行韩国科学教育的变革[①]。KSES 详细阐述了未来需要培养的人类形象以及学生必须具备的科学素养，指出未来的人类应是"具有科学素养并能够共同生活的富有创造力的人"（creative and cooperative people equipped with scientific literacy），KSES 能够帮助教师思考科学教育应该教什么以及怎样教，同时帮助学生思考将来需要哪些科学知识与技能以及科学能够做什么，KSES 是韩国未来 30 年科学教育改革的根本依据。

为了能够更为清晰地表示提升科学素养的整体设计，KSES 中使用了"科学素养树"（ToSL）来表征 KSES 所追求的科学素养基本结构与特征的模型。该模型通过收集来自科学、工程、数学教育以及人文社会科学等各个领域的专家组成的研究人员的意见修改而成，包含知识维度（knowledge dimension）、能力维度（competence dimension）以及参与和实践维度（participation & action dimension）。这其中，知识维度包括 6 个具体领域，分别是规律性和多样性、能量和物质、系统与相互作用、变化与稳定、科学与社会、为可持续发展的社会做贡献，前四个领域相当于传统科学的基础知识和概念，但它们的区分不像物理学、化学、生命科学、地球科学那样，而是以"大概念"（big ideas）为中心进行组织。表 2 - 4 是"能量和物质"领域的基本结构。

表 2 - 4　知识维度"能量和物质"领域内容

类别	K - EM 能量和物质
领域目的	能量和物质是包括人类在内的自然之源，了解它们的性质成为科学的基本知识内容。例如，太阳能、地球内部的能量和核能被转换成各种类型的能量，并参与物质的循环。有必要了解能量和物质转换与流动的整体概念，以及每种物质、生命与地球之间通过其循环所发生的相互作用
领域内涵	构成这个世界的能量和材料经历了各种各样的变化，并改变了它们的状态和外观。能量有多种形式。它们在它们之间切换，但被保留。物质具有各种结构和功能特性。通过这些能量和物质表现出来的活生物体，具有获取和利用能量生存的结构。物质、生态系统和地球中出现的各种相互作用和循环是由能量流引起的，能量流动改变了所有系统。基于对能量的理解，可以根据生态系统和地球中的能量流动来解释各种现象。另外，从科学和社会联系的角度来看，能源也与环境问题有关，是对人类发展的最重要贡献

① 教育部，모든한국인을위한과학적소양미래세대과학교육표준，https://www.moe. go.kr/boardCnts/view.do?boardID=316&boardSeq=78272&lev=0&searchType=null&statusYN=W&page=7&s=moe&m=0302&opType=N（2019-08-19），最后检索日期：2020 年 7 月 15 日。

续表

类别		K‑EM 能量和物质
子领域描述	能量和物质的本质	涵盖了能量和物质的基本特性的知识，包括能量类型和发电，能量转换和保存，能量与物质的关系以及物质‑能量的循环
	生物的能量	生态系统中出现的各种相互作用和循环都以能量来理解，包括生态系统中的能量流动，生命与物质的相互作用以及生命与物质之间的能量循环
	地球的能量	研究地球系统中各种自然现象的能量流和循环，包括地球内部的能量，地球系统中的能量流以及地球系统中的物质循环
	能量与环境	从科学和社会的角度理解能量对环境的影响，包括节能与环境、化石燃料与环境问题、能源的有效利用以及可再生能源

资料来源：교육부，모든한국인을위한과학적소양미래세대과학교육표준，https：//www.moe. go. kr/boardCnts/view. do? boardID = 316&boardSeq = 78272&lev = 0&searchType = null&statusYN = W&page = 7&s = moe&m = 0302&opType = N（2019‑08‑19），最后检索日期：2020 年 7 月 15 日。

（六）美国科学教育中的核心概念

科学教育是立国之本。美国历来十分重视科学教育，相关研究成果十分显著。1996 年，美国印发《国家科学教育标准》，这是美国历史上第一部全国性质的科学教育标准，对于指导科学教育发展起到了关键性的作用。2011 年，美国国家研究理事会发布《K‑12 科学教育框架：实践、跨学科概念与核心概念》，其成为 21 世纪美国科学教育课程改革的纲领性文件。2013 年，美国国家研究理事会、美国国家科学院、美国国家科学教师协会等以 2011 年发布的文件为蓝本共同完成并发布《新一代科学教育标准》。

《新一代科学教育标准》标志着美国新一轮科学教育改革正式拉开帷幕，同时引起全球科学教育领域的高度关注。该标准涉及领域全面，要求更加细化，但是教师可以根据实际情况灵活选择教学方式以及灵活组织教学内容。该标准最大的特点之一是将科学知识、科学实践等原本割裂的内容联系在了一起，并体现出"少而精"的理念，提出了美国未来科学教育的三个维度：科学与工程实践、跨学科概念和学科核心概念。这其中，学科核心概念维度每个学科聚焦 2～4 个本学科最核心的概念，跨学科概念维度遴选了 7 个打通学科界限的具有较强解释力的概念，构成了美国科学教育中的大概念体系。表 2‑5 是 7 个跨学科概念的基本内容。①

---

① Appendix G‑Crosscutting Concepts，https：//www. nextgenscience. org/sites/default/files/ resource/files/Appendix% 20G% 20‑% 20Crosscutting% 20Concepts% 20FINAL% 20edited% 204. 10. 13. pdf，最后检索日期：2020 年 7 月 15 日。

表 2 - 5　美国科学教育中的跨学科概念

序号	跨学科概念	内容释义
1	模式	观察到的形式和事件模式指导组织和分类,并关联相关影响因素
2	因果关系	事件有其原因,有时是简单的,有时是多方面的。科学的一项主要活动是调查和解释因果关系及其调节机制。这样的机制就可以在给定的环境中进行测试,并用于在新的环境中预测和解释事件
3	尺度、比例和数量	在考虑现象时,关键是要认识到在大小、时间和能量的不同度量中什么是相关的,并认识到尺度比例或数量的变化如何影响系统的结构或性能
4	系统与系统模型	定义研究中的系统,明确其边界,明确该系统的模型,为理解和测试适用于整个科学和工程的想法提供工具
5	物质与能量	流动、循环和守恒。追踪能量和物质流入、流出和在系统内的流动有助于了解系统的可能性和局限性
6	结构与功能	物体或生物的形状及其子结构决定了其许多特性和功能
7	稳定与变化	对于自然系统和人工系统来说,稳定性条件和系统变化率或进化率的决定因素都是研究的关键要素

资料来源：Appendix G – Crosscutting Concepts, https：//www. nextgenscience. org/sites/default/files/resource/files/Appendix% 20G% 20 – % 20Crosscutting% 20Concepts% 20FINAL% 20edited% 204.10. 13. pdf, 最后检索日期：2020 年 7 月 15 日。

三　中国课程设计中的大概念角色

2020 年，教育部印发《普通高中课程方案和语文等学科课程标准（2017 年版 2020 年修订）》，凝练了学科核心素养，明确了学生学习该学科课程后应达成的正确价值观、必备品格和关键能力，对知识与技能、过程与方法、情感态度价值观三维目标进行了整合，重视以学科大概念为核心的课程内容结构化，以主题为引领的课程内容情境化，促进学科核心素养的落实。2022 年，教育部印发《义务教育课程方案和课程标准（2022 年版）》，强化了育人目标，优化了课程内容结构，基于核心素养发展要求，遴选重要观念、主题内容和基础知识，并据此设计课程内容。这其中，重要观念与大概念具有一致的内涵，一方面成为课程、教材以及教学过程中的主要线索，另一方面与高中阶段形成有序衔接。围绕大概念理念的课程与教学正式成为新时期中国教育改革的重要趋向。本节梳理了中国内地以及香港地区课程中有关大概念的相关内容。

（一）中国内地课程

中国 2020 年修订版课程标准共包含 20 个学科，其中美术课程、通用技术课程、信息技术课程、生物学课程以及化学课程比较明确地建立了围绕学科核心素养的大概念体系。相较高中而言，2022 版义务教育课程标准包含 16 个学科，其中生物学课程以及化学课程围绕大概念进行了顶层设计与思考。

1. 美术课程

普通高中美术课程是艺术学习领域中的必修课程，既与义务教育阶段美术课程相衔接，又具有自身的特点。美术学科核心素养主要包括图像识读、美术表现、审美判断、创意实践和文化理解。通过课程学习，学生能够识别图像的形式特征，分析图像的风格特征和发展脉络，理解图像蕴含的信息；运用多种工具、材料和美术语言创作具有一定思想和文化内涵的美术作品及其他表达意图的视觉形象；依据形式美原理分析自然、日常生活和美术作品中的美，形成健康审美观念；具有创新意识，运用创造性思维进行创意，并用美术的方法和材料予以呈现和完成；从文化角度分析和理解美术作品，认同并弘扬中华优秀传统文化，尊重人类文化的多样性。

在美术课程中，面对"学科核心素养本位"美术课程观念的重大变化，教育研究人员必须提供抽象性和实践性兼顾的"结构和程序"才能帮助实施者有效地实施教学，希望实施者能够从"结构和程序"的角度思考问题，形成教学的稳定性。[①] 美术教学力图让学生经历"像艺术家一样创作"的过程，通过思考"基本问题"完成对美术课程的宏观理解，这里的"基本问题"指单元主题、内容和教学的上位引导性问题，与围绕"大概念"的思维组织能力相关联，能有效引发学生的深层思考。可见，美术课程中的大概念是蕴含在思维水平中、指向学科核心、具有开放性、涉及不同价值态度的问题，将学生学习引向宏观的理念、新的思维角度、深刻的内涵和文化意义。

2. 通用技术课程

技术教育是素质教育的基本组成部分，是学生技术素养形成的重要途

---

① 《美术课程的育人价值——访普通高中美术课程标准修订组负责人尹少淳》，《基础教育课程》2018 年第 Z1 期，第 84～88 页。

径。通用技术学科核心素养主要包括技术意识、工程思维、创新设计、图样表达、物化能力五个方面。通用技术课程有助于学生通过技术实践活动构建默会知识和程序性知识；有助于强化学生手脑并用与知行合一，增强技术思想和方法的学习与运用，发展工程思维和创造能力；有助于学生图样表达和物化能力的培养，提高解决技术问题的综合能力；有助于增强学生对技术文化的理解，形成良好的技术理性和个性品质。

通用信息技术课程的必修模块包括"技术与设计1"和"技术与设计2"，前者侧重基础性技术设计，后者侧重专题性技术设计。其中专题性技术设计选择现代技术原理中基础性强、适用面广、技术思想与方法可迁移性大、实施条件较为开放的结构、流程、系统、控制四个主题为学习内容，旨在使学生学会运用一定的技术原理认识和分析技术问题。该模块可以采用大概念引导大项目的方式进行项目设置，如"可折叠自动控制阳台晾衣架的设计"项目可以体现结构设计、流程设计、系统设计、控制设计的设计思想的综合运用等。通用信息技术课程标准建议教师在进行教学时需要考虑到技术学科的综合性特征，采用主题学习、项目学习等整合学习方式，也可以通过学科大概念引导大项目、大过程的方式组织学习活动，从"工具论"的技术观走向"整体论"的技术观。标准中的教学与评价案例2中的"贯通大概念的技术设计项目教学与评价"以"生态鱼缸及其支架的设计"为例，有机贯通了结构、流程、系统、控制四个大概念所引领的技术实践学习，四个单元的技术实践任务既相互独立又衔接紧密。在这种真实开放的技术情境中，学生不仅能深入体会技术设计的一般过程，形成问题解决的方案，而且能感悟和运用蕴含结构、流程、系统和控制等的技术思想和方法，构建"技术与设计2"的知识与实践体系，不断提升技术学科核心素养。

3. 信息技术课程

信息技术涵盖了获取、表示、传输、存储和加工信息在内的各种技术。提升中国公民的信息素养，增强个体在信息社会的适应力与创造力，对个人发展、国力增强、社会变革有着十分重大的意义。普通高中信息技术课程旨在全面提升学生信息素养，帮助学生掌握信息基础知识，围绕高中信息技术学科核心素养，课程通过提供技术多样、资源丰富的数字化环境，帮助学生掌握数据、算法、信息系统、信息社会等学科大概念，了解信息系统的基本原理，认识信息系统在人类生产与生活中的重要价值，学会运用计算思维识别与分析问题，抽象、建模与设计系统性解决方案，理解信息社会特征，自觉遵循信息社会规范，在数字化学习与创新过程中形成对人与世界的多元理解力，负责、有效地参与到社会共同体中，成为数字化时代的合格中国公民。

信息技术课程紧扣学科大概念体系（数据、算法、信息系统、信息社会），精心架构课程结构，选择课程内容，设计实体内容。其中数据是描述事物的符号记录，是信息的载体，是计算工具识别、存储、加工的对象。同时，它不只是计算工具所处理的对象或信息的载体，更成为人们获得信息、推动信息社会发展的一项动力来源。算法是指若干基本操作及其规则作为元素的集合，具有指定输入、指定输出、确定性、有效性和有限性五个基本属性。信息系统是指使用计算机并且包含通信网络的系统。信息社会是指通过创造、分配、使用、整合和处理信息进行社会、经济、政治和文化活动的社会形态。[①]

4. 生物学课程

生物学是自然科学中的一门基础学科，是研究生命现象和生命活动规律的科学。生物学课程是科学领域的重要学科课程之一，其精要是展示生物学的基本内容，反映自然科学的本质。学生通过本课程的学习，能认识到生物学在坚持人与自然和谐共处、促进科技发展与社会进步和提高人类生活质量等方面的重要贡献；树立生命观念，能够运用这些观念认识生命现象，探索生命规律；形成科学思维的习惯，能够运用已有的生物学知识、证据和逻辑对生物学议题进行思考或展开论证；掌握科学探究的思路和方法，形成合作精神，善于从实践的层面探讨或尝试解决现实生活问题；具有开展生物学实践活动的意愿和社会责任感，在面对现实世界的挑战时，能充分利用生物学知识主动宣传引导，愿意承担抵制毒品和不良生活习惯等社会责任，为继续学习和走向社会打下认识和实践的基础。

义务教育生物学课程注重探究和实践，其内容设计和实施追求"少而精"的原则，优化课程内容体系，提炼大概念，精选学习内容，突出重点，让学生能够深刻理解和应用重要的生物学概念，发展核心素养。课程内容选取 7 个学习主题，每个主题都包括内容要求、学业要求和教学提示，其中内容要求部分以大概念、重要概念和次位概念的形式呈现相应的概念

---

① 李锋、赵健：《高中信息技术课程标准修订：理念与内容》，《中国电化教育》2016 年第 12 期，第 4~9 页。

体系，有利于教师的教和学生的学。例如"生物的多样性"主题，大概念内容是"生物可以分为不同的类群，保护生物的多样性具有重要意义"，重要概念包括"对生物进行科学分类需要以生物的特征为依据"等4个，与该重要概念相对应的次位概念包括"根据生物之间的相似程度将生物划分为界、门、纲、目、科、属、种等分类等级"，"'种'是最基本的生物分类单位"等14个。同时，课程标准指出，大概念具有高度概括性和抽象性，可以解释较大范围的生物学现象，要注重发挥大概念对解决相关生物学问题的广泛指导作用和对学习的引领作用。教师在围绕大概念组织教学时，要将相关的重要概念、次位概念按照其内在逻辑关系编织成网络化的体系概念，并由小到大逐步推进，促进学生对概念的建构与理解。

高中生物学课程标准中明确指出，大概念是处于学科中心位置、对学生学习具有引领作用的基础知识。在生物学课程中，大概念包括了对原理、理论等的理解和解释，是生物学科知识的主干部分。课程的设计和实施追求"少而精"的原则，必修和选择性必修课程的模块内容聚焦大概念，精简容量、突出重点、切合年龄特点、明确学习要求，确保学生有相对充裕的时间主动学习，让学生能够深刻理解和应用重要的生物学大概念，发展生物学学科核心素养。此外，课程内容要求用大概念描述具有学科逻辑、符合高中学生认知特点的重要概念，形成课程的内容框架。教师围绕着生物学大概念组织并开展教学活动，依据重要概念精选恰当的教学活动内容和活动方式，其教学策略既可以是讲解、演示、讨论，也可以是基于学生动手活动或对资料的分析及探究，所有的教学活动都要有利于促进学生对生物学概念的建立、理解和应用，发展学生的生命观念。

5. 化学课程

化学是在原子、分子水平上研究物质的组成、结构、性质、转化及其应用的一门基础学科，其特征是从微观层次认识物质、以符号形式描述物质、在不同层面创造物质。化学课程是落实立德树人根本任务、发展素质教育、弘扬科学精神、提升学生核心素养的重要载体，对于科学文化的传承和高素质人才的培养具有不可替代的作用。

义务教育化学课程作为一门自然科学课程，具有基础性和实践性，需要精心选择促进学生核心素养发展的化学课程内容，注重结合学生已有生活经验，明确学习主题，凝练了"化学科学本质""物质的多样性""物质的组成""物质的变化与转化""化学与可持续发展"等大概念。每个学习主题围绕大概念选取多维度的具体学习内容，既包括核心知识，又包括思维方法、探究实践和情感态度价值观等方面的要求。同时，课程标准强调重视大概念统领，例如，学习主题 1 以"化学科学本质"大概念为统领，体现化学学科认识与方法论意义，充分发挥大概念对实现知识的结构化和素养化的功能价值。此外，教师要基于大概念进行整体设计与合理实施单元教学，倡导"做中学""用中学""创中学"，例如，教师进行教学设计时，应基于大概念结构化统整"燃烧条件的探究""灭火的原理与方法""化石燃料的开发与利用"等单元内容。

高中化学学科核心素养包括"宏观辨识与微观探析""变化观念与平衡思想""证据推理与模型认知""科学探究与创新意识""科学态度与社会责任"五个方面，并以学科核心素养为主旨确定课程的主题、模块和系列，突出化学基本观念（大概念）的统领作用。在化学课程中，化学基本观念（大概念）的选取有利于知识结构化和功能化，是知识转化为素养的关键。借鉴国际科学课程标准，2020 年的课标修订基于主题规定学习内容，明确表现性学业要求。其中每个主题学习内容标准的第一条是本主题的大概念，突出具有统摄性的核心观念；中间若干条是本主题的重要概念及核心知识；然后是该主题的 STSE（Science，Technology，Society，Environment）应用内容；最后则是该主题的学生必做实验。目前来看，化学课程中"宏观辨识与微观探析"所涵盖的大概念包括价类二维元素观、基于电离和离子的微粒观、基于化学键的微粒作用观等，"变化观念与平衡思想"所涵盖的大概念包括氧化还原反应、离子反应、化学反应与能量转化等，"证据推理与模型认知"包括无机元素化合物的性质、变化和应用、元素周期律（表）模型及其应用、化学键模型及其应用等。[①]

（二）中国香港地区课程

教育是民族振兴、社会进步的重要基石。中国香港地区学校课程发展注重引导学生培养综合能力和创新思维，提升从知识到素养的转化。为了适应香港地区以及全球各方面巨大而急速的转变，保持香港的竞争优势，香港课程发展议会对包括科学教育在内的八个学习领域的课程指引进行了

更新。其中，《科学教育学习领域课程指引（小一至中六）》（2017）（以下简称《科学教育课程指引2017》）指出，科学教育领域是整体学校课程的一部分，为学生提供广泛的学习经验，让学生建立稳固的科学基础，培养他们的科学素养，建立正面的价值观和积极的态度，促进他们的个人发展并为21世纪的科学和科技世界做出贡献。

《科学教育课程指引2017》采用了一个开放而具有弹性的课程架构，注重使学生建立坚实的知识基础并增强学生跨学科应用知识与解决问题的能力，主要包括科学知识和科学过程技能、共通能力以及价值观和态度，并分为六个学习范畴，即科学探究，生命与生活，物料世界，能量与变化，地球与太空，科学、科技、社会与环境（STSE），并对各学习阶段不同学习范畴的学习目的进行了规定。在《科学教育学习领域课程指引补充文件（中一至中三）》中，科学课程以主题形式设计，整体课程架构包含学习目标、课程重点及课程单元，其中课程重点中的统一概念（大概念）作为贯通学科以及跨学科领域的概念帮助学生理解不同学科之间的关系，具体如表2-6所示。

表2-6　统一概念（大概念）

统一概念	说明
系统和组织	·系统和组织是观察及描述各种相关及/或整体运作的现象的方法 ·系统是由相关物件或组成部分建构的一个组织体系 ·组织是把事物根据若干等级制度置于一架构内的行动或过程
证据和模型	·科学家利用证据和模型来理解、解释及/或预测科学现象 ·证据包括支持科学解释的一些观察结果及数据，可让我们做出预测 ·模型是用来说明真实系统、物件、概念或事件的表达方法，可用作解释、预测及研究真实物件如何运作。模型可以是实物模型、概念或数学模型
变化和恒常	·变化和恒常是描述科学现象的状态 ·变化是导致变更的过程 ·恒常是状态不变，或系统内某些显著的特质保持不变
形态与功能	·形态与功能通常是互为关联的，物件的形态可以解释其功能，而物件的功能亦可以解释其形态 ·形态是指物件的形状和结构 ·功能是指物件、活动或工作的功能，即其所扮演的角色或所具有的用途

　　资料来源：香港课程发展议会编订《科学教育学习领域课程指引（小一至中六）》（2017），https：//www.edb.gov.hk/attachment/tc/curriculum-development/kla/science-edu/SEKLACG_CHI_2017.pdf，最后检索日期：2018年5月5日。

四 大概念课程的设计模式

传统的课程通常花费大量时间教授给学生不连贯的事实、术语以及公式等细节内容，错过了重要的概念，然而这些细节很快就被遗忘或者可能不需要知道，不少学生在离开学校之后仍然不了解一些基本的概念。相比之下，大概念能够成功地使现在过于"臃肿"的课程"瘦"下来，教师只需要教给学生相对较少的大概念，学生就可以对学习内容有一个很好的理解。依据大概念设计的课程能够让学生逐一学习具有一定相关性的概念，同时能够从整体上把握课程结构。比尔和古斯在研究澳大利亚数学课程时指出，虽然知识内容按照传统课程安排在教学大纲中是非常方便的，但不适用于处理经常需要跨学科方法的现实世界，使用大概念进行概念联结是有效解决问题的关键。[①] 此外，大概念为学生提供了一个组织信息的蓝图，减少了必须记住的内容数量，强化了学生的迁移能力。希伯特（Hiebert）等指出，如果学生能够了解所学的内容同已知其他内容的关联，学生就能很好地理解，并且这种关联的数量和强度越大，学生理解得越透彻。[②] 学生依据大概念可以有序组织其在学习期间遇到的事实、概念、过程和方法，建立学习单元之间的相关以及与其他学习领域的联系，使学生感觉到自己所做的一切都与大概念这个中心有关。

围绕大概念设计综合课程逐渐成为课程设计的趋势，以下主要介绍三种围绕大概念进行课程设计的国际案例及路径模式，供分析和借鉴。[③]

（一）金字塔模式

韩国天主教大学的邦研究团队以大概念为中心设计开发了金字塔模式的综合科学课程框架。[④] 大概念可以解释各种科学现象以及与科学相关的

---

① Atweh B., Goos M., "Australian Mathematics Curriculum: A Move Forward or Back to the Future?" *Stralian Journal of Education* 55 (2011): pp. 214 – 228.

② Hiebert J. & Carpenter T. P., *Learning and Teaching with Understanding. In Handbook of Research on Mathematics Teaching and Learning* (New York: Macmillan. 1992), pp. 65 – 97.

③ 李刚、吕立杰：《国外围绕大概念进行课程设计模式探析及其启示》，《比较教育研究》2018 年第 40 期，第 35~43 页。

④ Bang D., Park E., Yoon H., et al., "The Design of Integrated Science Curriculum Framework Based on Big Ideas," *Journal of the Korean Association for Science Education* 33 (2013).

其他领域的现象，在这个意义上说，大概念可以帮助学生以综合的方式理解科学课程中的各种概念，进而成为课程设计的基础。该团队对于课程框架的设计共计分为四步，具体如下。

第一步是分析大概念的构成，该团队集合了五位基础科学教师和五位科学教育专家，共同探讨形成大概念的具体内容，并同时参照国外相关文献关于综合科学课程中大概念的研究成果，将所提取出的基本学习要素与大概念相对应进行不断地分类调整，同时考虑了大概念的有效性和恰当性，最终确定了"多样性"、"结构性"、"交互性"和"动态性"四个科学大概念。

第二步是建立知识金字塔，该团队使用了加拿大学者德雷克（S. Drake）和美国学者伯恩斯（R. Burns）共同提出的 KDB 模式（Know - Do - Be，可译为知识—行为—态度）进行表达，即：学生们最想知道哪些知识，主要包括一些事实、概念等；学生们最想做出哪些行为，主要包括研究、技能等；学生们最想成为什么样的人，主要包括信仰、态度等，[①]将其用知识金字塔进行呈现，事实位于知识金字塔的底层，学科概念、跨学科概念分层次地放置。

第三步是设置基本问题，该研究团队为了明确大概念课程的方向，促进学生对于大概念的学习，开发了针对大概念的基本问题，一般为两个或者三个。

第四步是开发示例模块，该团队基于威金斯和麦克泰提出的逆向设计思路——确定预期结果，确定合适的评估证据以及设计学习体验和教学——进行示例模块的开发。这里该团队选择结构性大概念，为 5~6 年级开发了该模块，如图 2-2 所示。

（二）系统网模式

澳大利亚昆士兰科技大学查莫斯（Chalmers）研究团队一直致力于 STEM 综合课程单元的开发设计。[②] 开发 STEM 综合课程单元并不是一项简单的任务，以往概念不清的 STEM 综合课程单元有可能会破坏学生的深入学

---

① Drake S., Burns R., " Meeting Standards through Integrated Curriculum," *Association for Supervision & Curriculum Development* （2004）：p. 181.

② Chalmers C., Nason R., *Systems Thinking Approach to Robotics Curriculum in Schools. In M. S. Khine（Ed.）, Robotics in STEM Education：Redesigning the Learning Experience*（Cham, Switzerland：Springer 2017）, pp. 33 - 57.

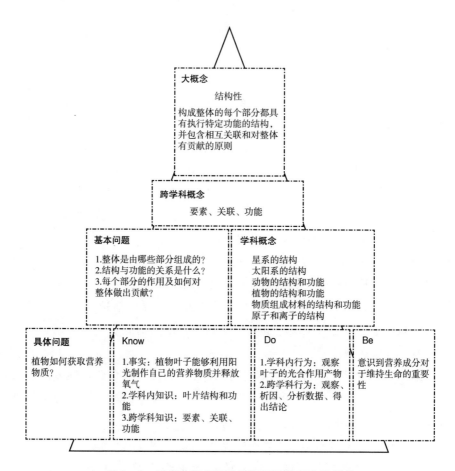

图 2 - 2　围绕大概念进行课程设计的金字塔模式

资料来源：Bang D., Park E., Yoon H., et al., "The Design of Integrated Science Curriculum Framework Based on Big Ideas," *Journal of the Korean Association for Science Education* 33（2013）。

习。在 STEM 教育中，大概念并不是一个新的名词，其是理解和应用的中心，其为 STEM 的内容知识提供了一个组织结构。查莫斯团队围绕大概念以机器人课程为例设计开发了系统网模式的 STEM 课程单元，用以促进学生对于 STEM 大概念的理解，推动 STEM 教育理论和实践的发展，值得参考与借鉴。

机器人课程单元为学生学习科学知识、理解 STEM 大概念提供了平台，查莫斯团队基于系统网模式开发的以大概念为中心的课程单元不但可以确保学生从事机器人技术活动，关注机器人任务的圆满完成，而且更加关注对 STEM 大概念的认识和构建。该团队指出围绕大概念开发机器人课程单元需要开发四方面的系统。

一是构建原则系统。该团队认为构建原则系统是构建机器人课程单元的概念化指引，用以指导课程设计以及对现有课程单元的评估和修改，从而确保课程单元是围绕大概念进行设计，并能够促进对 STEM 大概念的学习和理解。构建原则系统包括集中性原则、有意义原则、多视角原则、模型建构原则、模型解释原则以及多迭代原则等六个原则，其不是作为一个序列列表，而是作为一个相互关联的原则体系。

二是活动序列系统。该团队将活动序列系统设置了初步活动模块（P模块）、设计活动模块（D 模块）、探索活动模块（E 模块）、适应活动模块（A 模块）和综合讨论模块（S 模块）等五个基本模块。P 模块主要是使学生通过文字、网页、视频等方式熟悉机器人任务背景；D 模块是使学生参与到设计和构建机器人的过程中，利用演示、汇报等提高学生的知识建构；E 模块主要是帮助学生建立机器人课程与外部环境的认知连接，使学生在不同语境下思考大概念；A 模块是使学生处理比机器人任务更复杂的问题，进一步熟悉了解、开发提炼大概念的内涵；S 模块是提供讨论封闭环境、讨论大概念在活动中显现的相似性与差异性，使学生超越并深化对大概念的思考。活动系统中的五个基本模块通过不同的组合序列方式以机器人课程单元为依托对 STEM 大概念进行探索和应用。

三是思维工具系统。该团队指出思维工具系统在支持大概念学习方面有着重要的作用，能够帮助学生认识学习过程中的步骤，并记录相关的想法和知识，提供提示和解释，指导学生反思以及鼓励学生思考和表达。思维工具系统主要分为宏观思维工具和微观思维工具，不同类型的工具可以相互配合使用。宏观思维工具是设计过程中的主要步骤，为学生提供整体框架，方便学生在设计过程中发现问题时迅速找到问题环节并进行修改。微观思维工具主要是帮助学生收集理解信息，从不同角度看待问题以及促进学生反思，主要包括外部表征工具、多视角工具和反思工具。

四是评估反馈系统。该团队指出评估反馈系统能够告诉学生什么是值得学习的，应该如何学习以及期望如何表现。评估必须与在学习活动中隐含的教学框架一致。通过对学习的评估，教师可以确定学生的发展水平，并利用这些信息诊断学生需求，提供建设性反馈。评估反馈系统包含收集、展示、论证、呈现等四种类型的评价工具，涵盖了形成性评价与总结性评价两种评价类型（见图 2-3）。

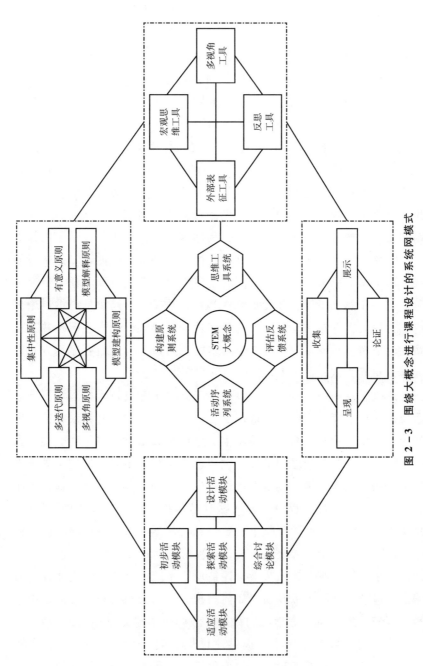

图 2 - 3　围绕大概念进行课程设计的系统网模式

资料来源：Chalmers C. , Nason R. , *Systems Thinking Approach to Robotics Curriculum in Schools. In M. S. Khine（Ed.）, Robotics in STEM education: Redesigning the learning experience*（Cham, Switzerland: Springer 2017）, pp. 33 - 57。

（三）线性链模式

美国俄亥俄州州立大学学者沃克在参与美国五年实验计划《通过艺术改造教育》（Transforming Education Through the Arts Challenge）的研究中深刻体会到大概念在课程设计中的重要作用，因为学生可以通过大概念去贯穿不同的主题，从不同视角有组织地探索一系列相关问题。沃克以线性链模式提出了围绕大概念的课程设计步骤，帮助教师在运用时掌握正确的方向。[①]

沃克认为课程设计的基本架构主要是由大概念、课程原理、关键概念和探索问题四类课程元素构成。大概念在选择时，需要不断地反思和检视其对于学生的重要价值，可根据课程标准或者教研组讨论确定，通常情况下，为了避免太抽象的大概念，往往先要确定一个大的主题或者目标；课程原理为大概念的选择提供合理性以及价值性论证，帮助教师沿着大概念方向不会偏离；关键概念是由抽象模糊的大概念展开所形成特定的具体概念，用以引导学生思考，增加大概念的指导实用性；探索问题的功能在于综合关键概念并提出具体问题，从不同角度表征重要概念，一般 1~3 个为宜，太多的探索问题会削弱其整合关键概念的力量，使课程变得分散。

为了能够更为清晰地阐释大概念课程设计的过程，沃克将其分为七个相互关联、成线性链条的步骤。一是确立大概念，二是说明课程原理，三是从大概念到关键概念，四是遴选关键概念，五是设计探索问题，六是建立课程（单元）目标，七是联结单元内容及评价。

大概念代表了学科本质，具有超越课堂的可持续价值，围绕大概念进行的课程设计能够使学生的学习更加深入贯通，帮助学生形成学科观念，让学生像学科专家一样看待和思考学科知识，便于知识的提取和迁移，最终使学生拥有带得走的能力，而不是背不动的书包。以上介绍了金字塔模式、系统网模式以及线性链模式三种围绕大概念进行课程设计的案例，总体而言：金字塔模式从大概念出发，明确了大概念与其他各级概念之间的层叠关系；系统网模式从学习任务出发，在与大概念的交互过程中，构建了围绕大概念的任务体系；线性链模式从大概念出发，按照逻辑脉络步步

---

① Walker R. S., "Designing Art Curriculum with Big Ideas," *Journal of Arts Education* 139 (2004): pp. 52 - 55.

推演，最终建立起基于大概念的课程设计体系。这三个案例仅仅是提供了不同的可能思路，中心都是为了学生的发展，在具体实践操作中，不必拘泥于任何一种，而应根据具体问题进行适宜调整，其为我国在新课程标准中提倡围绕学科大概念进行课程设计的具体落实提供了重要启示。

第三章 以大概念为核心的教学设计

在高速发展的全球化时代对人才的需求已经发生根本性变化的同时，教育者也开始意识到未来的教育不再是局限于知识与技能的教育，未来的教学也不应只是阐释事实与描述世界的简单化设计。随着美国 21 世纪学习框架的发布、中国学生发展核心素养的研制以及 OECD "教育 2030：未来的教育与技能"的提出等，世界教育开始迈向核心素养时代，未来学校开始调整与建设，课程标准开始转向与修订，尤其是作为通往学生学习获得与素养形成"最后一公里"的课堂教学也开始进行深度反思与范式转换，大概念教学应运而生。

一 核心素养时代的大概念教学

大概念教学倾向于凸显问题解决能力的教学、适应高新技术挑战的教学以及回归生活世界的教学，教给学生带得走的素养而不是送给学生背不动的书包，让学生为现在和未来做好充分的准备，这总体表现为以下两方面的教学转向。

（一）从了解世界转向融通世界的教学

在信息化高速发展的新时期，知识大爆炸时代已经真正来临，各类学科知识的记忆再也不能够作为学生认识世界和理解世界的唯一方式，而是作为思考的材料。学生认识与理解客观世界不能再依靠着学习无穷无尽的学科知识来获得，而是需要跳出浩瀚学科知识的海洋，在整体上把握客观世界运行的基本规律，用学科的知识了解过去世界，用学科的思维看待现实世界以及用学科的观念思考未来世界，即形成学生的学科素养。核心素养时代的大概念教学从了解世界的教学走向了融通世界的教学，这是为了将学生置于学科背后世界的思考，最大限度地扩展学科学习空间，通过教学的纽带将学生的经验世界与过去世界联系起来，将过去世界与现实世界联系起来，同时将现实世界与未来世界联系起来。从以学科知识为本的传统教学到以学科素养为本的大概念教学的过渡旨在让学生形成"中介效应"，即学生获得能够让知识在不同世界中流动与创生的运用能力，而学生则成为"知识的中介"，而不是"知识的蓄水池"。

（二）从沉思世界转向干预世界的教学

在传统意义上的课堂教学中，知识往往以理论的、概念的、离身的形象出现，这样的教学是教师与学生通过知识共同对于世界的沉思，仅仅用以观察和描述世界的面貌。劳斯（Laws）认为，"如果我们一直作为知识的旁观者，则永远不能从表象中逃逸出来，永远不能与我们的世界携手共进，永远不能从表演剧目的内在意义中知道演员究竟在表演什么"。① 核心素养时代的大概念教学并不是将展示世界的面貌作为教学的中心，仅让学生观察世界、认识世界，而是教给学生干预世界以及作用于世界的能力，让学生学会与世界之间进行不断交互，使学生能够真正发现这个世界是怎么样的，这个过程既塑造了学生，也塑造了世界。"科学研究与我们所做的其他事情一道改变了我们，也改变了世界得以被认识的方式。我们不是以主体表象的方式来认识世界的，而是作为行动者来把握、领悟我们借以发现自身的可能性。从表象转向操作，从所知转向能知"。② 大概念教学从沉思世界到干预世界的转向削弱了过度关注教学结果而无视教学过程的功利化现象，学生开始看到自己的世界而不是他人给定的世界。

二 大概念教学的本质属性

"如果我们教今天学生的方法和教过去学生的方法一样，那我们就剥夺了他们的明天。"③ 世界在不断改变，"我们淹没在信息的海洋里，寻觅

---

① Hacking I. , *Representing and Intervening* （Cambridge：Cambridge University Press，1983），pp. 103 – 106.

② 〔美〕约瑟夫·劳斯：《知识与权力——走向科学的政治哲学》，盛晓明等译，北京大学出版社，2004，第 12 ~ 45 页。

③ 柳春艳：《教育技术学：从循证走向智慧教育》，《中国电化教育》2018 年第 10 期，第 40 ~ 48 页。

智慧的启迪，主导世界的将是那些综合者，他们在正确的时候组合正确的信息，批判地思考它，理智地做出决策"。[1] 大概念教学面对的是人与世界这一宏大命题下的整体性变革，超越了以往对于教学方式以及教学内容的零散式革新。大概念是处于课程教学中心位置的观念、主题、辩论、悖论、问题、理论或者是原则等，能够将多种知识有意义地联系起来，是不同环境中应用这些知识的关键，具有中心性与持久性，[2] 能够应用到学科之内或以外的问题解决中，具有可迁移性，并且大概念是相对的概念，每个大概念都包含诸多小概念，通过大概念能够把教学内容聚焦于复杂问题上，帮助教师决定教学的结构和顺序。这为世界范围内的教学变革提供了新的理念。

（一）有结构的整体观设计

大概念教学需要教师立足整体进行知识体系的把握，以单元为基本单位，形成结构化、阶梯式的目标系统，为学生形成完整性、持久性以及意义性的理解与创造性的应用创造条件。教师在进行大概念教学时不能就课论课，不能仅仅意识到大概念作为教学内容的侧面，忽视了其对于组织教学过程的引领价值。舒尔曼指出，越是接近学科中心的少而精的大概念，"它们就会更加具有模糊性、难以捉摸和多维的复杂性"，"我们最好意识到少比多更要难处理，少比多更为复杂，少比多更加神秘和隐晦"。[3] 在单元教学中，处理事实性知识、一般性概念是教师可见的任务，这些内容也会有难易梯度、自在的逻辑。但是单元以概念理解为目标，可以精简内容、避免内容的庞杂烦冗和支离破碎、提高内容的结构化程度。专家的知识不仅仅是对相关领域的事实和公式的罗列，相反，它是围绕核心概念或"大概念"组织的，这些概念观点引导他们思考自己的领域。这些大概念的类型可以是多元的；可以是学科本身的核心概念，如"方程是建立等量关系"；也可以是学科思维方法实践能力的大概念，如模型思想、划归思想等；也可以是对学科本质的理解，如"科学在不断证伪中获得发展"

---

① Edward O. Wilson, *Consilience: The Unity of Knowledge* (New York: Vintage, 1999), pp. 294 – 296.

② Wiggins G., Mctighe J., Alexandria V., *Understanding by design* (expanded 2nd ed.) (Association for Supervision& Curriculum Development, 2005).

③〔美〕舒尔曼（Lee S. Shulman）：《实践智慧：论教学、学习与学会教学》，王艳玲等译，华东师范大学出版社，2016，第314～318页。

等。在这里，大概念既是教学内容同时又是组织中心。教师要具有单元结构化意识，透过众多知识的碎片化、现象性材料探求规律性本质，建立概念的层次结构，围绕大概念设置学期、单元以及课时的多层次结构化教学目标及内容，帮助学生从已有结构到生成新的认知结构。

（二）有对质的情境化同构

如果说大概念是基于事实抽象出来的深层次解释，那么让学生理解这些"抽象的""深层次"的观点、概念就需要还原观点、概念产生的情境；既需要有支撑观点的事实性知识、技能，也需要应用这些观点、原则解决问题。课堂教学需要设计情境，这似乎并不是新鲜的话题。设计情境的目的在于"对知识产生的环境、原初状态进行还原"。由此，学生可以追踪、经历并获得知识的产生过程，体会到知识成为知识的价值，这样他们才会在处理问题的时候，主动提取知识。"如果课程设计没有与生活联系在一起，那么像宿命、荣誉、水循环等概念就只是需要记忆的空洞词语，学生们不会意识到这些词语的价值。"① 设置情境要求教师首先通过知识体系"抓住"可以在学生身上形成的大概念。事无巨细的学习材料不可能提供更具参与性和有深度的学习，文本材料本身的功能也局限了教材，只能是为学习的产生提供一些静态的"原材料"。有的情境仅仅是热闹的现场，不能帮助学生把他们所做的事情与基本思想联系起来。因此，运用已有经验解决情境问题的思考，要与新概念、新观点中的核心结构同质、同构。教学设计中的情境、问题要与原有的认知结构中相关联的前理解"对质"。对质可以是观察一个违反"常识"的现象并进行思考，可以是同伴讨论社会现象时不同价值主体的碰撞，可以是用原有的经验解释新的问题。学生带着有关世界是如何运作的前概念来到课堂，如果他们的初期理解没有被卷入其中，那么他们也许不能掌握所教的新概念和信息，否则他们会为了考试的目的而学习它们，但仍会回到课堂之外的前概念。

（三）有过程的探究性领悟

情境创设的目的就是让学生体验探究与发现的过程。这个过程是模拟

---

① 〔美〕格兰特·威金斯、〔美〕杰伊·麦克泰格：《追求理解的教学设计》，闫寒冰等译，华东师范大学出版社，2017，第46页。

人类知识的发现与探究的过程，也是体验概念生成的过程。探究过程的开放程度与学生是否能获得结论相关。教师在探究过程中的引导非常关键。教师给出的建议太多，学生成为按照老师的意志进行操作的"实验员"，所谓探究就是解应用题的程式化套路，探究过程完全开放，单位时间难以获得好结果，课堂中的探究是在"平静的湖面上学习划船"。探究不等于排斥教师讲解，更需要教师巧妙的设计，关键难点问题上三言两语点拨、比喻，起到愤悱启发的作用。在大概念的教学中，教师不再孤立地传授知识内容，而是通过扩展全局视野帮助学生将按照顺序学习获得的独立知识逐渐形成完整认识，教师引领的价值在于帮助学生获得重要的核心观念、原则或结论。这是一个过程，不是教师直接宣布答案，而是学生一步一步经历探究后"获得"结果的过程。在这个过程中，学生经历推测、推理、构想，之后归纳于证实，其间由教师对这个结果加以点拨性的解释，进一步将学习主题与自己的生活联系起来。教师的解释需要引发学生的领悟与豁然开朗，再使学生自主地丰富、构建自己的认知体系。这样，新知便增长了，并且是由大概念引领的结构性的增长。

三 大概念教学的建构理念

核心素养时代的教学面对的是人与世界这一宏大命题下的整体性变革，超越了以往对于教学方式以及教学内容的零散式革新。在知识共享的新时期，个体对于知识的组织与运用开始逐渐胜过对于知识的记忆和储存，如何帮助学生将离散的事实相互联系起来并在生活世界中产生意义成为核心素养时代教学变革的重要使命。教师通过大概念组织教学过程以提供给学生认识与理解世界的方式，为新时期中国基础教育教学变革提供了新的思路，其核心理念如下。

（一）教学目标设计理念：单一性转向关联性

教师在进行教学设计时，必须了解本节课希望学生达成的目标是什么，也就是进行教学目标的设计，教学目标决定着教学活动的组织与教学评价的进行。以往教师往往选择具体、简单以及有限定的学习任务作为教学目标，学生一般能够很好地达成这类目标，但是随着教育领域对于学生理解能力、推理能力、问题解决能力的重视，简单的教学目标将学生对于知识的理解分离割裂，繁多庞杂的小概念让学生面对真实问题时束手无策，找不到解决的突破口。因此，教师在进行教学目标的设计时，需要从低层次的单一任务转向高层次的综合任务，使用大概念进行小概念的联系与统摄，尽可能减少单一目标的重复，同时将复杂的教学目标告诉学生，让学生看到每个教学目标背后大概念所呈现出来的广阔的联系，进而有序组织其在学习期间遇到的事实、概念、过程和方法，建立学习任务之间的关联及其与其他学习领域的联系，使学生感觉到自己所做的一切都与大概念这个中心有关。

（二）教学活动组织理念：碎片性转向整合性

在教学中，教学活动的组织需要在教学目标的指导下进行，传统教学活动的组织由于教学目标的单一性往往呈现出短时性、独立式、碎片性的特征，这并不是说这样的教学活动没有价值，而是因为缺乏整体的故事线从而这样的教学情境失去了原有的价值。瓦塔格（C. Watagodakumbura）在寻找良好教学的神经科学证据时发现，"我们应该强调相对少量的高级概念或概括性概念，而不是更具体的细节"，"这些概念可以以一种整合领域并激活许多大脑功能区的方式呈现给学习者。整合来自多个大脑区域和领域的信息有助于我们提高学习者的意识和智慧"，"此外，当以这种方式呈现时，学习者更积极地参与学习，因为所学的概念对他们的职业和日常生活情况更有用，而不是以狭隘和更具体的方式"。① 可见，虽然具体的情境有助于促进学生理解，但无法帮助学生以语义记忆的形式产生意义或者形成持久的记忆，个体的记忆能力有限，当其充满了细节内容时，便很难与之前的知识建立联系。诺贝尔奖获得者圣·乔奇（Szent Gyorgyi）曾写道，"在那个时候，生物学非常复杂，并且分散成大量的独立原则，今天，所有这些原则都汇成了一个以原子模型为核心的复杂体，同时，概括也比细节更受头脑欢迎，因此，在教学中，我们也应该更加重视概括，而不是细节"。② 基于此，教育工作者在组织教学活动时要为学生提供完整、整体的活动场景，通过这一场景进行有序、系列的扩展，将不同单元以及不同

---

① Watagodakumbura C. , "Principles of Curriculum Design and Construction Based on the Concepts of Educational Neuroscience," *Journal of Education & Learning* 6 (2017)：pp. 54 – 55.

② Shulman, L. S. , *Mathematics Education：The Sixty-Ninth Yearbook of the National Society for the Study of Education* (Chicago：University of Chicago Press, 1970), pp. 23 – 71.

学科的活动组织起来，使用上下文完整的故事链条而不是孤立的故事情节来突出大概念，让学习者在连续统一体中获得大概念及其背后的意义。

（三）教学评价编制理念：事实性转向开放性

课堂教学是在特定的空间领域以及特定时间范围内进行的教育活动，其指向的是让学习者获得应该能够在任何适当的现实生活中可以使用的永久保留的记忆或联系并能够随时召回。教学本身的目的不是介绍新的内容，重要的是学习者在教学过程中接触到更多知识和经验时可以建立更多知识网络和相互联系以便在遇到真实问题时加以应用，也就是顺利地完成课堂内与生活中的双向迁移。教学评价是教学过程的重要组成部分，其本身不是也不应成为目的，其根本在于引导学习者走上更高层次的学习之路，在完成教学之后获得持久的、可迁移的价值。以往的教学评价将重心放在回顾具体事实和确切信息的召回型问题，事实上，这类集中于小概念的题目不但不会鼓励学习者在回答时具有创造性和独特性，反而加剧了死记硬背的练习过程。此外，如果学习者使用互联网等现代技术，那么找到这些问题的答案可能是一项微不足道的任务，由之我们作为教育者可能会浪费宝贵的教学时间。因此，在教学评估的编制中，我们应该测试的是能够渗透到其他领域且对于学习者未来有更持久迁移价值的大概念，以便学生在更多不同的情况下合理使用。教学评估可以给学习者提供机会进行创造性和个性化的回答，通过提出相对新颖以及开放性的问题来评估他们的质量水平和掌握程度。提出大问题的目的是构建复杂的题目而不是纷繁复杂的具体细节问题，先考察学习者对于广义概念也就是大概念的理解，然后再考察与情境记忆痕迹相关的更具体的细节，具体的细节问题将在解决问题的过程中得以体现。如此的教学评估能够让学习者尽可能多地连接相关的神经网络以获得最佳的决策，避免大脑皮层的自动化现象。①

四 大概念教学的建构逻辑

"OECD 学习框架 2030"指出，"未来的学生将需要广泛和专业的知

---

① Bernard J. Baars and Nicole M. Gage，"Cognition，Brain and Consciousness：An Introduction to Cognitive Neuroscience，"*San Diego：Elsevier Academic Press*（2010）：pp. 111 – 115.

识，作为发展形成新知识的基础学科知识仍然会是比较重要的。但是还需要跨学科思维和连接的能力"，"通过反思、预期和行动的过程，调动知识、技能、态度和价值观，以便发展与世界接触所需的相互关联的能力"。[1] 事实上，大概念教学是一种具有准备性、预先性和交互性的活动，根据舒尔曼建立的教学推理与行动的模式可知，大概念教学要把教师理解的大概念教给学生，"就必须对它们进行某种形式的转化，并思考如何把教师所理解的内容转化为学习者的智慧和动机"。[2] 因而，教师在进行大概念教学设计时需要进行全方面架构。

（一）LTS 逻辑

维果茨基（Vygotsky）的概念发展理论清晰地指出学习者的概念发展是一个由低到高的过程，经由不相关信息的堆砌之后使用聚集、联结、扩散以及拟概念等方式形成复合思维，并经过抽离之后形成最后的科学化概念作为以后决策的依据，另外，麦基罗（Mckeylo）从学习者解释、确认以及重新组织其经验的视角指出，学习者"通过一系列的学习、反思和实践过程，实现自身角色的重大转变，这一转变不是一般知识的积累和技能的增加，而是一个学习者的思想意识、角色、气质等多方面的显著变化"。[3] 基于此，设计大概念教学的建构逻辑（LTS）可遵循以下思路，即生活世界（Life World）经由大概念教学（Teaching Around Big Idea）到学生素养（Student Competencies），如图 3－1 所示（在该路径中，生活世界除了通过大概念教学作用于学生个体以外，还可以直接作用于学生个体以及直接受到学生个体的影响，此处不做重点讨论）。具体内容阐述如下。

1. 生活世界（Life World）

长期以来，我国课堂教学对于"教什么、学什么"有着清晰的界限，过分关注客观知识的普遍性与追求客观规律的真理性，力图通过理性分析反映出世界的本质，忽视了人们生存的生活世界。这就造成人对生活的理解存在片面，甚至放弃对美好生活的追求和向往，教学世界与生活世界之间

---

[1] 孟鸿伟：《OECD 学习框架 2030》，《开放学习研究》2018 年第 23 期，第 9～12＋19 页。

[2] Shulman L. S., "Knowledge and Teaching: Foundations of the New Reform," *Harvard Educational Review* 57（1987）: pp. 1－22.

[3] 台湾教育部门：《九年一贯课程理论基础丛书——设计评析篇》，2003，第 142～169 页。

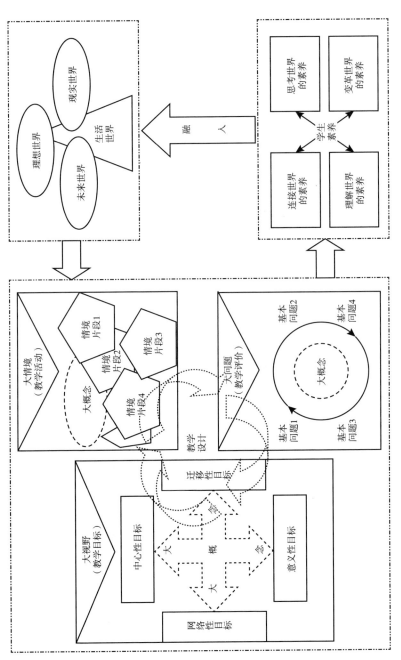

图 3 - 1 大概念教学的 LTS 逻辑

失去关联。胡塞尔认为生活世界是"唯一实在的，通过知觉实际地被给予、被经验着并被经验到的世界"，即我们真实的生活世界，"生活世界被教育遗忘了，不仅带来教育科学的危机，也带来了人类文化的危机"。虽然，教学世界始终不能回归生活世界，但是"现实生活世界的存在意义是主体的构造，是经验的、前科学的生活的成果，世界的意义和世界存有的认定是在这种生活中自我形成的"，① 通过客观教学世界所建立的抽象的观念世界不能失去个体存在的基础以及对人生命意义和个体价值的观照，因而面向人的生活世界的教学被认为是有意义的教学。

生活世界是人以本真的方式真实存在，面向生活世界的教学即找寻人的意义与价值，找寻人在生活世界中的主观能动性，让人与世界发生紧密的联系，深化人对生活的感受力而不是刻画与描绘客观世界。教学不能再成为束缚人、管理人的工具，而应是解放人、发展人的灯塔，让人在教学实践中既要融入生活也要高于生活，找到自身存在与发展的意义，使人成为鲜活与真实的人。但是，教学关注人的真实生活状态并不意味着将人局限在现实世界中，而是要使人能够为现实世界、未来世界与理想世界三方面的生活世界做好准备。首先，教学要关注个体的现实世界，即帮助个体具备解决现实问题与适应现实生活的技能；其次，教学要顾及个体的未来世界，即帮助个体获得面对未来挑战与参与未来建设的素养；最后，教学要引导个体的理想世界，即帮助个体唤醒憧憬理想生活的意识与追求美好境界的动力。

2. 教学目标设计：指向生活的大视野（Big Vision）

生活世界蕴含着无限意义，却是无序的、零碎的，教学世界虽然是理性的、抽象的，却能够将复杂、模糊、琐碎的生活世界进行抽象与概括、归纳与梳理，使其归于系统与有序。教学世界与生活世界相辅相成，尽管互相不能绝对替换，但可以融渗转化，现代教学既不能对生活世界进行遮蔽，也不能完全使用生活世界进行教学，尤其是在教学目标的设计上。Norman 等强调，"在进行教学设计时，教师通常会关注教学内容、教学方法和教学材料等的选择，虽然这些都是教学设计的重要因素，但如果教师

① 〔德〕埃德蒙德·胡塞尔：《欧洲科学危机和超验现象学》，张庆熊译，上海译文出版社，1988，第58~82页。

能在一开始就直接考虑教学目标，则整个教学设计更有效"，① 教学目标是整个教学的灵魂与方向，关系着整个教学设计的成功与否，是关系着如何将生活世界有效传递给学生的核心。

教学目标的设计来源于生活世界，且同时要走向生活世界，"人在科学世界里所获得的理智方面的发展，只有回溯到现实的生活世界中才能被赋予其对人生的意义"。② 基于此，围绕大概念的教学目标设计应将教学目标置于生活世界的"大视野"中，将抽象的大概念与具象的大视野进行对接，实现"生活世界—教学世界—生活世界"的建构模式，通过学习大概念整体认识生活世界，找寻教学本身对于学生生活的意义所在。由此，可以将大概念通过四个方面的剖析将生活世界必备的品格和能力转化成教学世界中的教学目标，即中心型目标、网络型目标、迁移型目标与意义型目标。四种类型的目标将教学世界与生活世界平缓对接，成为二者在学生头脑中的交叉点。第一是中心型目标，其指的是让学生了解与掌握的，学科结构中最主要的、少而精的知识原理目标，旨在把握教学世界的主要内容与生活世界的主要特征；第二是网络型目标，其指的是让学生打破学科壁垒的方法能力目标，旨在认识教学世界的相互关联与生活世界的真实情形；第三是迁移型目标，其指的是让学生识别相似问题并予以解决的思维路径目标，旨在学习教学世界的理性概括与适应生活世界的未知挑战；第四是意义型目标，其指的是让学生发挥主观能动性的观念意识目标，旨在变革教学世界的既有框架与开拓生活世界的未来面貌。

3. 教学活动组织：指向真实的大情境（Big Situation）

《普通高中生物学课程标准（2017 年版 2020 年修订）》强调，"教师在设计和组织每个单元的教学活动时，应该围绕大概念和重要概念展开，依据重要概念精选恰当的教学活动内容和活动方式"，"有效的教学情境，能够激发学生的好奇心和求知欲，点燃学生的学习热情"。围绕大概念的教学活动转化是保证学生顺利达到教学目标的重要保障，那么有效的教学情境应该如何进行组织呢？奥苏伯尔等在阐释"先行组织者"的内容时曾指出，"一般来说，良好的组织在于，在呈现比较详细的或具体的信息以前，先把同这种信息有关的或能够包括这种信息的一般的或广泛的原则提出来。

---

① 〔美〕Norman. E. Gronlund、Susan M. Brookhart：《设计与编写教学目标（第八版）》，盛群力等译，中国轻工业出版社，2017，第 3～5 页。

② 项贤明：《泛教育论》，山西教育出版社，2004，第 28～32 页。

这不仅能使新信息有意义，使学生能够将易于遗忘的具体事物固着在易于记住的一般概念之上，而且能把一些有关的事实综合起来，亦即能用一个共同的原则把这些事实概括起来"，而许多教师都"犯了采用复杂的和详细的信息的错误，同时又未用有组织的、统一的或解释的原则作为说明这种信息的充分根据"。① 也就是说，教学情境的组织需要一般的或广泛的原则来进行组织，在此之前，复杂的和详细的信息只会增加学生的认知负担，削弱学生的理解效果。

在教学中，学生思维"都是从直接经验的情境中发生的"，杜威（Dewey）强调"不能使学生获得真正的思维的最常见的原因，也许是在学校中不存在一种经验的情境，因而不能引起思维，校外生活却有可以引起思维的情境"。② 可见，将"校外生活"转化为教学情境，引发学生思维活动是教学活动设计的重要内容，然而并非每一种情境都可以引起学生思维，而是"当一种情境安定了、决定了、有秩序了、清楚了，那么任何特殊的思维过程自然地就结束了"。因此，围绕大概念的教学活动需要将含糊、混乱、可疑以及矛盾的校外生活转化为清楚、有条理、统一的教学"大情境"，将各类教学活动进行"情景片段1—情景片段2—情景片段3—……"的有序组织，每一个情境片段都围绕大概念进行一致性创建，前后衔接，整体规范，使学生在连续的、有关联的情境活动中明确大概念的意义，避免使用虽然真实但是杂乱、虽然多元但是零散的情境影响学生对于大概念的理解。

4. 教学评价编制：指向迁移的大问题（Big Question）

迁移最大化是有效教学的突出表现，能够让学生获得比有形的课堂学习更高的价值以及比具体的学习内容更多的意义，其最终指向的是生活世界的"大视野"。西蒙（Simon）将迁移视为"能够使用学会的东西去解决新的任务"，并且"如果学生掌握了解题的基本原理，他的迁移就会容易些，否则就困难些"。③ "要想通过课堂学习来使学生做好准备去应对他们

---

① 〔美〕D. P. 奥苏伯尔等：《教育心理学——认知观点》，佘星南等译，人民教育出版社，1994，第443~446页。

② 〔美〕约翰·杜威：《我们怎样思维·经验与教育》，姜文闵译，人民教育出版社，2017，第86~88页。

③ 〔美〕赫伯特·西蒙：《认知——人行为背后的思维与智能》，荆其诚等译，中国人民大学出版社，2020，第221~223页。

在'真实'环境下将要遇到的一切情形，这显然是不可能的"，故而，加涅（Gagne）强调"知识的迁移常常被强调作为教育的目的，这就是说，教育不应该仅仅是关注知识的获得，而更重要的是关注知识在新的情境里的使用和泛化"。[1]

在测量文化兴起的时代，围绕大概念的教学评价设计摆脱了日益细化评估标准框架下小问题的束缚，转向开放反思与整合性"大问题"的研究，即设置包括大概念的首位相连"基本问题"教学评价圈层结构，从基本问题出发考察学生在习得大概念后能否将其迁移到生活世界中解决真实问题。麦克泰格、威金斯在对于大概念的研究中提出了"基本问题"，指出基本问题"反映了对某一学科领域关键问题的探究"，认为"我们的基本问题是指向重要、可迁移的概念的，这些概念值得我们去理解和掌握"，并对"基本问题"（例如，谁是真正的朋友）与"非基本问题"（例如，故事中谁是马吉最好的朋友）做了解释和区分，指出一个好的基本问题是开放式的，发人深省和引人思考，需要高级思维，会指向学科内或学科间重要且可迁移的观点，能引发其他问题而进一步探究，需要证据以及证明过程而不仅仅是答案，同时强调了"最好的问题是那些我们希望学习者能够理解的、代表大概念的顶级问题，这些问题就像通道或镜头一样，通过它们，学习者能够更好地发现和探讨基本概念、主题、理论以及暗含在教学内容中的问题"。[2] 因而，就基本问题对学生进行考查，能够有效评估学习者是否能够将无关、凌乱的信息进行联系，得到的关键性理解是否可以将自己的知识与技能进行有效的应用和迁移。

5. 学生素养（Student Competencies）

核心素养并不见之于孤立、碎片式的学科知识和技能的习得，而是见之于能综合地、系统地运用学科知识和技能应对来自真实生活的问题。[3] "我们的教育目的是使心灵充满有直接实际用途的知识，还是设法将对自身完善有所裨益的精神财富给予我们的学生？知道 1 英尺有 12 英寸、1 码

---

① 〔美〕R. M. 加涅：《学习的条件和教学论》，皮连生等译，华东师范大学出版社，1999，第 210~235 页。

② 〔美〕麦克泰格、威金斯：《让教师学会提问——以基本问题打开学生的理解之门》，俎媛媛译，中国轻工业出版社，2019，第 4~11 页。

③ 教育部：《普通高中思想政治课程标准（2017 年版）》，人民教育出版社，2018，第 49~51 页。

有 3 英尺是有用的，但是这种知识缺乏内在价值，对那些生活在使用米制地区的人来说，它就全然无用。"① 罗素站在学生角度对于教育目的进行了全面阐释，力图让每一位学生在历经教育过程之后都能够"学以致用"，充分适应社会生活，但是适应生活世界不足以应对未来的挑战。正如斯图尔特（Stewert）在《面向未来的世界级教育——国际一流教育体系的卓越创新范例》一书中指出，"期望个人具有适应性，同时也要具有创新性、创造性、自主性以及自勉性"。② 的确，学生历经教学过程最终融入生活世界的过程是学生时刻与生活世界相互作用的过程，学生应该获得的是与生活世界相关的内容，不仅仅是适应，还包括创新。

围绕大概念的教学不以学生所掌握知识的内容为最终目的，而是以学生的迁移思考为核心，"被放在首要位置的永远应该是对独立思考和判断的总体能力的培养，而不是获取特定的知识。如果一个人掌握了他的学科的基本原理，并学会了如何独立地思考和工作，他将肯定会找到属于他的道路"，而这"比起那些只会专注于细节和基础知识的人来说，他对事物的变化会有更加得当的处理方法"。③ 基于此，我们认为，围绕大概念的教学是给予本属于生活世界的学生以重新思考生活世界的勇气和素养，即连接世界的素养（The Competencies of Connecting World）、理解世界的素养（The Competencies of Understanding World）、思考世界的素养（The Competencies of Thinking World）和变革世界的素养（The Competencies of Changing World），统称为 CUCC 素养。具体而言：连接世界的素养是指学生获得能够使用身体或者借助工具等来感受与收集来自生活世界信息的能力，与生活世界建立最基本的联系；理解世界的素养是指通过使用文本符号或者数据软件等来归纳与分析来自生活世界信息的能力，能够对生活世界形成基本的认识；思考世界的素养是指通过使用逻辑推理或者思维模型等将具象的生活世界进行抽象化思考，为建构理想中的世界提供基本素材；变革世界的素养是指通过交叉融通或者批判原创等方式使

---

① 〔英〕伯特兰·罗素：《教育与美好生活》，张鑫毅译，上海人民出版社，2017，第 7 ~ 8 页。

② 〔美〕薇薇恩·斯图尔特：《面向未来的世界级教育：国际一流教育体系的卓越创新范例》，张煜等译，浙江人民出版社，2017，第 156 ~ 157 页。

③ 〔美〕阿尔伯特·爱因斯坦：《爱因斯坦晚年文集》，方在庆等译，海南出版社，2014，第 30 ~ 35 页。

现实中的生活世界朝着理想中的世界不断变化。四方面的素养层层递进，缺一不可，仅有连接世界的素养是不够的，而仅获得变革世界的素养是不现实的。

（二）RRE 逻辑

当前，有关大概念教学的研究已经开始受到教育领域中理论研究与实践探索的广泛关注，例如大概念视角下的单元整体教学构型、中学地理大概念下的单元教学设计、大概念统整的高中唯物辩证法教学研究以及基于语文学科大概念的教学转化等，为大概念教学的理解与实施提供了诸多解决方案。但不可否认的是，大概念教学尚未形成清晰的思维路径，仍然围绕教学目标、教学设计、教学评价等"小概念"要素进行教学方式的嵌入式革新，教师在实践过程中仍然缺少较为普遍性、观念性且更加上位的"大概念"逻辑框架，使得教师无法贯通遍历大概念教学的整个过程。基于此，笔者从教学推理、教学表征以及教学解释三个方面建构教师大概念教学的逻辑框架，以期能够帮助教师准确践行大概念教学理念。

首先，大概念教学推理指向的是教师准备进行大概念教学时应纳入的对教学要素的思考与组织，通过推理过程完成从已知到未知的思维假设，其结果是教师在头脑中形成大概念教学的思维地图；其次，大概念教学表征指向的是教师使用语言、文字等多种方式向学习者呈现大概念内容，一方面帮助学生理解大概念，另一方面帮助教师回看教学过程，其结果是形成教学设计文本、教学用具、教学音像等教学素材；最后，大概念教学解释指向的是教师向学生解释大概念内容，目的是帮助学生理解大概念内涵，走出理解误区，建立理解图式，其结果是教师为学生提供正确、完整以及连贯的大概念信息，完成各类大概念教学目标。教学推理假设了教学表征以及教学解释不可见的方向路线，教学表征与教学解释分别以静态和动态的方式先后对教学推理进行了可见的呈现展示，同时教师能够根据教学表征与教学解释回溯到教学推理过程的合理性反思与改进。总体来看，教学推理（Pedagogical Reasoning）、教学表征（Pedagogical Representation）与教学解释（Pedagogical Explanation）共同构成了大概念教学从准备到实施的 RRE 结构（见图 3 - 2）。

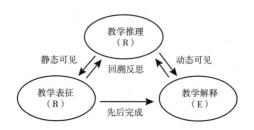

图 3 - 2　大概念教学的 RRE 逻辑框架

1. 通过教学推理完成大概念教学的科学性建构——弹球推理

大概念教学是一项兼具复杂性与系统性的教育实践性活动，不能单纯依靠个体教学经验进行直觉判断，教师需要进行理性化与科学化的有序组织与合理安排，全面思考教学知识、教学行为以及教学评价等要素的逻辑关系以便更好地进行课堂教学，而这个思考的过程便是教学推理。教学推理有助于教师全面进行大概念教学的科学性建构，是开展大概念教学的有力支撑。当前，教学推理已经被教育领域的专家学者普遍视为教师专业发展的中心内容，但尼尔森（Nelson）也在其研究中强调，虽然"对教学的关注突出了教学推理以及教学推理如何影响教学方法的重要性"，但是"教学推理的过程需要采取特定的行动且教学推理并不像思考教学那么简单"。①

（1）教学推理的基本意涵

教学推理概念最初由美国教育学家舒尔曼（Shulman）在其 1987 年所建立的"教学推理与行动的模式"（A Model of Pedagogical Reasoning and Action，MPRA）中涉及。② 按照舒尔曼的观点，教学推理与行动是一个包括理解、转化、教学、评价、反思和新理解六个组成部分的整体循环过程，它意味着教师需要反思和实践其对于主题知识的理解、考虑教学过程中的工具与方法等，从而将它们转化为具有较强教学效果同时又能够适应学生水平的形式。但是舒尔曼特别强调，教学推理的过程不一定是严格的线性方式，需要根据实际情况进行调整。

一般认为，教学推理是教师通过内部思考，将理论知识调适、转化为

---

① Nilsson P., "From Lesson Plan to New Comprehension: Exploring Student Teachers' Pedagogical Reasoning in Learning about Teaching," *European Journal of Teacher Education* 32 (2009): pp. 239 - 258.

② Shulman L. S., "Knowledge and Teaching: Foundations of the New Reform," *Harvard Educational Review* 57 (1987): pp. 1 - 22.

学生可以主动探究和接受的知识的过程，具体而言是教师的思维内化和外化的过程，是教师借助情感、记忆等一系列认知能力与归纳、演绎等一系列推理形式深入思考教学要素，最终形成教学假设，从已知到未知的思维活动。教学推理需要以学科结构中的逻辑规律作为重要依据展开，但同时教学推理又能够有效统领各种知识从而形成有效的教学行为。教师对于知识内在的联系性、层次性以及整体性的掌握程度不同会造成教师教学推理的形态差异。

（2）指向大概念教学的推理机制

杜威指出，"现在的情境，在事实上或在我们看来，都是不完全的、不确定的，预测一些结果就是一种建议性的或实验性的解决方法。要是这种假设完善起来，必须对目前的情况进行仔细的考察，阐发假设的种种含义，这个工作叫作推理"。[①] 教学推理重视的是教师通过已知条件推出未知判断的思维过程，偏重于针对假定教学过程可能产生的教学效果的预期。换言之，教学推理是教学行动的预期性内在演练，教学行动是教学推理的实际性外显结果。由此可知，指向大概念教学的推理机制重点是教师的计划决策而非实施、评估以及反思的整个周期，因而主要涉及 MPRA 模式中的理解与转化两个部分。其中：前者是教师对所教大概念内容的深刻理解，包括教学目的、学科结构以及学生背景等；后者是教师将所教大概念内容转化为学生能接受的形式，包括教师对大概念的分析（准备）、确定举例、隐喻等传递给学生的方式（呈现），选择适用的教学形式和方法（选择）以及根据学生能力水平进行改变（调适），等等。结合凯斯特（Keast）等有关教学推理的实证研究工作可知，大概念教学的推理机制虽然与 MPRA 模式有要素交叉，但并不是完全线性的推理过程，而是形成了类似的"弹球推理"（Pinball Reasoning，各要素之间快速而频繁的思维活动），[②] 这意味着在推理过程中，教师的推理过程既可以在任何一点触发并快速地围绕大概念进行相互映射，又可以依据理解与转化的要素进行整体考量。这种弹球推理机制能够清楚地表明大概念教学在一开始准备过程中的复杂性以及机会性。如图 3-3 所示。

---

① 〔美〕约翰·杜威：《民主主义与教育》，王承绪译，人民教育出版社，1990，第 166 页。
② Keast S., Panizzon D., Mitchell I., Loughran J., Tham M. & Rutherford L, "Exploring routes toengagement: An aspect of the pedagogical reasoning of expert teachers," *ConexãoCiência* 12 (2017): pp. 278-283.

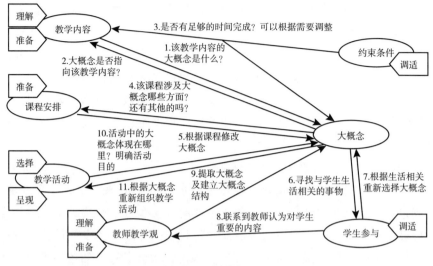

图 3 - 3   大概念教学的弹性推理机制

2. 通过教学表征完成大概念教学的逻辑性呈现——多元表征

在大概念教学过程中，教师需要围绕教学目标对教学内容、教学活动等相关要素进行合理组织并进行呈现，这一方面使得教师能够在教学推理结束之后完成思维的固定，另一方面有助于帮助教师完成教学过程之后的重现与反思，而教师进行各类形式呈现的过程即为教学表征。麦克尼尔（J. D. Mcneil）指出，"不论教师是否意识到这一点，教师都在不断地参与构建和使用学科知识的教学表征的过程"。[①] 教学表征是大概念教学的基础逻辑框架，对于教师完成大概念教学有着指引性作用，相关研究能够为教师提供工具性的便利，辅助教师进行有效教学。

（1）教学表征的基本意涵

20 世纪末，部分教育学者对于教学表征进行了深刻探讨，[②] 其中麦克迪尔（McDiarmid）等认为，教学表征是指可以向学习者传达有关主题内容的各种模型，例如活动、问题、示例和类比等。[③] 中国台湾学者林晓雯

---

①　〔美〕John D. Mcneil：《课程导论》，谢登斌等译，中国轻工业出版社，2004，第 138 ~ 140 页。

②　孙兴华：《小学数学教师教学表征的实践意蕴》，《课程·教材·教法》2015 年第 4 期，第 75 ~ 80 页。

③　McDiarmid G. W., Ball D. L., Anderson C. W., "Why Staying One Chapter Ahead Doesn't Really Work: Subject-specific Pedagogy", In Reynold M. (ed.), *Knowlegde Base for the Beginning Teachers* (New York: Pergamon Press, 1989), pp. 193 - 205.

指出，教学表征的方式包括类比、隐喻、因果说明、图表说明、展示说明、示范说明、学生操作、模拟游戏和家庭作业，等等，并将教学表征的特质归纳为五个方面：一是教学表征具有学科专一性，即教师需要通过本身的学科知识形成或选择教学表征并判断其是否恰当；二是教学表征中教材内容与教学形式不可分割，且教学表征与教学设计相关联；三是教学表征具有可转换性，即表征方式需要教师根据学生水平、时间地点等因素来调整；四是教学表征的不完备性，即每种表征形式都有限制，表征虽然能够协助教学，但是错误的表征会误导学生；五是教学表征的可能性，即教学表征如果能适合学生，则可以促进学生的学习成效等。[1] 巴尔（Ball）在研究中提出了有效教学表征的四个标准，分别是：能准确与适当地表述学科的本质内容，能够让学生容易理解，能够利于学生的学习以及在学习情境中合理适切。[2]

（2）大概念教学的表征机制

不可否认，教师在教学过程中将自己的学科知识传递给学生理解是一件非常困难的事情，教师需要熟悉学科知识的内容并且要针对不同的学生学段以及课程内容选取适合的教学表征加以协助，进而让学生达到对知识的理解。教学者常常因为缺乏教学表征方面的知识，教学仅仅停留在让学生知道表面的事实，未能帮助学生深刻理解。美国数学教师协会（NCTM）指出，"有效的数学教学需要使得学生参与到在不同的数学表征中建立联系，以便促进他们对数学概念和程序规则的理解"。[3] 在大概念教学中，教学表征关注的是大概念与学生理解之间的联结关系，即教师如何构建表征使得学生获得对于大概念的深入理解。根据以往的研究可知，大概念是抽象化程度较高、概括性程度较强以及解释性范围较广的概念集合，因而大概念教学的表征机制主要围绕大概念展开。帕尔默（Palmer）指出，一个完整的表征系统包括五方面的要素，即被表征的世界（教师教授的大概念）、表征世界（学生获得的大概念）、被表征世界中有哪些层面被表征，

---

① 林晓雯：《中学教师教学内容知识的诠释性研究》，《屏东师院学报》1994 年第 9 期，第 263～290 页。

② Ball D. L., Halves, Pieces, and Twoths: Constructing Representational Contexts in Teaching Fractions", In T. Carpenter, E. Fennema & T. Romberg（eds.），*Rational Numbers: An Integration of Research*（Hillsdale, NJ: Erlbaum. 1993），pp. 157–196.

③ 陈志辉、孙虎、周芳芳：《上海七年级学生"平行"概念表征与转译的调查研究——基于数学核心素养的视角》，《数学教育学报》2019 年第 28 期，第 37～42 页。

已表征世界的哪些层面来表征以及这两个世界之间的对应。其中由被表征的世界到表征世界需要教师在教学表征过程中选择适合的表征形式，提升教学表征能力，使被表征的世界与表征世界紧密对应起来。[①] 基于此，同时结合安斯沃思（Ainsworth）提出的多元表征理念[②]，笔者认为大概念教学的表征机制呈现"多元表征"（Multiple Representation），即教学表征并不是单一的，而是多元的，多种表征方式之间相互联系转化，共同促进被表征世界向表征世界转化的进程。如图 3 - 4 所示。

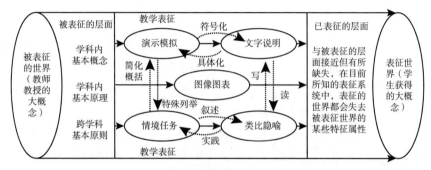

图 3 - 4　大概念教学的多元表征机制

3. 通过教学解释完成大概念教学的层级性转化——循环解释

使学生们真正理解他们所要学习的知识是大概念教学的根本指向，其追求促进和加深学生理解的理念内核已经超越了传统意义上的灌输式教学。在大概念教学中，部分教师自以为讲得很清楚，能够将大概念阐释详尽，但是事实并非如此，部分学生仍然不能正确理解大概念所涵盖的内容，这是因为要么教师没能把其所知道的大概念体系充分解释清楚，要么教师所给出的解释看上去似乎有道理实质上却是错误的。威尔逊（Wilson）等在一项针对科学教师的调查中发现，模范教师和普通教师的最大区别在于"我的老师清楚地解释了科学思想"。[③] 可见，教师提供清楚的解释是十分必要的。因此，关注大概念的教学解释机制，建立解释者（教师）者与

① 夏永红、李建会：《人工智能的框架问题及其解决策略》，《自然辩证法研究》2018 年第 34 期，第 3～9 页。

② 黄瑾：《论学前儿童数学学习中的多元表征》，《全球教育展望》2011 年第 40 期，第 60～63 页。

③ Wilson H., Mant J., "What Makes an Exemplary Teacher of Science? The Teachers' Perspective," *School Science Review* 93（2011）：pp. 115 - 119.

被解释者（学生）之间的有机联系有助于完成大概念教学的层级转化。

（1）教学解释的基本意涵

一般认为，解释是一种交际性、互动性的联系，目的是帮助人们理解主题，盖治（Gage）认为，"教师提供解释的意图在于产生理解"，[1] 维特（Wittwer）等指出，"在教育背景下给出的解释符合教学解释的条件，因为它们是为教学目的而特意设计的"，"尽管知识建构不应该被解释所取代"，且"有效教学解释是一种建构主义实践，它涉及对被解释者需求的适应以及解释者和被解释者之间的互动"。[2] 教学解释（又译为 Instructional Explanation）最初由莱因哈特（Leinhardt）系统提出，其指出教师展示新材料或讨论各种观点时很少真正解释，教学解释作为一种教学行为反映了教师对隐含或明确提出的问题的回答，例如数学中的教学解释可以为学习者提供解决代数问题的算法程序等。[3]

教学解释是教学的核心。教学解释能够为学习者提供正确、完整以及连贯的信息，可以与不同的教学目标联系起来，例如用于教师向学习者介绍新的学习内容，使学习者对某一特定领域有一个基本的了解，或者是对于已经对某一领域有了一定理解的学习者来说用来填补学习者在理解上的空白，弥补、改变学习者的错误理解，或者是促进新学习的内容与长时记忆中已经储存的信息之间的相互联系，或者是有助于释放一些非生产性工作记忆的需求，等等。

（2）大概念教学的解释机制

学习在很大程度上涉及学习者对于概念和知识以及原理和规则的理解，学习者不仅需要理解基础知识还要解决常见问题以及新问题。教学解释传达一个领域的内容，帮助学习者发展一个基本的理解和澄清概念、想法和程序，以进一步加深他们的理解，还能够帮助学习者从学习任务提供

---

[1] Gage, N., "The Micro-criterion of Effectiveness in Explaining," In N. Gage (ed.), *Explorations of the Teacher's Effectiveness in Explaining*, *Technical Report No. 4* (Stanford, CA: Stanford Center for Research and Developement in Teaching. 1968), pp. 1 – 8.

[2] Wittwer J., Renkl A., "Why Instructional Explanations Often Do Not Work: A Framework for Understanding the Effectiveness of Instructional Explanations," *Educational Psychologist* 43 (2008): pp. 49 – 64.

[3] Leinhardt G., "Instructional explanations: A Commonplace for Teaching and Location Forcontrast," In V. Richardson (ed.), *Handbook of Research on Teaching* (Washington, DC: American Educational Research Association, 2001), pp. 333 – 357.

的具体经验出发，识别潜在的概念与原则，进而构建认知图式。克里斯托夫（Christoph）指出，教学解释有七方面的核心内涵：一是解释要适应被解释者先前的知识、误解以及兴趣；二是完成解释需要根据被解释者或主题进行调整，例如日常语言与科学语言的转换、图片与动画的转换等；三是强调被解释内容的相关性，让被解释者参与到被解释内容的深层次处理中，方法有中心概念提示法（prompts to central concepts）、回应性解释（responsive explaining）以及补救性解释（remedial explanations）等；四是解释的结构影响解释的有效性，例如规则—示例结构（rule-example）适合于获取知识内容，示例—规则结构（example-rule）适合于使用程序特定问题；五是解释遵循"最小化解释"原则，即应该集中在重要的方面，同时具有高度的连贯性以及较低的认知负荷，何时以及如何提供教学解释是非常重要的；六是只有在学生自我解释失败的情况下教师才提供教学解释，帮助学生理解主题内容；七是教学解释并不是在呈现之后就结束，而是接下来需要对学生理解进行诊断。[1] 总体来看，教学解释可以为学习者提供理解大概念的实际意义，同时帮助学习者区分其主要特征。相反，当学习者收到的教学解释仅提供问题的解决方案或现象的表面特征时，他们可能无法加深理解，因为他们可能忽视解决方案背后的原则或解释现象的基本概念。基于此，我们基于克里斯托夫提出的教学解释实施方式综合发现，大概念教学的解释机制呈现"循环解释"（Circular Explanation），即每当解释条件成立时，教师开启教学解释，然后通过判断学生理解程度来决定是否继续进行循环解释。如图 3-5 所示。

核心素养时代的教学面对的是人与世界这一宏大命题下的整体性变革，超越了以往对于教学方式以及教学内容的零散式革新。"如果我们教今天学生的方法和教过去学生的方法一样，那我们就剥夺了他们的明天。"[2] 世界在不断改变，"我们淹没在信息的海洋里，寻觅智慧的启迪，主导世界的将是那些综合者，他们在正确的时候组合正确的信息，批判地思考它，理智地做出决策"。[3] 在不断地思考、尝试与探索中，国内外诸多

[1] Kulgemeyer C., "Towards a Framework for Effective Instructional Explanations in Science Teaching," *Studies in Science Education* (2019): pp. 1 - 31.

[2] 柳春艳：《教育技术学：从循证走向智慧教育》，《中国电化教育》2018 年第 10 期，第 40~48 页。

[3] Edward O. Wilson, *Consilience: The Unity of Knowledge* (New York: Vintage, 1999), pp. 294 - 296.

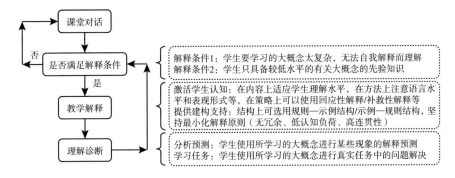

图 3 – 5　大概念教学的循环解释机制

学者将目光集中在大概念教学上，指出大概念教学的过程是教师引导学生追寻与理解意义的过程，倘若学生没能获得对于外部世界意义性的理解或者进行理解的方法，那么教学活动也只是一系列文字、语言以及动作在特定时空内的集合。大概念教学的 RRE 逻辑框架在认识论上为教师提供了认识大概念教学的思维方式，在学习论上成为教师研究大概念教学的组织工具，在价值论上承担了引发教师思考、重塑大概念教学的重要功能，值得广大教育研究者深入探讨以及一线教师实践改进。

五　大概念教学的实用工具

学科大概念是一个从上至下又从下至上的复合概念，是贯穿整个教育教学的重要线索，教师进行学科大概念的教学转化需要进行整体性、统筹化的思考与设计。教师进行大概念教学的系统思考与全面规划以及提升大概念教学质量需要借助多方面的实用工具加以完成。

（一）概念图

概念图（concept map）是一种用节点代表概念、连线表示概念间关系的图示法。概念图的理论基础是奥苏伯尔的学习理论，是用来组织和表征知识的工具。学习理论认为知识的构建是通过已有的概念对事物的理解和认识开始的。学习的过程就是建立一个概念网络，不断地向网络增添新内容，使其网络结构更加庞大，知识概念也就会更加丰富，并且是有序的。为了使学习有意义，学习者必须把新知识和学过的概念联系起来。奥苏伯尔的先行组织者主张用一幅大的图画，首先呈现最笼统的概念，然后逐渐展现细节和具体的东西。

1. 概念图的基本结构

1970 年，诺瓦克（Novak）在康奈尔大学提出概念图绘制技巧并指出概念图能够帮助师生整理加工信息，构建知识网络，方便师生交流和思考问题，同时还可以作为对学生形成性评价的有效工具。概念图通常将某一主题的有关概念置于圆圈或方框之中，然后用连线将相关的概念和命题连接，连线上标明两个概念之间的意义关系。

概念图包括四要素：一是概念（concepts），即感知到的事物的规则属性，通常用专有名词或符号进行标记；二是命题（propositions），即对事物现象、结构和规则的陈述，在概念图中，命题是两个概念之间通过某个连接词而形成的意义关系；三是交叉连接（cross-links），即表示不同知识领域概念之间的相互关系；四是层级结构（hierarchical frameworks），一方面指同一知识领域内的结构，即同一知识领域中的概念依据其概括性水平不同分层排布，概括性最强、最一般的概念处于图的最上层，从属的放在其下，具体的事例位于图的最下层；另一方面不同知识领域间的结构，即不同知识领域的概念图之间可以进行超链接。

概念图是一种知识以及知识之间的关系的网络图形化表征，也是思维可视化的表征，一般由节点、链接和文字标注组成。其中：节点是指由几何图形、图案、文字等表示某个概念，每个节点表示一个概念，一般同一层级的概念用同种的符号（图形）标识；链接表示不同节点间的有意义的联系，常用各种形式的线连接不同节点，这其中表达了构图者对概念的理解程度；文字标注可以是表示不同节点上的概念的关系，也可以是对节点上的概念详细阐述，还可以是对整幅图的有关说明。①

2. 概念图在大概念教学中的角色

总体来看，在大概念教学中，概念图能够展示出三方面的超强功能。

第一，概念图可以用形象直观的图示来表达大概念教学设计的流程，教师借助概念图辅助大概念教学设计，有助于教师厘清大概念与关键概念、次级概念之间的关系，厘清教学内容之间的关系，并根据大概念教学

---

① 王楠、王瑜、闫琳静：《数学概念图的应用价值探析》，《数学学习与研究》2018 年第 7 期，第 11～12 页。

内容的内在结构设计合理的教学计划。同时，概念图帮助教师降低大概念教学设计的难度和复杂性，减少传统教学设计复杂的文字叙述与繁杂的概念体系。此外，教师还可以利用概念图进行学习资源与学习过程的设计，用来组织学习资源，达到信息综合和有效组织的效果。

第二，常规的教学工具只起到演示功能，而不能即时地把教学过程中产生的信息有效地记录与表达出来，而概念图作为教学生成工具能够真正地参与到教学互动之中。教师在运用概念图进行大概念教学时，能够系统化地呈现概念结构，帮助提高学习者的思维认知水平，使他们的认知水平提升到一个新的层面上，辅助学生解决各种更加复杂的问题。

第三，教师可以借助概念图进行大概念教学反思，对学习效果、是否实现教学目标、教学设计方案的可行性以及教学过程等方面进行反思，有助于认清教学中存在的不足，提升自我教学水平；学生们可以通过自我检测和对比概念图，找出所创设概念图中的缺陷，制定进一步的修改方案，在完善概念图的过程中提升对大概念的理解和融会贯通，并且学会在反思自己学习作品的过程中获得成长。

（二）思维导图

思维导图是表达发射性思维的有效的图形思维工具，它简单却又极其有效，是一种革命性的思维工具。思维导图运用图文并茂的技巧，把各级主题的关系用相互隶属与相关的层级图表现出来，将主题相关词与图像、颜色等建立记忆链接，思维导图充分运用左右脑的机能，利用记忆、阅读、思维的规律，协助人们在科学与艺术、逻辑与想象之间平衡发展，从而激发人类大脑的无限潜能。思维导图因此具有人类思维的强大功能。思维导图是大脑放射性思维的外部表现，它利用色彩、图画、代码和多维度等图文并茂的形式来增强记忆效果，使人们关注的焦点清晰地集中在中央图形上。思维导图允许学习者产生无限制的联想，这使思维过程更具创造性。[1]

1. 思维导图的基本结构

与概念图不同，一般情况下思维导读只有一个主题，并以此为主干进行分支映射，相较而言，概念图是组织和表征相关知识的载体，表明概念

---

[1] 刘斯荣、黄亮、刘雪琴等编著《图"行"天下——图形创意的思维与方法》，武汉大学出版社，2013，第33~37页。

之间的意义关系，常以网状结构出现，而思维导图重视创造性思维的表达，是激发大脑潜能的重要工具，常以树状结构出现。总体来看，思维导图的基本结构如表 3 - 1 所示。由于思维导图能够清晰地体现一个问题的多个层面，以及每一个层面的不同表达形式，以丰富多彩的表达方式体现了线性、面型、立体式各元素之间的关系，重点突出，内容全面，因而在教育教学等诸多领域中有着广泛的应用。①

表 3 - 1　思维导图的基本结构

基本结构	结构说明
主题	思维导图中最顶层的内容，是导图中被关注的核心焦点，所有其他内容均围绕该主题展开，主题的位置可根据使用者的布局偏好等进行设置
主要分支	由主题中直接发展出来的分支，主要分支常被称作一级分支
分支	思维导图中除了主题以外的单元都是导图的分支，主要分支甚至主题也是分支的一种，所以可将它们统称为分支
层次或级	用于表示分支与主题直接或间接相关的程度，主要分支是第一级分支，与主要分支直接相关联的是第二级，以此类推
注释框分支	思维导图分支中的一种，一般跟随一个特定的分支起到注释作用
节点	分支与下一级分支的汇集点，单击则可展开或可隐藏下级分支

2. 思维导图在大概念教学中的角色

在大概念教学过程中，学习者使用思维导图进行学习，能够有效提高学生对于大概念的理解和记忆能力，例如使用者将关键字、颜色及图案等联系起来，能够加深学习者在整体上把握大概念的能力。同时，能够把学习者的主要精力集中在关键的概念点上，学生不需要浪费时间在那些无关紧要的内容上，节省了宝费的学习时间。此外，思维导图具有极大的可伸缩性与可拓展性，顺应了大脑的自然思维模式，可以使我们的主观意图自然地在图上表达出来，它能够将新旧大概念结合起来，建立大概念知识之间的普遍联系。相较之下，教师使用思维导图进行授课能够帮助其更快、更有效地进行知识内容的梳理和传授，促进大概念教学的效率和质量的提高。教师在整理关键概念及绘制思维导图的过程中能够清楚认识到概念之间的层级关系，加强了对所教授大概念的理解。与此同时，教师通过思维导图能够建立系统完整的大概念框架体系，对学习的课程进行有效的资源

---

① 夏洪文：《教师信息技术基本技能》，重庆大学出版社，2013，第 64 ~ 69 页。

整合，使整个大概念教学过程和流程设计更加系统、科学，能够有效促使学生形成整体的观念以及在头脑中创造全景图，进一步加强学生对所学内容的立体把握，而且教师可根据教学过程中的实际情况做出具体、合理的调整。

六 大概念教学的设计路径

培养学生核心素养是新时期中国教育改革的价值追求，发展学生适应社会生活与适应自身发展的必备品格和关键能力是教师教学的出发点与落脚点。教师是落实学科核心素养的直接行动主体，是推进课程与教学变革的首要力量，教师在制订学期、单元或者课时教学计划时，都需要时刻全面考虑学科核心素养任务的针对性落实与有效完成。以大概念落实学科核心素养作为新一轮基础教育改革的重要变化，教师需要在教学过程中围绕大概念组织教学资源并开展教学活动，不仅需要引导学生理解所学知识，同时还能够为学生在新情境中解决问题奠定基础，关注学生的实践与认识过程，使其逐渐形成有关大概念的深刻认识。

杜威曾在《我们如何思维》一书中指出，"掌握一个事物、事件或场景的意义，就是要观察它与其他事物的联系，观察它的运作方式和功能、产生的结果和原因以及如何应用。而那些我们称作无意义的事情，是因为我们没有领悟到它们之间的联系……方法—结果的关系是所有理解的核心"。[1] "在学习特定主题或技能之前，没能在一个更大的基础性框架背景下认清这些主题或技能所处的情境，这样的教学是不经济的……对基础性原则和观点的理解是培养迁移能力的主要途径，将食物作为一般性事例的一个特例来理解，就是不仅仅要学习该特例，还要将其作为其他可能遇到的类似事物的模型来理解。"[2] 教学的过程是教师引导学生追寻意义的过程，倘若学生没能获得对于外部世界意义性的理解或者进行理解的方法，那么教学活动也只是一系列文字、语言以及动作在特定时空内的集合，大概念教学在认识论上提供了学生认识世界的思维方式，在学习论上成为学生研究世界的组织工具，在价值论上承担了引发学生思考、塑造学生素养

---

① 〔美〕约翰·杜威：《我们如何思维》，伍中友译，新华出版社，2014，第 63~69 页。
② 〔美〕布鲁纳：《教育过程》，邵瑞珍译，人民教育出版社，1960，第 26~30 页。

的重要功能。学生习得大概念能够获得与世界对话的材料与方法，大概念将教学的意义最大化展现出来。那么，教师应该如何进行大概念教学呢？

（一）大单元视野中的大概念教学五步路径

怀特海提到，"教育的核心问题之一在于如何让学生借助于树木来认识树林"。① 康德谈道，"就本质而言，知识实则为一个整体。教育的主要愿景之一即在于将支离破碎的、不完整的学科内容、课程知识等加以统整并逐步上升为某种整体知识"。② 吕立杰指出，每个大概念都包含着一个道理、一个意义或者一种关联，而大单元提供了可以发生大概念学习的依托。大单元本身是一个完整的学习故事，是有结构的知识整体，教师依托大单元能够更好地引领学生整体理解大概念。③ 崔允漷在有关大单元设计的研究中指出，大单元是改变以"知识点、习题项、活动控"为标志的传统课堂教学的有效路径。④ 总体来看，大单元追求诸多要素的结构化、通盘性考虑，力图体现学习过程的整体性与系统性，这无疑成为落实大概念的重要载体。值得注意的是，大单元视野中的大概念教学需要做好大单元与大概念之间的相互联结，实现明线（大单元内容）与暗线（大概念体系）之间的完整匹配，具体可分为以下五个步骤。

1. 定核心：确定大概念，绘制概念网络

如前所述，大概念的寻找与确定可基于国家政策、学科理解等获得。大单元的出发点不是某一个知识点，而是强调知识的有机联系，但即使是大单元备课也需要将教学细化到每一个课时。因此，使用大单元进行铺垫的大概念教学需要在明确大概念之后绘制概念网络，完成单元大概念到课时大概念的转化，使大概念成为大单元的统帅核心，帮助教师深刻理解大单元的内容联结，同时为教师开展大单元视野下的大概念教学提供整体化思路。

2. 定目标：基于大概念，设计教学目标

基于所绘制的大概念网络，教师需要结合教学主题进行大单元教学目标的设计，除了大单元教学目标以外，同时要设计课时教学目标。其中，

① 〔英〕怀特海：《教育的目的》，庄莲平等译，文汇出版社，2012，第24~26页。
② 〔英〕伊·康德：《纯粹理性批判》，韦卓民译，华中师范大学出版社，1991，第524页。
③ 吕立杰：《大概念课程设计的内涵与实践》，《教育研究》2020年第10期，第53~61页。
④ 崔允漷：《学科核心素养呼唤大单元教学设计》，《上海教育科研》2019年第4期，第1页。

大单元教学目标需要指向的是大概念，课时教学目标需要指向的是概念网络中的子概念，使得大概念成为整合整个单元教学内容的航标，将碎片化的目标达成转变为层级性的目标达成，深化学生对知识的理解以及对大概念的领悟和迁移。此外，教师在进行教学目标设计时要进行高站位、高观点的审视与思考，植根学科本质性理解进行目标设计。

3. 定任务：围绕大概念，构建情境任务

创设科学合理的大单元教学情境任务能够有效提升学生大概念的理解与迁移。在情境任务中，学生能够经历思维的发展过程，像专家一样思考而不是简单获得专家结论。一般而言，大单元教学情境任务要保持情境的真实性与完整性以提升学生关联、理解与迁移大概念的能力，同时大概念要作为线索将一个个独立的情境任务片段之间相互联结，将概念网络作为情境任务片段中的"锚点"。如此，与大概念密切相关的情境任务材料便附着了通向大概念的"印记"。

4. 定评价：指向大概念，组织教学评价

"教授与评估教育目标的最有效的方法可能是把它置于一些基本背景之内（如一个教学单元之内），而不是孤立地针对每一个目标"。[1] 同样的，贯穿大概念的大单元教学评价虽然是基于目标的评价，但不是孤立针对每一个目标的评价，而是要将评价的重点放在大概念的理解与迁移上，布鲁姆曾指出，如果我们能够找到让学生通过实践方式应用抽象知识的方法，就可以此来测试理解程度。[2] 由此可见，大单元教学评价需要组织大情境作为基本背景，且该情境与前文提到的情境任务同属于某一大概念下的等价情境，即检测学生对同一大概念理解的不同情境任务。

5. 定理解：揭示大概念，开展学习反思

不同于小概念学习，大概念需要教师的揭示与学生的领悟。在完成有设计的教学任务以及教学评价后，基于大单元的大概念教学需要在单元结束后回溯到大概念本身。尽管经过大单元学习后，学生能够自主建构事实与概念之间的关系，形成概念生长，但是学生个体未必能够找到概念网络背后的大概念信息。因此，教师需要在大单元结束后组织学生进行大概念

---

[1] 〔美〕L. W. 安德森等编著《学习、教学和评估的分类学》，皮连生主译，华东师范大学出版社，2008，第 79 页。

[2] Bloom B. , *Taxonomy of Educational Objectives：Classification of Educational Goals. Handbook. I：Cognitive Domain*（New York：Longman, Green & Co. , 1956），pp. 125 - 126.

揭示，进行概念与概念之间、概念与大概念之间的梳理，可以采用概念图或思维导图的方式进行反思引导。

（二） UbD 框架下的大概念进阶设计六步骤

美国教育学家威金斯和麦克泰格指出以往的教学要么聚焦活动要么聚焦内容，缺乏使学生进行深度的、有意义的思考的机会，同时学生被动接受大量的事实资料却没有清晰的逻辑架构来进行组织，对于知识概念的认识停留在表面。基于此，两位学者呼吁"为理解而教，为理解而评"，将教学目标聚焦在如何通过教学设计使更多的学生真正理解他们所要学的知识，并于 1998 年提出教学设计结构——理解为先的教学设计（Understanding by Design，UbD）。[①]

1. UbD 框架简介

威金斯和麦克泰格在《追求理解的教学设计》一书中明确提到，UbD是一种以撰写课程计划为目的的思考方式，而不是一种刻板的施工项目或者处方性方案，它是一种目的性更强、更为细致的思维方式，关注以理解为目标的设计本质。并且，UbD 的主要目的是发展和深化学生的理解，即通过大概念（Big Ideas）理解学习内容并将学习结果进行迁移。但是 UbD 不是一种教育哲学，也不需要作为单一的教学系统或教学方法来实施，它只是为如何处理与学生理解目标相关的教学设计问题提供指导。UbD 主要分为三个步骤，即明确预期学习结果、确定恰当评估办法和规划相关教学过程。[②]

总体来看，UbD 框架旨在追求深入理解的教学，关注教什么与怎么教，学生理解什么以及怎样证明学生获得了理解。威金斯和麦克泰格提出了理解的六个侧面，分别是提供解释（即通过理论和图示等方式能够为事件、行为和观点提供系统合理的解释，可以清楚、彻底、富有洞察力地解释事物是如何运作的，它们意味着什么，它们在哪里联系，它们怎么解释，以及为什么会发生）、阐明含义（叙述有深度的故事，演绎、界说和转述进而提供某种事实的含义）、情境应用（在新的环境和各种不同的真实情境中能够有效运用我们所学到的知识）、洞察本质（批判性地看待并

---

① 盛群力、何晔：《意义学习，理解为先——UbD 模式对课堂教学改革提出的新建议》，《课程教学研究》2013 年第 8 期，第 22～31 页。

② 〔美〕格兰特·威金斯、〔美〕杰伊·麦克泰格：《追求理解的教学设计》，闫寒冰等译，华东师范大学出版社，2017，第 46 页。

聆听观点，有大局意识）、有同理心（一种能够"了解"他人感受和世界观的能力，即能够设身处地地为别人着想的能力）、自我认知（了解自己的不足之处以及自己的思维方式对理解的影响）。

2. 大概念教学设计

长期以来，知识与技能是传统教学的重要内容，但以往的教学却使得学生获得知识与技能之后无法真正理解其本质，更不用说将其应用到今后的生活以及工作中。布兰斯福特（J. D. Bransford）指出，"现代学习观就是人们用他们已经知道的相信的知识去建构新知识和对新知识的理解……新的学习科学的特色就在于它强调理解性学习，它并不否认事实对于思维和问题解决的重要性，但是专家的知识是围绕重要概念或大概念来联系和组织的，直接指向知识的应用场景，支持理解性学习和知识的迁移，而不仅仅局限于对事实的记忆"。① 哈伦（W. Harlen）在《科学教育的原则和大概念》一书中提出，"对每一个学习的个体来说，从最初基于他们先前经验而形成的特定想法，进展到能够解释较大范围有关现象、更为有用的概念，都有一个进展的过程"。② 哈伦这里所提到的能够解释较大范围有关现象、更为有用的概念即为大概念。UbD 为大概念教学提供了结构性的参考框架，UbD 框架下的大概念进阶教学设计将理解视为教学的核心。基于此，我们全面解析并建构大概念进阶体系，形成完整的大概念教学步骤。

（1）确定大概念：提炼大概念的基本内容

大概念是组织教学活动的核心，如前所述，大概念的确定可以通过多种方式进行遴选发掘，诸如核心素养的分析、课程标准的探讨以及学科理解的深入等。大概念的确定为 UbD 框架下的大概念进阶教学提供了设计教学的起点与终点。

（2）图解大概念：绘制大概念的导航图

大概念的导航图即大概念的概念图或概念地图，如前所述，导航图能够清晰地呈现概念如何转移、初级概念如何到达高级概念以及课时概念、单元概念之间的联系等，是大概念的渐进式图谱。教师在确定大概念之

---

① 〔美〕国家研究理事会编《学习与理解——改进美国高中的数学与科学先修学习》，陈家刚等译，教育科学出版社，2008，第 114 ~ 126 页。

② 〔美〕温·哈伦：《科学教育的原则和大概念》，韦钰译，科学普及出版社，2011，第 13 ~ 14 页。

后，首先需要绘制大概念的导航图，厘清大概念的整体轮廓，方便进一步与教学实践相关联。

（3）表征大概念：明确预期单元学习目标

根据所绘制的导航图，结合课程标准等要求，教师需要具体确定学生需要知道什么、理解什么以及能够做什么等内容，明确说明本单元要达到的内容标准和任务目标是哪些、本单元要发展的思维习惯和跨学科的目标是哪些等。这些学习目标中包含事实性知识、可迁移概念、复杂的技能以及原理概括等。

（4）评价大概念：选取恰当评估方式

如何了解学生是否达成了预期的学习目标需要找到证据证明学生已经或真正地理解，即教师需要选取恰当的评估方式来考察学生的基本知识与技能。教师在选用评估方式时需要观照是否能够衡量学生对于大概念背后意义的理解程度，正确地解释或者应用所学的内容。

（5）解释大概念：规划重组教学过程

大概念就如同整个单元的"概念魔术贴"，将零散分布在单元不同地方的知识与技能通过一个更大的框架予以联结并提供通路。根据已经确定的单元目标以及评估方式，教师需要制定一份详细的教学活动计划表，规划最合理的学习经验和必需的教学活动，即需要教给学生哪些知识和技能，怎样教才能更好地实现目标，如何安排活动的顺序才能最匹配预期结果。

（6）聚合大概念：引导完成大概念反思

在大概念教学过程接近结束时，教师需要帮助学生聚合所学内容，一步步"揭示"本次教学活动背后的重要观点，使学生询问关于学科、关于自然乃至关于人类的最深层问题，引导学生在脑海中重构大概念导航图，并帮助学生创建适用于其他问题解决的相关情境，最终使学生完成关于大概念的自主构建。

（三）主题统摄下的大概念教学七步框架

围绕大概念建立指向学科核心素养的教学架构没有一蹴而就的途径，也没有固定不变的法则。基于已有文献的逻辑分析以及对大概念、学科核心素养等的深入理解，我们提出建立大概念教学开发的七步框架（Seven Steps Framework to Curriculum Unit around Big Ideas，SFCBI），包括选择主题、筛选大概念群、确定关键概念、识别主要问题、编写目标、开发学习活动和设计评价工具。七步框架虽然按照线性序列进行陈述，但其实是一个迭代循环的过程，在设计过程中需要进行大量的回溯和修改。

1. 选择主题（Topic）

选择主题是进行课程设计的第一步，单元主题决定了课程内容范围，可以是话题、概念、问题等。单元主题可来自已有的课程文件，也可来自现实世界的挑战、学生的兴趣等，同时有指向地匹配学科核心素养的相关内容。以 2020 年教育部颁布的普通高中物理课程标准为例，必修 1 模块由"机械运动与物理模型""相互作用与运动定律"两个大主题组成，其中"机械运动与物理模型"包含四个内容要求，每个内容要求都可以作为主题，例如"经历质点模型的建构过程，了解质点的含义。知道将物体抽象为质点的条件，能将特定实际情境中的物体抽象成质点。体会建构物理模型的思维方式，认识物理模型在探索自然规律中的作用"。

2. 筛选大概念群（Big Ideas）

主题的重点应该放在相对较少的、有针对性的大概念群及其之间的联系上，同时将其他内容推到背景之中。许多大概念是可以直接从课程文件、课程标准、学习框架以及教科书等材料文本中获得的，但也并不总是科学合理的。在这种情况下，可以通过高频概念（一再出现的名词或者短语）、连续追问（是否能联结更多的内容？范围太宽还是太窄？）、组合配对（物质与能量、结构与功能）、归纳总结（在多个文件中出现）、专家征询（征询学科专家的意见）的方式进行大概念群的筛选，删除和修改临时性的大概念，保留有效性和恰当性的大概念。

3. 确定关键概念（Key Concepts）

关键概念是经由大概念开展延伸而来的特定概念，由于大概念意涵层面既深且广，如果未经关键观念来确立探讨和指引思考的方向，即使是涵盖性强大，也只能维持原有的抽象模糊面貌，而缺乏教学的实用性。在这一步中，我们需要分析组成大概念的事实元素——关键概念，包括要素理解（Component Understandings）和视角知识（Horizon Knowledge）两个方面。要素理解是指每一个关键概念都是由一个要素体系来进行支持的，确定和定义这个支撑体系才能更好地实施大概念；视角知识是指教师不仅需要了解学习大概念需要什么样的知识基础，同时还要知道目前教授的大概念与学生未来可能遇到的情境的关联。[①] 大概念、关键概念可以使用知识金字塔进行表示，按照层级进行梳理呈现。教师需要构建与单元主题相联系的大概念地图，形成单元主题视野下的大概念网络。

4. 识别主要问题（Questions）

关键概念已经缩小了思考范畴，具有较强的实用性，但是，关键概念的多样化内容也不太适用于指导实际教学活动，而主要问题介于大概念与关键概念之间，其功能就是要整合各个不同的关键概念，并提出一个主要的问题，凝聚学习方向，成为课程活动的中心，进而深化学生对大概念的学习和理解。通常情况下，主要问题是学习内容的核心问题，能够引起学生对学习内容的探究兴趣并维持这种兴趣，能够启发学生深度、持续地重新思考，能够联结学生已有的学习经验并将产生迁移到其他情境的可能，主要问题一般以 3 ~ 4 个为宜，太多就削弱了教学焦点，同时应以学生容易理解的语言进行表述。

5. 编写目标（Objectives）

一般而言，目标是从学生的学习行为角度对大概念、关键概念和主要问题的融合及阐述。比较简单的方式是依据所分析出来的主要问题进行单元目标的设定。仍以"沟通是生活必需品"为例，其单元目标可编写为：学生将会了解什么是沟通；学生将会了解沟通对人类生活很重要；学生将了解沟通会因解读不同而意义不同；学生将会了解个人以及公众沟通间的差异性；等等。

6. 开发学习活动（Activity）

一节课本身不会让学生对大概念有深入的理解，需要围绕主要问题以及单元目标组织学习活动，让学生主动讨论和探索从而建构自己的知识结构。为了更好地开发学习活动，我们可根据查莫斯（Chalmers）等对于学习活动的分类进行水平建构，[②] 即将活动分为初级活动、核心活动、探索

---

① Kajander A., Lovric M., "Understanding and Supporting Teacher Horizon Knowledge around Limits: A Framework for Evaluating Textbooks for Teachers," *International Journal of Mathematical Education in Science & Technology* 48 (2017): pp. 1 – 20.

② Chalmers C., Carter M., Cooper T., et al., "Implementing 'Big Ideas' to Advance the Teaching and Learning of Science, Technology, Engineering, and Mathematics (STEM)," *International Journal of Science & Mathematics Education* 15 (2017): pp. 25 – 43.

活动以及合成活动。其中：初级活动主要是向学生介绍主题，可以通过简短的陈述、网页、视频等让他们熟悉活动任务的背景，保证学习活动是基于学生现实知识和经验的延伸，了解学生是不是达到了开始此项挑战任务的最低先决条件；核心活动以学生小组形式展开，在核心活动的每个阶段结束时，使用针对性会议、演示、讨论以及汇报等活动进一步提升学习活动的知识建构效果，帮助学生越来越有成效地学习和解决问题；探索活动是为了帮助学生运用大概念超越思维局限，需要设计结构相似的活动，在不同的活动中，学生需要注意到相似性和差异性，建立大概念在不同案例之间的认知联系；合成活动是在学习活动结束阶段进行的，其主要目标是进行总结讨论，让学生使用目标大概念进行思维超越和学习迁移，为知识的进一步发展服务，合成活动可以通过教师主导来进行有效促进。

7. 设计评价工具（Assessment）

为了检验大概念学习是否落实，同时评价向学生传递了什么值得学习、应该如何学习以及期望如何表现的清晰信息，设计评价工具是必需的。笔者尝试构建大概念的三维立体评价空间（MSV‑3E Space），整体规划大概念的评价理念与方式，包括横向上多元的评价、纵向上适切的评价、总体上可见的评价三个维度（见图3‑6）。

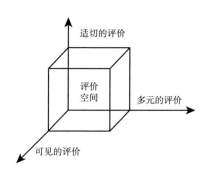

图3‑6　大概念的三维立体评价空间（MSV‑3E Space）

一是多元的评价（Multiple Evaluation，ME）。多元的评价是指在同一区间内，根据所需评价的不同内容、所需评价的不同指向选用不同的评价方式，例如标准化试卷、问卷量表、课堂观察、纸质档案袋或电子档案袋、作品展示以及项目合作等，实现过程性评价与终结性评价等多种评价方式的平衡。大概念不同于以往单一维度的学习结果，其所涉及的内涵是多元维度的，不只重视知识，同时关注能力，并且更加强调态度的作用，是知识、技能、情感、态度、价值观的结合体，这就决定了大概念的评价也必将采取多元维度的方式。

二是适切的评价（Suitable Evaluation，SE）。适切的评价关注的是每个学生的全面成长，并不是过多强调其选拔性功能，而是要发挥其反馈、调控以及改进的功能。大概念注重使每个学生都具备能够适应终身发展和社会发展的必备品格和关键能力。由于每个学生先天素质、年龄、性别、家庭环境、文化背景、学段水平等因素的不同，个体之间往往存在显著或不显著的差异，大概念的评价需要根据这些因素进行适当的调整。适切的评价要求教师准确掌握每个学生的具体情况，包括可扩大的优势、可弥补的劣势，准确分析每个学生的可提升空间，从而保证每位学生都能拥有一套量身定做的评价体系及对应标准。因此，应充分理解、尊重个体的差异性，根据学生发展的实际情况，运用适切合理的评价标准，为每个学生创造体现自身价值的机会，为每个学生提出有针对性的改进建议，力图促使每个学生都能健康、向上、全面地发展，都能够在其原有水平上获得进一步的提升和发展。

三是可见的评价（Visible Evaluation，VE）。可见的评价强调将大概念转化成为具体、可观察的学习结果，这有助于评价的科学化、合理化。无论是对于多元的评价，还是适切的评价，所开发运用的质化或量化测量工具，都应能够使学生的大概念发展对教师可见、对学生清晰、对家长明了，使学生发展进程显性化。可见的评价是评价范式进步和革新的产物，能够最大限度地开放评价、整合评价，使评价不再变得神秘莫测，同时面向教师、学生以及家长三方群体。可见的评价是促进学生学习、基于证据收集、共同建构以及全面参与的评价。可见的评价要求评价方式提供面向学生的自我管理证据，使学生清楚地看见什么样的学习更有效，触发学生不断地反思与进步；提供面向教师的学生发展证据，是教师改进教学、进行个性化辅导的基本凭证；提供面向家长的学生成长证据，使家长能够与学校实现学生培养的实时对接，从而自愿地、积极地参与到家校合作中，最终实现对于学生发展的科学评价、可见评价、公开评价。

七 大概念教学的实施策略

在大概念教学中，达成理解并不只是要求学习者对知识和技能的准确重复或者熟练操作，其更强调学习者在面对现实问题时，能独立判断使用什么、怎样使用以及为什么使用这些知识，怎样能最快速、最高效地解决当前面临的问题，学习者需要"知晓功效"且"灵活搭配"。围绕大概念的教学是多阶段、多层次、多维度的过程性与结果性议题，教师进行大概念教学时，在统合教学目标、教学内容、教学活动以及教学评价等关键要素的基础上，可通过以下三方面策略进一步提升教学成效。

（一）注重与生活世界的联系，促进学生意义探求

在科学知识爆炸性增长与存在一系列复杂社会问题的时代，OECD 在《面向 2030 的学习框架》中描述了需要塑造未来一代创造新价值、协调矛盾和困境以及承担责任等能力来面对不稳定、不确定以及不明确的未来世界，认为未来的教育需要发展与世界接触所需的相互关联的能力，学习者应该能够将他们的学习经验与现实世界联系起来，能够在学校之外的真实生活中有机会去发现所学内容之间是如何相互关联的。[1] 生活世界蕴含着无限意义，却是无序的、零碎的，教学世界虽然是理性的、抽象的，却能够将复杂、模糊、琐碎的生活世界进行抽象与概括、归纳与梳理，使其归于系统与有序。教学世界与生活世界相辅相成，尽管互相不能绝对替换，但可以融渗转化，现代教学的发展不能对于生活世界进行遮蔽，但也不能完全使用生活世界进行教学。"人在科学世界里所获得的理智方面的发展，只有回溯到现实的生活世界中才能被赋予其对人生的意义"。[2]

基于此，教师在进行大概念教学时要将抽象的教学世界中的大概念与具象的生活世界中的真实活动有机融合，实现"生活世界—教学世界—生活世界"的逻辑贯穿，通过学习大概念整体认识生活世界，找寻教学本身对于学生生活的意义所在。在这里，我们可以按照学科知识、跨学科知识、认知知识以及程序知识四方面内容以递进层次逐级展开，使教学世界

---

① 孟鸿伟：《OECD 学习框架 2030》，《开放学习研究》2018 年第 3 期，第 9～12 + 19 页。
② 项贤明：《泛教育论》，山西教育出版社，2004，第 28～32 页。

与学生生活世界平缓对接①。首先是学科知识目标，其指的是让学生了解与掌握的位于学科结构中最主要的、少而精的知识原理目标，旨在把握教学世界的主要内容与生活世界的主要特征；其次是跨学科知识目标，其指的是让学生打破学科壁垒的方法能力目标，旨在认识教学世界的相互关联与生活世界的真实情形；再次是认知知识目标，其指的是让学生识别相似问题并予以解决的思维路径目标，旨在学习教学世界的理性概括与适应生活世界的未知挑战；最后是程序知识目标，其指的是让学生发挥主观能动性的观念意识目标，旨在变革教学世界的既有框架与开拓生活世界的未来面貌。

（二）注重各教学活动之间的关联，促进学生新知理解

"我们教一门课，不是建造有关这一科目的一个小型的现代图书馆，而是使学生亲自像一名数学家那样思考数学，像一名史学家那样思考史学，使知识的获得过程体现出来。认识是一个过程而不是一种产品。"② 教学不能仅是传递关于结果的知识，而是可以还原知识产生的本来状态，让学生可以追踪、经历并获得知识的产生过程。奥苏伯尔等在阐释"先行组织者"的内容时曾指出，"一般来说，良好的组织在于，在呈现比较详细的或具体的信息以前，先把同这种信息有关的或能够包括这种信息的一般的或广泛的原则提出来。这不仅能使新信息有意义，使学生能够将易于遗忘的具体事物固着在易于记住的一般概念之上，而且能把一些有关的事实综合起来，亦即能用一个共同的原则把这些事实概括起来"，而许多教师都"犯了采用复杂的和详细的信息的错误，同时又未用有组织的、统一的或解释的原则作为说明这种信息的充分根据"。③ 也就是说，教学活动的组织需要一般的或广泛的原则（即大概念）来进行组织。

《普通高中生物学课程标准（2017 年版 2020 年修订）》强调，"教师在设计和组织每个单元的教学活动时，应该围绕大概念和重要概念展开，依据重要概念精选恰当的教学活动内容和活动方式"。在此之前，通常使

---

① 吕立杰：《大概念课程设计的内涵与实施》，《教育研究》2020 年第 10 期，第 53～61 页。

② 〔美〕J. S. 布鲁纳：《布鲁纳教育论著选》，邵瑞珍等译，人民教育出版社，2018，第 430～431 页。

③ 〔美〕D. P. 奥苏伯尔等：《教育心理学——认知观点》，佘星南等译，人民教育出版社，1994，第 443～446 页。

用的复杂和详细的信息（即教学中呈现的小而密的活动）会增加学生的认知负担，削弱学生的理解效果。在围绕大概念的教学活动组织中，教师所设计的教学活动要充分且全面地覆盖大概念的主要内容与进阶体系，引导学生用大概念的视角看待新知、运用新知、反思新知以及扩展新知，使学生有机会同时有能力在有意义的、主动的、真实的解决问题任务中创造性地运用所学到的知识与技能，发展大概念，建构自己的大概念体系。围绕大概念的教学活动需要将原来含糊、混乱、碎片化以及矛盾的活动转化为清楚、有条理、统一、有整体性的教学活动，将各类教学活动进行"活动片段 1—活动片段 2—活动片段 3——……"的有序组织。这样的教学活动具有较大程度的综合性，需要涉及大概念统摄下的相关联的概念原理才能得以解决。每一个教学活动都是围绕大概念进行一致性创建，前后衔接，整体规范，使学生在连续、有关联的活动中明确大概念的意义，避免使用虽然真实但是杂乱、虽然多元但是零散的活动影响学生对于大概念的理解。

（三）注重对基本问题的回溯，促进学生迁移应用

"要想通过课堂学习来使学生做好准备去应对他们在'真实'环境下将要遇到的一切情形，这显然是不可能的"，故而，加涅（R. M. Gogne）强调"知识的迁移常常被强调作为教育的目的，这就是说，教育不应该仅仅是关注知识的获得，而更重要的是关注知识在新的情境里的使用和泛化"。① 迁移最大化是有效教学的突出表现，能够让学生获得比有形的课堂学习更高的价值以及比具体的学习内容更多的意义。西蒙将迁移视为"能够使用学会的东西去解决新的任务"，并且"如果学生掌握了解题的基本原理，他的迁移就会容易些，否则就困难些"。② 在指向核心素养的新时代，教师在实施大概念教学时需要摆脱日益细化内容标准框架下小概念的束缚，转向开放反思与基础性的基本问题的教学。这里所讲的基本问题指的是学生的学习不是要解决某个知识点的问题，而是强调整体思考，能够串联学科知识，打破学科壁垒，渗透大概念的更加具有反思性与基础性的问题。麦克泰格和威金斯认为，基本问题"反映了对某一学科领域关键问

① 〔美〕R. M. 加涅：《学习的条件和教学论》，皮连生等译，华东师范大学出版社，1999，第 210 ~ 235 页。
② 〔美〕赫伯特·西蒙：《认知——人行为背后的思维与智能》，荆其诚等译，中国人民大学出版社，2020，第 221 ~ 223 页。

题的探究"，"我们的基本问题是指向重要的、可迁移的概念的，这些概念值得我们去理解和掌握"。"最好的问题是那些我们希望学习者能够理解的、代表大概念的顶级问题。这些问题就像通道或镜头一样，通过它们，学习者能够更好地发现和探讨基本概念、主题、理论以及暗含在教学内容中的问题"。①

一个好的基本问题是开放式的，发人深省和引人思考，需要高级思维，会指向学科内或学科间重要且可迁移的观点，能引发其他问题而进一步探究，需要证据以及证明过程而不仅仅是答案。基本问题是能够帮助学生将所学知识达到更加系统更加深入的理解与迁移的问题。基于此，大概念教学从基本问题出发，帮助学生将无关、凌乱的信息进行联系并由此得到关键性理解，同时帮助学生将基于基本问题所领悟到的大概念迁移到生活世界中的真实问题解决中。

---

① 〔美〕麦克泰格、威金斯：《让教师学会提问——以基本问题打开学生的理解之门》，俎媛媛译，中国轻工业出版社，2015，第 4～11 页。

第二部分
大概念课程与教学的实践探索

第四章　大概念课程的设计案例

目前，中国对于大概念课程的设计仍旧在探索之中，且尚未形成系统的、规范化的大概念课程设计的流程与样貌。基于此，本书选取生命教育课程、劳动教育课程以及 STEM 教育课程为个案进行设计，以期能够提供参考范例。

一　围绕大概念的生命教育课程

珍爱生命是《中国学生发展核心素养》框架中学生发展各阶段所需要的必备品格与关键能力的重要内容之一，幼小初高大生命教育课程一体化的建立需要引起足够重视。生命教育旨在让学生能够完整系统地接受生命教育，掌握生命教育的核心内容，运用生命视角去看待自身、看待他人以及看待自然。生命教育渗透到了学生成长的每一个阶段以及学生经历的每一件事情，生命教育是伴随学生一生的教育。生命教育（Life Education）起源于美国 20 世纪 60 年代对于社会中吸毒、自杀等危害生命现象的对策，是生死教育（Life-and-Death Education）的重要组成部分，一般是指引导学生正确认识和感悟生命的价值、理解和追求生命的真正意义的过程。生命教育自提出后受到新西兰、澳大利亚、加拿大以及中国等世界多个国家的重点关注并逐渐渗透到本国的教育体系中。中国教育领域对生命教育的直接关注最早源于郑晓江 2000 年 8 月在《教师博览》期刊上发表的《台湾中小学的"生命教育"课》，将台湾地区生命教育引入大陆，拉开了生命教育的研究序幕。在 2001 年 1 月 1 日至 2021 年 12 月 31 日期间，以"生命教育 & 课程"为篇名在中国知网文献出版总库搜索，结果显示中国生命教育课程主题文献共收录 471 篇，持续、深入的生命教育课程研究已经在进行中。

（一）中国生命教育的研究历程

1. 参照多地区：中国生命教育借鉴了澳美日等成功经验

生命教育理念自提出之后引起了国际学术界的广泛关注，英国、美国等国家纷纷建立本国的生命教育体系，中国港澳台地区也积累了丰富的生命教育经验。为了能够更好地发展与完善中国生命教育体系，国内研究者将多国多地区的做法进行了总结与梳理，主要包括英国、美国、日本、澳大利亚以及中国港澳台地区的生命教育，以供借鉴。

（1）美国的生命教育

美国是生命教育的发源地，在20世纪90年代时，各州生命教育已经基本普及。根据已有文献的梳理，当前美国中小学生命教育的总目标是由华特士（Walters）提出的，"作为一种终身的历程，生命教育并不只是训练学生能够谋得职业，或者从事知识上的追求，而是要引导人们充分感悟人生的意义"，具体可分为三方面的维度，包括对于生死的关注、对于人生意义的体悟以及发展成为全面的人。为了达成上述总体目标，美国中小学生命教育将其渗透到六方面的主要内容：一是死亡教育，即帮助学生正确认识死亡，学会如何应对日常生活中的不安全事件等；二是健康教育，即促进学生在身体健康、心理健康、家庭生活健康、社区健康等方面的发展；三是品格教育，即在班级、学校、家庭以及社区范围内，促进学生对于生命的尊重、理解与关心；四是个性化教育，即鼓励学生挑战权威，注重学生独立意识、自信心的培养；五是环境教育，即促进学生学会关心自然、关心环境、关心社会、关心他人，与自然环境和社会环境和谐共处；六是生计教育，即建立学生个人发展与社会发展职业需求之间的关系，让学生在更高的视角上理解生命的价值和意义。美国的生命教育渗透在各个学科课程中，并重视生命教育与生活事件之间的关联，形成了理论与实践的良性互动生命教育体系。[1]

（2）日本的生命教育

日本生命教育的萌芽出现在20世纪70年代，在90年代围绕培养中小学学生生存能力的思想建立起了基本的生命教育体系。当前日本中小学生

---

[1] 王定功、路日亮：《美国中小学生命教育探析及其启示》，《中国教育学刊》2011年第1期，第72~75页。

命教育的主要内容包括五个方面：一是余裕教育，旨在减轻学生课业负担，以"热爱生命，选择坚强"为核心让学生走进自然体验生活，恢复学生的纯真本性，有助于学生未来融入社会时的适应能力的发展；二是生存教育，旨在提高青少年的生命意识，提升生存技能以及明确生命价值，通过在生命实践基地的实践体验让青少年明白生存教育的重要性；三是安全教育，旨在让学生掌握对生活中各类事故防范和处理的安全知识，例如预防伤害事故、预防疾病等，并编写多本防灾避难手册给学生免费发放，保障学生生命安全；四是心灵教育，旨在培养学生热爱生命、奉献社会的生命观念，主要通过创设社区体验活动场所、带领学生走进大自然、定期组织爱心服务以及开设心理咨询室等方式进行；五是性教育，旨在培养学生正确的性意识、性道德和性观念，通过性学习和性指导两方面的内容帮助学生端正性态度，获得具体解决性问题的能力。日本的生命教育覆盖面广，体系较为完善，全方位打造了以青少年成长为核心的生命教育体系。①

（3）澳大利亚的生命教育

澳大利亚生命教育主要由始建于 1979 年的非政府机构的生命教育中心（Life Education Australia，LEA）负责，其宗旨是让所有澳大利亚人都能享受生活，远离吸毒的危害。为此，LEA 围绕学前、小学、中学以及家庭的生命教育开发了对应课程。其中：学前阶段的生命教育课程主要是为了帮助儿童养成健康和安全的生活方式，包括身体、个人卫生、安全、锻炼、营养、睡眠和关系等七个方面的内容，使用的教学方法有讲故事、木偶戏、小组活动等；小学阶段的生命教育课程的主要目标是让学生获得做出积极健康选择的能力，以健康的长颈鹿为形象为小学低、中、高三个不同学段开发了对应的学习模块，通过视频观看、课后测验以及问题解决模块让学生获得应对不安全情况以及社会两难问题的技能和方法；中学阶段的生命课程围绕毒品教育展开，通过提供不同内容三个模块的学习让学生提升对于健康和药品问题的认识，并且依靠以学生为中心的互动活动促进学生对健康生活的理解；家庭的生命教育课程主要通过举办家庭论坛来促进家长与孩子之间支持性的、放松的交流，培养学生坚定的意志，降低吸毒的可能性。总体而言，澳大利亚生命教育课程注重目标和内容的连续性

---

① 郑晓华、李晓培：《日本中小学生命教育探析及其启示》，《基础教育课程》2020 年第 3
期，第 114～120 页。

以及内容和方法的趣味性，并且在学校、家庭以及社区之间建立了广泛的支持联系。①

（4）中国港澳台地区的生命教育

近年来，中国大陆生命教育学者对于港澳台地区的生命教育十分关注，相关研究具有现实价值与长远意义。中国台湾地区于20世纪末便开设了生命教育课程，并将2001年定为台湾地区的"生命教育年"，2008年发布《普通高级中学选修科目"生命教育"课程纲要》，2013年，台湾大学成立"生命教育研发育成中心"，2014年发布《生命教育推动方案（2014—2017）》，台湾生命教育通过全面而有力的生命教育政策在幼儿、小学、中学以及大学阶段普及生命教育理念，推动生命教育的全面发展。②中国香港地区在2003年推行《活在彩虹上——幼儿生命教育计划》后，开始面向小学、中学以及大学学生进行生命教育理念的普及。香港地区生命教育的实施途径包括三种：一是在学科课程中有机渗透，把生命教育带入学科课程，把学科课程带入生命教育；二是在专题教育中重点突出，通过学校以及社会其他组织举办的"爱自己""积极生命"的专题教育灵活实施生命教育的内容；三是在课外活动中体验生命，让学生在大自然之旅、文化之旅的过程中互相关怀，在实践生活中体验生命带来的意义。③中国澳门地区对于生命教育的探索起步较晚，以澳门镜湖护理学院为发起者和倡导者，该学院于2012年面向护理专业的学生开设生命教育课程，采用教学为中心、科研为导向、社会服务为实践相结合的教育模式开展教育活动，其中在教学方面主要涵盖了生命的意义和本质、正确认识死亡与失落等，在科研方面主要是进行生命教育需求评估与效果评价以保障生命教育的效果，在社会服务方面主要是通过举办讲座、参观实践等形式向市民传达珍惜生命、活好当下的主旨。综合来看，中国港澳台地区的生命教育正在蓬勃地发展与完善中。

2. 聚焦多学段：中国生命教育遍及幼小初高大各个学段

学生生命教育是教育的永恒主题，是《中国学生发展核心素养》中学

---

① 韩芳：《澳大利亚中小学生命教育课程的架构与特征》，《现代中小学教育》2015年第10期，第108~111页。

② 赵立周、程文：《推动生命教育：台湾在行动——台湾地区〈生命教育推动方案（2014—2017）〉解读》，《世界教育信息》2015年第22期，第62~67页。

③ 李欣：《香港生命教育及其对内地的启示》，《现代教育论丛》2009年第12期，第31~34+67页。

生发展各阶段所需要的必备品格与关键能力的重要内容。当前，中国生命教育已经遍及幼小初高大各个阶段。

（1）幼儿阶段的生命教育

幼儿生命教育是个体生命教育的起始阶段，幼儿时期的生命教育会在其一生中对生命以及对世界产生重要的、长期的影响。中国幼儿生命教育以《幼儿园指导纲要》（2001）、《幼儿园工作规程》（2015）为指导深入展开，包括对于幼儿生命教育的价值研究、困境研究以及策略研究。幼儿阶段是学生未来成长的奠基阶段，幼儿生命教育是帮助学生认识到生命的重要性并获得珍惜以及尊重生命的信念。① 当前，中国幼儿生命教育面临的困境主要体现在两个方面：一是缺乏系统、适宜、全面的生命教育课程设置，课程内容碎片化、成人化以及社会化比较严重，幼儿看到的不是自己的世界而是晦涩的生活；二是"不让孩子输在起跑线上"的观念充斥在教师、家长以及社会中，"幼儿小学化"现象十分普遍。② 对此，有学者指出开展幼儿生命教育需要集合地方教育行政部门、幼儿园、家长以及社会等多方资源的共同支持，加速幼儿生命教育课程的整体改革与质量提升。③

（2）小学阶段的生命教育

小学生命教育重点关注了问题现状、原因剖析与提升策略两方面的研究，并以个案进行了深度阐述。根据相关研究，小学生命教育面临着学生生命状态不佳、生命意识不强、教学形式单一、教师生命教育素养不高等多方面多维度的问题。④ 而产生这些问题的原因包括物质化的社会不良风气环境、功利性的学校知识灌输教育以及无尽头的家庭重智轻德期望等，这三方面的原因让小学生的精神世界出现扭曲、空虚与压抑，没能及时获得自我保护的能力以及生命意义的感悟，最终酿成了悲剧。⑤ 对此，部分研究者指出，小学生命教育应强调在小学阶段进行生命教育的重要性，充

① 余萍：《幼儿生命教育的价值及实施途径》，《赤峰学院学报》（自然科学版）2017 年第 21 期，第 222～223 页。
② 刘丁玉、易连云：《幼儿生命教育的实质及其实施建议》，《四川文理学院学报》2017 年第 5 期，第 102 页。
③ 董微：《幼儿生命教育的困境及相关策略研究》，《成功》（教育）2011 年第 24 期，第 161 页。
④ 卢永环：《小学生命教育现状及对策研究》，延边大学硕士学位论文，2011，第 2～15 页。
⑤ 陈海军：《叩问生命的意义——小学生命教育的现状及问题研究》，《课程教育研究》2012 年第 20 期，第 47 页。

分争取社会、学校以及家庭的三方合力，开发生命教育校本课程模式，围绕"认识生命、珍惜生命、敬畏生命、尊重生命、热爱生命、发展生命"等主题开展教育活动等，[①] 提升小学生命教育效果，促进学生身心健康发展。此外，部分小学以生命教育作为学校特色进行开发，例如江苏省南通市行知小学的生命教育校园文化建设、河南省郑州市郑东新区众意路小学和广东省广州市番禺区傍西小学的生命教育校本课程等。

（3）初中阶段的生命教育

截至 2021 年 12 月 31 日，初中生命教育文献共计 584 篇，研究重点不再过分关注于对生命教育本身意义和价值的探讨，而是深度挖掘生命教育在学校中的具体落实。这主要包括三方面的内容：一是生命教育与各学科课程之间的相互联系及在各学科课程内的融入与渗透，例如在语文课程[②]、生物课程[③]以及思想品德课程[④]中的融入；二是生命教育在初中学校实践活动中的体现，例如广东省中山市旭日初级中学在班级团队活动、纪念日教育活动、学生社团活动、社会实践活动、校园文化活动、家校沟通和网络教育等中突出生命教育的理念[⑤]；三是对于省（市）域内初中学校生命教育成效的考察，例如有学者对河南省邓州市初中生命教育进行了调查，调查发现邓州市教育行政部门的工作规划以安全教育为主，学校生命教育的内容也围绕安全问题的防范展开，社会其他部门会在每年的普法月进入学校进行守法方面的报告会，让在校学生保护自身安全，珍爱生命。[⑥]

（4）高中阶段的生命教育

高中阶段是塑造学生人生观、价值观与世界观的关键阶段，对生命意义的理解和认识水平决定着高中生走向大学或者走向社会后以怎样的态度

---

① 曾佑来：《小学生命教育课程开发研究》，辽宁师范大学硕士学位论文，2014，第 6~22 页。

② 胡欣：《生命教育理念下的初中语文课堂的重构》，《现代教育科学》2010 年第 10 期，第 72~73 页。

③ 杨守菊：《初中生物学教学中融入生命教育的建议》，《生物学教学》2016 年第 3 期，第 73~74 页。

④ 张毅：《初中政治教师加强学生生命教育的若干对策》，《中学政治教学参考》2008 年第 3 期，第 9~11 页。

⑤ 张巨生：《中山市旭日初中生命教育实践研究》，湖北大学硕士学位论文，2015，第 11~15 页。

⑥ 彭淼：《河南省初中生命教育现状及对策研究》，河南师范大学硕士学位论文，2015，第 22~30 页。

和行为对待自己的生命以及他人的生命，因此，高中阶段的生命教育显得
尤为重要。当前我国对于高中阶段生命教育的研究依旧强调了在各个学科
课程中的渗透，并且关注了心理辅导对于高中生命教育的价值和意义，可
以通过所设计的心理互动活动完成学生心灵的成长。[①] 此外，高中生命教
育在空间上得到了扩展，关注了农村高中学生以及少数民族高中学生的生
命教育现状，例如对于仫佬族地区高中生命教育的调查发现，16.7%的学
生指出所在学校没有进行过生命教育，59.9%的学生指出学校很少进行生
命教育，60.5%的学生不太清楚什么是生命教育等，结论强调加强仫佬族
地区的生命教育课程以及教材建设已经迫在眉睫。[②]

（5）大学阶段的生命教育

在大学阶段，尽管大学生已经具备了相对成熟和稳定的生命意识，但
是近年来有关大学生自杀事件以及暴力事件的新闻屡见报端，大学生对于
生命的冷漠已经引起了学校以及社会各界对大学生生命教育的重视。直至
2005年，大学生生命教育才进入教育研究者的视野。当前有关大学生生命
教育的研究重点放在两个方面：一是基于生命教育的大学校园景观设计研
究，例如东北电力大学运用校园中的建筑景观、园林景观以及小品景观表
达出生命教育的意义，潜移默化地影响学生的行为和观念；[③] 二是基于生
命教育的不同类型院校的课程建设研究，例如医学类大学中的河北医科大
学运用人体生命科学馆进行本科生生命教育实践，[④] 理工类大学生中的西
安邮电大学基于中国传统文化进行生命教育，[⑤] 综合类大学中的汕头大学
将生命教育与户外教育相结合，让学生体验生命的意义等。[⑥]

① 袁章奎：《有限生命无限可能——一堂高中生命教育心理辅导课实录》，《中小学心理健康教育》2009年第20期，第36~37页。
② 何朝峰、刘雪珍：《仫佬族地区普通高中生命教育的现状与对策》，《河池学院学报》2013年第6期，第60~63页。
③ 韩沫、赵朋云：《基于生命教育的大学校园景观设计研究》，《课程教育研究》2019年第18期，第37、40页。
④ 刘丹妮、朱冰川、王梦瑶：《人体生命科学馆对医学生开展生命教育的实际效果和人文价值——以河北医科大学为例》，《教育教学论坛》2019年第50期，第55~56页。
⑤ 刘娜：《基于中国传统文化的大学生生命教育调查分析——以西安邮电大学为例》，《产业与科技论坛》2016年第9期，第106~108页。
⑥ 陈益纯、魏思冉、李然：《高校户外教育中的生命教育探讨——以汕头大学户外教育的探索与实践为例》，《教育观察》2019年第19期，第82~84页。

3. 渗透多课程：中国生命教育在语文等各课程均有体现

华特士指出，"生命教育是为学生快乐而成功地生活准备的教育活动，是一种以提升学生的精神生命为目的的教育活动"。[①] 生命教育致力于提升学生对于生命的感悟与理解，是对教育本真的内在追求。中国生命教育幼小初高大等各学习阶段广泛开展实践活动，积极致力于将生命教育理念在各学科课程以及其他类型课程中有所体现，丰富生命教育的实践样态，目前主要体现在绘本课程、生物课程、语文课程以及道德类课程的课程实践中。

（1）绘本课程中的生命教育

绘本直观形象，通俗易懂，符合幼儿认知思维发展水平，往往是幼儿教育的重要载体。幼儿在绘本阅读过程中能够与故事中的角色产生共鸣，获得情感发展。基于绘本课程的生命教育能够将珍爱生命、尊重生命等生命教育中抽象性的内容具象化，通过图片或者文字构建出贴近幼儿真实生活的生命故事，例如绘本故事《猜猜我有多爱你》《爱心树》《一片叶子落下来》中向幼儿传递着幸福与爱，让幼儿在阅读过程中产生对生命的感悟以及对爱的理解等。[②] 教师在使用绘本进行幼儿生命教育时，需要基于幼儿的生活经验确定生命教育主题，然后在进行绘本选择时，要考虑到不同幼儿思维发展水平，注意绘本色彩的设置以及故事的完整性等，此外，教师还需要具备自创绘本的能力，结合多种绘本形式以及生命教育的实际情况进行创作等。[③] 为了能够更好地利用绘本进行幼儿生命教育，辽宁省大连市普兰店区幼儿园设计并布置了"绘本长廊"，依托"绘本长廊"进行多种形式的生命教育活动，包括自由阅读、伙伴阅读、亲子阅读、集体阅读以及系列主题等形式。[④]

（2）生物课程中的生命教育

生物课程是以研究生命现象、生命活动规律以及生命与周围环境的关系为核心的学科课程，既能够从生态角度解释生命的进化历程，也能够从分子角度解释生命的成长演变。生物课程中有关生命的内容是教师进行生命教育的客观基础，以生物课程为载体的生命教育主要面向初中、高中及

---

① 〔美〕杰·唐纳·华特士：《生命教育：与孩子一同迎向人生挑战》，林莺译，四川大学出版社，2006，第26～34页。

② 余佩融：《绘本在儿童生命教育中的运用研究》，《现代装饰》（理论）2014年第4期，第215页。

③ 敖琪：《以绘本为载体开展幼儿生命教育的实践研究》，长春师范大学硕士学位论文，2019，第5～12页。

④ 宫淑萍：《谈如何利用"绘本长廊"对幼儿进行生命教育》，《才智》2019年第34期，第209页。

以上阶段。基于生物课程的生命教育要充分利用该课程的课程资源展开，站在科学的视角上培养学生的生命情感，提升学生的生命思考，强化学生的生命意识。① 目前，生物课程通过两个方面进行生命教育：一方面，以基础的生物学知识触发对自然界生命规则的深刻认识，例如通过思考细胞生命的变化来体会人类从出生到死亡的阶段，建立起科学的生死观念，通过对生态系统基本构成的考察，感受生物之间的和谐关系；另一方面，以严谨的生物学实验培养对生命本身的尊重和热爱，例如通过练习人工呼吸等模拟急救，学会保护生命安全的基本方法，通过放生观察尾鳍内血液流动实验的小鱼，学会懂得善待一切生命等。②

（3）语文课程中的生命教育

无论是小学语文课程还是大学语文类课程，语文课程在对于生命意义的解释以及生命价值的彰显上都有着独特的优势。中国的语文课程包含着古往今来众多文人志士对于生命的讴歌与赞美，有着丰富以及具体的形象内容和深厚饱满的情感熏陶，在多个篇目中透露出对生命的敬畏，例如舒婷的诗歌《双桅船》、沈从文的《边城》、史铁生的《我与地坛》等。因此，将生命教育渗透到语文课程中的每一个环节，能够唤醒学生的生命意识，培养学生对于生命真谛的感悟。目前来看，在语文课程中进行生命教育主要围绕美文阅读、练笔写作以及情境实践三方面进行。在美文阅读方面，学生通过不同视角、不同层次对文学作品内容价值的探索和浸润，感受生命带来的触动；③ 在练笔写作方面，教师可以引导学生在文章学习后联系自己的人生经历写下自己独特的生命感悟④；在情境实践方面，教师通过组织有关生命教育的班会、辩论会、演讲比赛等，还可以组织学生深入社区探访孤寡老人，调查居民生存状况等，深化学生对生命的理解。⑤

（4）道德类课程中的生命教育

道德类课程主要包括"道德与法治""思想品德""思想道德修养与

---

① 范洁：《生命教育在高中生物教学中的有效渗透》，《名师在线》2018 年第 18 期，第 53～54 页。
② 李文颖：《关注生命——再谈生物学教学中的生命教育》，《中学生物教学》2003 年第 12 期，第 30～31 页。
③ 罗玉婵：《点亮心灯，珍视生命——语文教学如何渗透生命教育》，《南方论刊》2011 年第 1 期，第 94、170 页。
④ 李瑞杰：《论生命教育在中学语文教学中的渗透》，湖南师范大学硕士学位论文，2016，第 6～32 页。
⑤ 莫为：《显隐结合：将生命教育融入语文教学》，《语文建设》2018 年第 8 期，第 8～12 页。

法律基础"等课程。生命教育不仅仅包括对自然生命的敬畏，同时还包含着对社会生命的认同，而社会生命层面的教育离不开道德教育，更离不开道德类课程，道德类课程引导学生成为有道德之人，使生命趋向真善美，其本身蕴含着生命教育的内核，因而将生命教育融入道德教育是十分必要的。[1] 事实上，道德与生命是不可分割的，生命教育不能"去道德化"，不能为了保护自然生命的安全，而失掉了道德的崇高与伟大。通过对于道德类课程的学习，学生得以思考人为什么活着，人怎样才能活着以及人怎样活出生命的风采等生命教育的核心问题，获得生命意识、生存能力以及生命价值，让短暂的生命受到多方面的道德关怀。[2] 目前，在道德类课程中融入生命教育的方式多种多样，这包括通过人生观教育让学生将生命与社会大潮联系起来，树立正确看待物质生活与精神生活的诸多问题的意识，通过法治观教育让学生意识到维护自身生命权利的重要性。[3]

（二）生命教育大概念的基本内容

生命教育大概念隐藏在纷繁复杂的形式中，如何合理适切地来寻找及遴选真正的大概念，是进行幼小初高大生命教育课程设计的关键所在。目前比较常用的遴选大概念的方式是标准演化，即许多课程文件、课程标准或者内容标准中陈述或者暗示了大概念，例如以重要概念、关键概念、重要原则等出现的陈述语句，反复出现的关键名词、形容词和动词等，教育者需要认真解析标准，将具体的、大量的、零散的知识内容聚焦在大概念的框架之中。基于此，研究收集 2001 年以来中国生命教育相关文件或标准进行梳理聚类，如表 4-1 所示。经分析，研究共得出生命与自然、生命与自我以及生命与社会 3 组大概念群，共计涵盖 7 个大概念，生命与自然、自我以及社会形成相互支撑的正四面体空间构型，如图 4-1 所示，具体阐述如下。

[1] 刘济良、赵荣：《生命教育：道德教育的核心》，《课程·教材·教法》2013 年第 9 期，第 96~98 页。
[2] 冯建军：《走向道德的生命教育》，《教育研究》2014 年第 6 期，第 33~40 页。
[3] 吴磊：《生命教育融入"思想道德修养与法律基础"课程的实践》，《文教资料》2019 年第 15 期，第 157~158 页。

表 4 - 1　2001 年以来中国生命教育相关文件或标准

序号	发布年份	文件名称
1	2001	《幼儿园教育指导纲要》
2	2004	《关于进一步加强和改进未成年人思想道德建设的若干意见》
3	2004	《辽宁省中小学生命教育专项工作方案》
4	2005	《上海市中小学生命教育指导纲要》
5	2005	《湖南省中小学生命与健康教育指导纲要（试行）》
6	2005	《黑龙江省中小学生命教育指导意见》
7	2007	《中小学公共安全教育指导纲要》
8	2008	《云南省关于实施生命教育、生存教育、生活教育的决定》
9	2011	《义务教育语文等学科课程标准（2011 年版）》
10	2012	《3—6 岁儿童学习与发展指南》
11	2016	《中国学生发展核心素养》
12	2018	《关于学前教育深化改革规范发展的若干意见》
13	2018	《普通高中课程方案和语文等学科课程标准（2017 年版）》

资料来源：笔者根据公开资料整理而得。

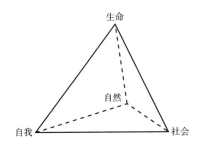

图 4 - 1　生命教育大概念群的相互支撑关系

1. 大概念群：生命与自然

生命与自然主要从自然的视角去认识生命与尊重生命，包括对于自然界中生命种类的认识、生命现象的感悟以及生命规律的探索等，同时能够与自然界中的其他生命和谐相处，具有热爱自然、保护自然的意愿及行为等。生命与自然主要包括三个大概念，分别是：地球上的生物具有多样性；生物的行为能够适应环境的变化；生物之间存在相互依存的关系。

2. 大概念群：生命与自我

生命与自我主要从个体的视角去珍爱生命与理解生命，包括个体能够保护自身的生命安全、养成良好的生活习惯、防范侵害、远离毒品等，同时还包括个体对生命的意义精神化的领悟以及感受内在的生命力量和生命追求。生命与自我主要包括两个大概念，分别是：每个个体的生命都是十分宝贵的；生命赋予人类存在以及追求理想的可能。

3. 大概念群：生命与社会

生命与社会主要从社会的视角去体现生命与发展生命，包括个体能够在社会关系中彰显自身的生命价值，充分发挥个体对社会发展的贡献，同时个体能够综合利用社会资源促进生命解放，提升生命质量，让生命价值得到升华。生命与社会主要包括两个大概念，分别是：个体生命有着多重社会角色；个体能够为社会发展做出贡献。

（三）生命教育课程的一体化设计

当前，有关大概念在课程领域的探索已经受到了世界各国教育研究者的重视，成为当前国际课程改革的重要议题，例如美国《下一代科学标准》中对于跨领域概念的研究，加拿大英属哥伦比亚省实施了围绕内容—课程素养—大概念的整体化课程改革以及日本 2017 年发布的《学习指导要领》围绕大概念进行了各门学科课程的一体化实施等。经分析发现，围绕大概念进行幼小初高大生命教育课程的一体化设计需要深刻把握与科学厘定 3 组大概念群以及 7 个大概念在幼小初高大各阶段的具体内容以及相互联系。在这里，我们依据生命教育相关的理论挖掘、文本分析与专家咨询，获得了如下幼小初高大生命教育课程一体化设计的思路。以下将就每一个大概念组的内容主旨、大概念以及内容体系进行具体阐述。[1]

1. 生命与自然

核心主旨：主要从自然的视角认识生命，识别生命现象，理解生命规律。

大概念：地球上的生物具有多样性；生物的行为能够适应环境的变化；生物之间存在相互依存的关系。

该内容体系的导航图如图 4 - 2 所示。

2. 生命与自我

核心主旨：主要从个体的视角保护生命，让个体具备保护生命健康的能力，并在此基础上进行自我生命规划。

大概念：每个个体的生命都是十分宝贵的；生命赋予人类存在以及追求理想的可能。

---

[1] 李刚、姜舒：《围绕大概念构建幼小初高大生命教育一体化课程的思考》，《生活教育》2020 年第 12 期，第 39～43 页。

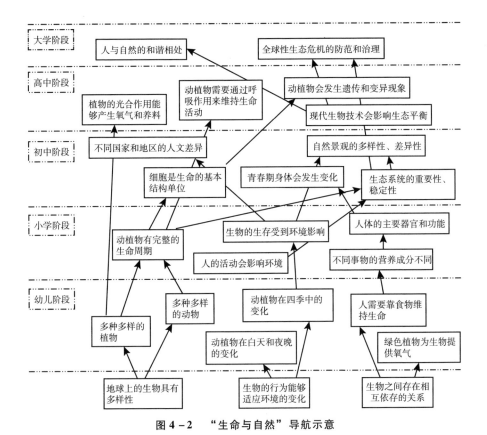

图4-2 "生命与自然"导航示意

该内容体系的导航图如图4-3所示。

3. 生命与社会

核心主旨：主要从社会的视角审视，找寻生命的社会意义。

大概念：个体生命有着多重社会角色；个体能够为社会发展做出贡献。

该内容体系的导航图如图4-4所示。

围绕大概念进行幼小初高大生命教育课程的一体化设计的确为完善中国生命教育体系提供了建设思路，但是学生只有在学校、家庭、社会以及政府管理部门的共同关怀下，浸润在生命教育的环境中，经历和思考有关生命的现实事件，才能更好地理解和领悟有关生命的价值和意义，仅仅在学校里的生命教育是割裂的、单薄的。因此，该生命教育课程一体化设计的具体实施需要紧紧环绕学生生活的每一处空间，使得学校学的、家长教的、社会遇见的以及政府管理部门导向的呈现一致性与全方位性，提升生命教育的质量。

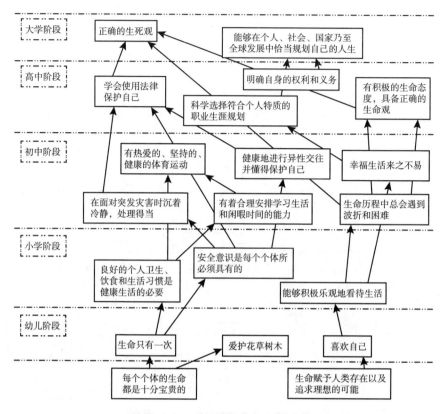

图 4-3 "生命与自我"导航示意

二 围绕大概念的劳动教育课程

马克思强调，"未来教育对所有已满一定年龄的儿童来说，就是生产劳动同智育和体育相结合，它不仅是提高社会生产的一种方法，而且是造就全面发展的人的唯一方法"。[1] 2015 年 7 月，教育部、共青团中央、全国少工委印发《关于加强中小学劳动教育的意见》，指出"通过劳动教育，提高广大中小学生的劳动素养"，"各地各校可结合实际在地方和学校课程中加强劳动教育"。2020 年 3 月，中共中央、国务院印发《关于全面加强新时代大中小学劳动教育的意见》，指出"将劳动教育纳入中小学国家课程方案和职业院校、普通高等学校人才培养方案，形成具有综合性、实践

---

① 中共中央编译局编《马克思恩格斯选集》第 2 卷，人民出版社，2012，第 230 页。

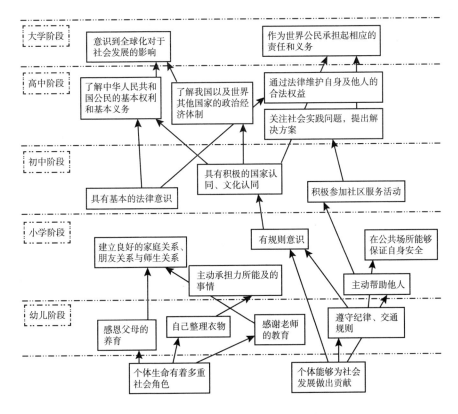

图 4 – 4 "生命与社会"导航示意

性、开放性、针对性的劳动教育课程体系"。① 新时代中国特色劳动教育课程体系建构应着眼于培养能够担当民族大任的社会主义建设者和接班人的根本任务,整体规划与全力推进大中小学劳动教育课程的一体化建设。

新时代大中小学劳动教育课程形式多样,内涵丰富,劳动教育课程的本质是通过劳动培养学生劳动习惯,树立学生劳动意识,强化学生劳动观念,让学生在劳动中磨砺劳动品质,成就劳动素养。这就要求大中小学劳动教育课程的一体化建设需要在思想高度上深刻理解,在方法策略上突破创新,在实践设计上深耕挖掘。当前,中国课程改革正处在关键时期,教育部于 2018 年印发《普通高中课程方案和课程标准(2017 年版)》,强调

---

① 《中共中央国务院关于全面加强新时代大中小学劳动教育的意见》,http://www.moe.gov.cn/jyb_ xxgk/moe_ 1777/moe_ 1778/202003/t20200326_ 435127.html,最后检索日期:2020 年 3 月 31 日。

以学科核心素养为纲、以学科大概念为核心，进行课程内容的组织与教学活动的设计。2019 年 1 月，教育部召开义务教育课程修订启动会，全面修订义务教育课程方案及各学科标准，修订组初步探讨将继续以大概念为核心进行各学科课程内容的遴选与展开等。基于此，我们在大概念视域下进行新时代中国大中小学劳动教育课程的思考与设计，与国家课程改革的总体要求保持一致，实现整体优化学校劳动教育课程设置。①

（一）劳动大概念的基本内容

德雷克（Drake）指出，知识越能联结越能产生学习，且越能应用于我们学习。因而，如果能够以大概念的方式进行课程组织与教学设计，则能够有效降低学生大脑的学习负荷，更能产生有意义的学习。② 因此，确认并使用劳动教育中的大概念进行中国大中小学劳动教育课程的组织与设计将在一定程度上让学生感受到劳动的意义和价值。劳动教育大概念隐藏在纷繁复杂的形式中，如何合理适切地来寻找及遴选真正的大概念，是进行大中小学劳动教育课程设计的关键所在。目前比较常用的遴选大概念的方式是标准演化，即许多政策文本、课程文件、课程标准或者内容标准中陈述或者暗示了大概念，例如以重要概念、关键概念、重要原则等出现的陈述语句，反复出现的关键名词、形容词和动词等，教育者需要认真解析标准，将具体的、大量的、零散的知识内容聚焦在大概念的框架之中，例如《关于加强中小学劳动教育的意见》（2015）中指出"促进形成良好的劳动习惯和积极的劳动态度"等，《关于全面加强新时代大中小学劳动教育的意见》（2020）中提出培养勤俭、奋斗、创新、奉献的劳动精神等，其中劳动习惯、劳动态度以及劳动精神在多个文件中反复出现，故而将其纳入劳动教育大概念中，而这些大概念需要进行进一步的阐释演绎，形成系统的大概念网络。基于此思路，研究收集 2001 年以来中国劳动教育相关文件或标准，如表 4 - 2 所示。研究通过对文件或标准中的参考句/参考点（一个参考句包括多个参考点）的聚类析出得到 5 个大概念以及与大概念相对应的 13 个子概念，具体阐述如下。

---

① 李刚、吕立杰：《大概念视域下我国大中小学劳动教育课程一体化建设的思考》，《教育科学》2020 年第 5 期，第 19～26 页。

② Drake S., *Creating Integrated Curriculum: Proven Ways to Increase Student Learning*（Corwin Press, Thousand Oaks CA, 1998），pp. 93 – 113.

表 4 - 2　2001 年以来中国劳动教育相关文件或标准

序号	发布年份	文件名称
P1	2001	《基础教育课程改革纲要（试行）》
P2	2004	《关于进一步加强和改进大学生思想政治教育的意见》
P3	2010	《国家中长期教育改革和发展规划纲要（2010—2020）》
P4	2011	《义务教育语文等学科课程标准（2011 年版）》
P5	2013	《关于推进中小学教育质量综合评价改革的意见》
P6	2015	《关于加强中小学劳动教育的意见》
P7	2018	《普通高中课程方案和语文等学科课程标准（2017 年版 2020 年修订）》
P8	2019	《中国教育现代化 2035》
P9	2019	《关于深化本科教育教学改革全面提高人才培养质量的意见》
P10	2020	《关于全面加强新时代大中小学劳动教育的意见》

资料来源：笔者自行梳理。

1. 大概念：劳动技能

劳动技能是指人们在劳动实践中积累起来的经验以及使用这些经验顺利完成劳动任务的能力。劳动知识与劳动技术是形成劳动技能的基础，劳动技能是需要经过训练获得的思维方式与行为方式。劳动技能主要包括两个子概念，分别是劳动知识与劳动技术。其中：劳动知识是指劳动者在劳动过程中所形成的普遍经验，包括基本的生活劳动知识和生产劳动知识，例如家务劳动知识、工具构造知识等；劳动技术是指劳动者在劳动过程中对于劳动知识的运用，是劳动者从事生产劳动的前提条件，例如电器的修理技术、农耕工具的使用技术等（见表 4 - 3）。

表 4 - 3　劳动技能大概念

大概念（参考句）	参考句/参考点（斜体加粗）举例	析出子概念（参考点）
劳动技能:劳动者需要具备一定的知识和技术才能开展劳动（11）	·了解历史上**劳动工具**的变化和主要劳作方式（P7） ·概述人类社会发展的一般过程，如**社会形态**、**生产工具**、文明程度等（P4） ·现代农业技术对提高农业生产水平的作用（P4） ·进行手工制作、电器维修、**班务整理**、**室内装饰**、勤工俭学等实践活动（P6） ·认识大机器生产、工厂制度、**人工智能技术**等对人类劳作方式及生活方式的影响（P7） ·化肥的生产**与使用**（P4） ·化工厂、农科站和养殖（种植）场等都蕴含着丰富的课程资源（P4）	劳动知识(14) 劳动技术(13)

资料来源：笔者自行梳理。

2. 大概念：劳动习惯

劳动习惯是指人们在经常性的劳动实践过程中所巩固起来的自动化地进行劳动的需要或倾向。良好的劳动习惯使人们在一定情况下自主、自动、自愿地进行劳动，并将劳动视为生活的需要，反映了个体劳动的潜意识自觉和潜意识自律。劳动习惯主要包括两个子概念，分别是劳动自立和公益劳动。其中：劳动自立是指个体具有独立进行生产生活劳动并能自主处理劳动事务的能力，例如生活自理、家务劳动等；公益劳动是指个体自动自愿、不计报酬服务于公益事业的劳动，例如看望孤寡老人、维护公共卫生等（见表4-4）。

表4-4 劳动习惯大概念

大概念 （参考句）	参考句/参考点（斜体加粗）举例	析出子概念 （参考点）
劳动习惯:良好的劳动习惯是人们追求幸福生活的基础 （12）	· 学习**料理自己的生活**,养成良好的生活习惯(P2) · 生活中自己能做的事情自己做(P4) · 形成良好的学习、**劳动习惯**和生活态度(P4) · 让学生学习日常**生活自理**,感知劳动乐趣(P10) · 选择一些自己可以承担的家务劳动,坚持去做(P2) · 让学生做好个人清洁卫生,**主动分担家务**(P10) · 具有劳动自立意识(P10) · 社会实践与专业学习相结合、与服务社会相结合(P2) · **积极参与公共生活、公益活动,自觉爱护公共设施**,遵守公共秩序(P4) · 加强城乡交流活动,组织学生学工学农(P6) · 适当参加**校内外公益劳动**(P10)	劳动自立(14) 公益劳动(13)

资料来源：笔者自行梳理。

3. 大概念：劳动态度

劳动态度是指人们对劳动有组织的、稳固的心理反应，包括对劳动的认识、情感以及行为倾向等。劳动态度反映了人们对劳动的根本认识以及所采取的行动，直接决定着劳动行为的发生、发展与变化。端正劳动者的劳动态度是劳动教育课程的重要内容。劳动态度主要包括三个子概念，分别是自觉劳动、热爱劳动和诚实劳动。其中：自觉劳动是指个体能够清楚认识到劳动的内在价值而有意识进行劳动的行为倾向，例如主动分担家务、尊重劳动成果等；热爱劳动是指个体对于劳动有着深厚的情感，充满劳动热情、珍惜劳动果实以及积极投身劳动的意愿；诚实劳动是指个体在从事劳动过程中将劳动视为应尽的职责和义务，认真负责、遵纪守法的道德意识（见表4-5）。

表4-5　劳动态度大概念

大概念 (参考句)	参考句/参考点(斜体加粗)举例	析出子概念 (参考点)
劳动态度: 个体对劳 动的认识 影响着 劳动行为 (12)	·养成自尊自律、乐观向上、**勤劳朴素**的态度(P4) ·**主动分担家务**,有一定的家庭责任感(P4) ·加强劳动教育,培养学生**热爱劳动**、热爱劳动人民的情感(P3) ·形成**热爱劳动**、注重实践、**崇尚科学**等个性品质(P4) ·勤俭节约、热爱劳动(P5) ·梳理**崇尚劳动**、**热爱劳动**的观念(P7) ·关心了解周围不同行业的劳动者,感受并感激他们的劳动给人们 带来的便利,**尊重**并珍惜他们的劳动成果(P4) ·搜集生活中人们**辛勤劳动**、**诚实劳动**、创造性劳动的事例(P7) ·强化诚实合法劳动意识(P10)	自觉劳动(13) 热爱劳动(12) 诚实劳动(7)

资料来源:笔者自行梳理。

4. 大概念:劳动精神

劳动精神是指人们努力完成劳动任务所体现出来的信心、意志、勇气以及智慧,是所有劳动者的精神合体。劳动精神是对劳动实践中广大劳动者的高度肯定,是在长期劳动中沉淀起来的实践结晶,是谱写新时代劳动者之歌的内核,以劳模精神和工匠精神为主要代表。劳动精神主要包括三个子概念,分别是实干精神、奉献精神和创新精神。其中:实干精神是指个体在劳动过程中表现出的高度的责任使命感、艰苦奋斗的作风与百折不挠的毅力;奉献精神是指个体在劳动过程中为了维护集体利益或他人利益而舍弃自身利益的高尚品格;创新精神是指个体在劳动过程中能够综合运用新知识、新方法与新观念进行创造发明的勇气和积极品质(见表4-6)。

表4-6　劳动精神大概念

大概念 (参考句)	参考句/参考点(斜体加粗)举例	析出子概念 (参考点)
劳动精神: 劳动者在 劳动过程 中所体现 的智慧与 勇气是人 类最美好 的品质(10)	·感受作品中革命志士、英雄人物和劳动模范的艺术形象(P7) ·培育**工匠精神**,增强**劳动观念**(P7) ·弘扬**劳动精神**,教育引导学生**崇尚劳动**、**尊重劳动**,树立依靠**辛勤劳动**创造美好未来的观念(P8) ·如何成为知识型、**技能型**、**创新型**劳动者(P7) ·培养科学精神,提高**创造性劳动能力**(P10) ·体认为社会主义建设无私奉献、**辛勤劳动**、不断创造的高尚品质(P8) ·**劳动精神**、**劳模精神**、**工匠精神专题教育**不少于16学时(P10)	实干精神(13) 奉献精神(10) 创新精神(9)

资料来源:笔者自行梳理。

5. 大概念：劳动价值

劳动价值观是在马克思主义劳动价值论下对劳动价值性与真理性的探索，是对于劳动本质、目的、意义等方面的根本看法与基本观点。在正确的劳动价值观指导下，人们才会做出正确的劳动行为，劳动教育的本质即是培养学生正确的劳动价值观。劳动价值观主要包括三个子概念，分别是本源价值、经济价值和社会价值。其中：本源价值是指个体要认识到劳动具有超时代性，是创造物质世界与美好生活的根本；经济价值是指个体要认识到一切商品的价值都是由人的劳动创造的；社会价值是指个体要认识到劳动是促进社会发展、维持社会稳定、推动社会进步的重要保障（见表4-7）。

表 4-7 劳动价值大概念

大概念 （参考句）	参考句/参考点（斜体加粗）举例	析出子概念 （参考点）
劳动价值:劳动是价值的实付和尺度，劳动创造价值（8）	·明确农耕技术进步的*意义*（P4） ·劳动生活中*创造和发展了艺术*（P7） ·探讨劳动在实现人生价值中的*作用和意义*（P7） ·与择业就业相结合、与创新创业相结合的管理体制（P4） ·培养大学生的*劳动观念*和职业道德（P2） ·劳动对*社会发展*和进步的意义（P7） ·理解劳动人民对历史的*推动作用*（P7）	本源价值（4） 经济价值（6） 社会价值（6）

资料来源：笔者自行梳理。

（二）劳动大概念的课程进程

传统的劳动教育课程要么淹没在其他课程之中，只是作为一种形式存在，要么花费大量的实践教授给学生不连贯的事实、术语以及公式等细节内容，例如3D打印机的操作步骤或定期给蔬菜松土等，学生在学习完课程之后成为不知劳动为何物的"高级知识分子"或者行走的"劳动工具说明书"，失掉了劳动教育课程开设的真正意义。劳动教育渗透在学生学习和生活的方方面面，涉及诸多内容，如果仅是让学生沉浸其中去学习、理解和感悟的话，或者让教师全部拿来去教给学生的话，学生面对浩瀚的材料难免会陷入茫然和慌乱之中，而教师也会花费大量的时间和精力。因此，劳动教育课程的设计需要点亮学生劳动世界的灯盏，为学生绘制可寻的劳动教育课程蓝图，为教师搭建清晰的劳动教育课程脉络，而这些灯盏便是劳动教育大概念。围绕劳动教育大概念进行大中小学劳动教育课程的一体化设计能够让学生逐一学习的课程内容具有一定的相关性，让教师能够从整体上把握劳动教育课程的基本结构。

劳动教育大概念是建立在具体的劳动概念基础上的，是对于劳动事物以及劳动现象间存在普适性特点或规律的总括性认识，能够用于解释和预测更大范围内的劳动事物及劳动现象。学生对于劳动教育课程内容的学习是由小概念不断向大概念的进阶与转变，往往历经基础知识与技能、学科核心概念、跨学科主题以及哲学观点等过程。这个过程是在大中小学不同阶段中"一阶一阶"逐渐进行的，劳动教育大概念也在不同的学习阶段呈现不同的水平要求，因此，劳动教育课程的设计需要沿着大概念发展的"阶"逐步前进，慢慢了解其与学生日常生活中事件的相互联系，帮助学生建立对世界的完整认识。在这个过程中，学习进阶的作用十分重要，这是因为学习进阶能够丰富描述学生在学习大概念时由经验获得意义的过程，是大概念发展所遵循的概念序列与思维路径。

事实上，任何一个劳动教育大概念的概念体系都符合金字塔型的结构，从底层到顶层分别是劳动事实和现象、具体概念（统摄性较低的概念）、核心概念和方法、跨学科主题以及哲学观点五个层级，前两层为大概念下的子概念，后三层为大概念的主要内容，劳动习惯大概念的学习进阶体系[1]如图 4-5 所示。

（三）劳动教育课程的落实要点

劳动教育课程的根本目的是培养人与发展人，根本价值在于立德树人。在我国经济社会发展的新时代，学生认识到"劳动最光荣、劳动最崇高、劳动最伟大、劳动最美丽"将是使其得以成人的重要基础。自 1949 年新中国成立以来，中国劳动教育课程设置经历了探索与创建阶段、自主与迷失阶段、改革与重整阶段以及转型与创新阶段，重视劳动教育课程对于国家发展以及人民幸福有着战略意义。当前，我国劳动教育课程已经在多个学段、多个学科课程以及各类社会活动中得到了充分的渗透与彰显，

---

[1]　胡善义：《以大概念的理念建构科学概念的教学研究——以〈溶解〉单元为例》，《教育导刊》2018 年第 3 期，第 72~76 页。

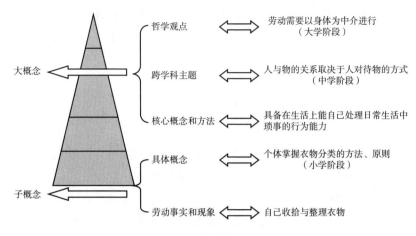

图4-5 劳动习惯大概念的学习进阶体系

资料来源：胡善义《以大概念的理念建构科学概念的教学研究——以〈溶解〉单元为例》，《教育导刊》2018年第3期，第72-76页。

呈现多点开花的欣欣态势，然而学段之间的层级式、横断式劳动教育，学科之间的零散式、独立式劳动教育以及社会组织的偶然式、片段式劳动教育却将统一的劳动教育拆解开来。相较而言，大概念作为劳动教育课程设计的阶梯与基点，能够让学生清晰、连续、深刻地习得与掌握有关生命教育的全部内容，围绕大概念实现我国大中小学劳动教育课程的一体化已经迫在眉睫，但是在具体的实践过程中，重新规划劳动教育课程以及扩展学校劳动教育空间是需要特别注意的。

1. 重新规划学校劳动教育课程

劳动教育课程旨在让学生能够完整系统地接受劳动教育，掌握劳动教育的核心内容，从劳动的视角去看待自身、看待他人以及看待自然。事实上，劳动教育渗透到了学生成长的每一个阶段以及学生经历的每一件事情，是伴随学生一生的教育。为此，劳动教育课程需要将新时期劳动教育理念作为中心在课程中形成伞状辐射，重新合理规划课程设计，除了正式的劳动教育课程以外，还要进行非正式课程的相互联系，挖掘课程的潜力，通过正式课程与非正式课程的双重力量辐射到学生学习与生活的方方面面，让学生在其所形成的课程网中领悟劳动的价值和意义。第一，规划设计劳动教育正式课程群，正式课程群是由劳动教育中在纵向内容上密切相关、在横向方法上相互渗透的多门课程组成的有机整体，对于劳动教育有着极强的支撑作用，既能够避免单一课程难度过大的现象，又能够避免庞杂课程容量过大的弊端，能够实现劳动教育在不同领域内的渗透。重新围绕劳动教育理念进行课程群的设计需要根据不同的劳动教育大概念群制定课程目标，组织课程内容，设计课程活动，进行课程评价，最终通过不断的发展与完善形成劳动教育课程群。第二，规划设计劳动教育非正式课程体，非正式课程体是由劳动教育中崇尚劳动的校园活动、尊重劳动的校园环境以及热爱劳动的校园文化等方面共同组成，劳动教育非正式课程体的建设与规划需要立足整个劳动教育理念，注意相关性与整合性，帮助学生认识劳动、感悟劳动，帮助学生思考、揣摩以及度量校园中劳动世界的各类现象，整合与联结学生所学的知识，帮助学生实现精细化学习。学生在劳动教育正式课程以及非正式课程的学习过程中能够不断加深对劳动的认识，像一张立体结构的网一样，而劳动教育中心思想就是这张网的中心节点，劳动教育大概念便是这张网的其他节点，既减少了学生记忆数量，又增加了理解领悟途径。

2. 扩展学校劳动教育空间

学生只有在学校、家庭、社会以及政府管理部门的关怀下，浸润在劳动教育的环境中，经历和思考有关劳动的现实事件，才能更好地理解和领悟有关劳动的价值和意义，仅仅是课堂上的、纸面上的劳动教育仍然是单薄的、不足的。劳动教育环绕在学生生活空间的每一个地方，如果不能够将空间统一起来，那么学生习得的劳动教育大概念就会存在不一致性，学校学的、家长教的、社会遇见的以及政府管理部门导向的混乱就会让学生无所适从，降低劳动教育的质量，甚至与劳动教育的初衷背道而驰。因此，扩展学校空间，将劳动教育大概念扩展至全部劳动环境中进行是非常有必要的。在劳动教育中，与之相关的元素多之又多，需要从一开始就专注于建立大规模网络来支持学校劳动教育课程的开展，将方方面面的成员联系起来，从而实现劳动教育大概念在空间中的深度扩展。学生在学校的劳动教育课程受到来自管理部门的劳动教育政策、社会环境的劳动教育事件以及家庭环境的劳动教育观念共同作用和影响，因而扩展学校劳动教育空间需要包括学校在内的四方的共同努力。一是管理部门的劳动教育政策需要正确转化至学校课程中，同时在社会中进行公开公示，让每一个家庭及各界人士了解劳动教育趋向；二是学校劳动教育课程需要在政策框架下进行，并将教育结果进行信息公开，方便家长及社会各界人士了解与监督，同时充分运用社会资源以及家长行为反哺学校的劳动教育课程；三是社会劳动教育事件需要及时进行公众通报，并将其作为教学资源纳入学校教学活动以及家庭的教育观念中，同时反馈至教育管理部门进行相应政策的制定；四是家庭劳动教育观念不能仅仅基于自身经验对学生进行说教，而是要贴合国家劳动教育政策以及学校劳动教育课程，利用社会劳动教育事件积极引导学生领悟劳动教育的意义。

三　围绕大概念的 STEM 教育课程

STEM 教育自 1986 年于美国提出后风靡全球，现在已经成为包括中国在内的世界各国教育领域培养未来人才、回应社会挑战的重要内容。STEM 课程提供了一种跨学科的全景式课程整合形态，学生能够在更广泛的世界之间进行思考与学习，关注学习者在实际应用中的深度理解与广泛迁移。但是，STEM 教育的过快发展让 STEM 课程设计走向了功利化倾向与复制式扩张的争议之中，失掉了 STEM 课程中素养整合的核心理念，而围绕大概念的 STEM 课程设计成为实践这一理念的最佳选择，能够最终促进学习者 STEM 素养的形成。

STEM 课程整合的最终目的是帮助学生在现在和未来过上更好的生活，而不仅仅是收集更多的信息供日后使用。尽管大力支持将 STEM 课程整合作为发展当今学习者素养的一种手段，但是相关的有效整合实践相对较少，多数研究者在 STEM 课程研究过程中过于追求表面上的新颖奇特。当学生对个别学科中的相关思想了解很少或不了解时，实现 STEM 课程整合是一项挑战。此外，学生并不总是或自然地在整合环境中使用他们的学科知识。因此，学生需要关键的支持，在工程或技术设计环境中引出相关的科学或数学思想，同时有效地连接这些思想，并以反映规范、科学思想和实践的方式重新组织自己的思想，而这个关键的支持便是大概念。

（一）STEM 教育的核心理念

近年来，STEM 教育作为一种跨学科教育整合的典范备受各国教育界的关注，其中美国在 STEM 发展中起到了引领作用，其重视程度也最高，已将 STEM 教育提升到国家战略的高度。2007 年美国公布《美国竞争力法案》（America COMPETES Act of 2007）宣告 STEM 教育与国家经济竞争力息息相关，2010 年再次修订成为正式教育政策。该政策认为，如果美国在今后的经济领域竞争不过其他国家应该归咎于今日的美国忽视了对科学（Science）、科技（Technology）、工程（Engineering）和数学（Mathematics）（STEM）这一领域的教育统整，造成可投入发展的劳动人力不足。[①] 将 STEM 教育与国家的经济发展上升到直接相关的战略高度，足见美国对开展 STEM 教育的重视程度。

STEM 一词起源于美国，是由英文单词科学（Science）、技术（Technology）、工程（Engineering）和数学（Mathematics）的首字母缩写组成，它强调跨学科整合，注重培养学生的创新思维和解决真实问题的能力。1986 年，美国国家科学委员会（National Science Board）发表《本科的科学、数学和工程教育》报告，提出"科学、数学、工程和技术教育集成"的纲领性建议，STEM 教育兴起。[②] 2006 年 1 月 31 日，美国政府发布《美国竞争力计划》，提出以创新引领世界的宏伟目标，旨在通过加强科技领域的投入以增强美国在全球范围内的竞争力和创新能力。2018 年 12 月，美国 STEM 教育委员会在《制定成功路线：美国 STEM 教育战略》的报告中，启动了"北极星计划"，该计划的目的是让全体美国人都享有高质量的 STEM 终身教育，确保 STEM 教育的全球领导地位。[③] 在澳大利亚，STEM 教育已经被视为学校教育改革的一个重要机会，包括但不限于数学和科学教育（Office of the Chief Scientist，2016）。澳大利亚制定了 2016～2026 年的国家 STEM 学校教育战略规划（National Council，2015），目标是让所有学生参与进来，并让他们具备强大的 STEM 基础技能和能力。[④] 在中国，2016 年 6 月，教育部印发的《教育信息化"十三五"规划》中明确指出现阶段中国教育的主要任务之一是积极探索信息技术在 STEM 教育中的应用。2017 年 2 月，新发布的《义务教育小学科学课程标准》，首次从官方的角度提出了科学、技术等领域的统一，着力提升学生的创新意识和

① 方珺绅：《东西方 STEM 教育现况与知识类聚图谱：2007—2017 年》，《智能信息技术应用学会会议论文集》2019 年第 1 期，第 389～394 页。
② 陈志峰、叶悦、张燕南：《从澳门经验看粤港澳大湾区 STEM 教育政策——基于史密斯政策执行过程模型的分析》，《上海教育科研》2021 年第 9 期，第 50～56 页。
③ 武小鹏：《国家政策视角下国际 STEM 教育发展路径、价值取向和启示》，《当代教育论坛》2020 年第 2 期，第 55～64 页。
④ 李业平：《STEM 教育研究与发展：一个快速成长的国际化领域》，《数学教育学报》2019 年第 3 期，第 42～44 页。

创新能力，促进学生的全面发展。

STEM 教育是依托各种项目，给学习者充分的学习空间和时间，强调学生的主动探索和团队合作，关注学生创新意识和解决现实问题的能力，培育具有创新意识、创新素质和创新能力的创新型人才，并最大限度地激发人才的创新潜能。持续性的 STEM 学习有助于学生 STEM 兴趣的提高，从而促进学生 STEM 素养的提升。整体来看，中小学教师对 STEM 教育也持有积极态度，认为 STEM 教育能够在一定程度上弥补传统教育的弊端，比起传统的背诵、测验、再忘记，STEM 教育的确对综合能力有很大提升，通过 STEM 课程的学习，学生在动手能力、思维能力和科学素养等方面有着显著的提升。美国瓦利市州立大学官网这样定义 STEM 教育："STEM 教育是关于学生参与的学习，是基于项目的学习，它运用科学探究过程和工程设计过程，是跨学科的，是关于积极学习的，是关于合作与团队工作的，是关于解决实际问题的。它连接抽象知识与学生的生活，整合过程和内容。"余胜泉教授认为，STEM 教育不是科学、技术、工程和数学四门学科的简单叠加，而是强调多学科的交叉融合，要将四门学科内容组合形成有机的整体，以更好地培养学生的创新精神和实践能力。任友群教授认为，STEM 教育是为了更好地帮助学生不被单一学科的知识体系所束缚，促进教师在教学过程中更好地进行跨学科融合，鼓励学生跨学科地解决问题。[1]

（二）STEM 教育的内涵意蕴

STEM 教育正在全球轰轰烈烈地展开，美国最新 STEM 教育五年计划（2019～2023）的发布、爱尔兰十年 STEM 教育政策（2017～2026）的印发以及中国 STEM 教育 2029 行动计划的实施等将世界范围内大中小学 STEM 教育推向了一个新的发展阶段。综合来看，STEM 教育在科学教育发展的今天受到如此关注绝非偶然，其内涵意蕴主要包括以下三方面内容。

1. STEM 教育蕴含着注重打破学科壁垒的整合教育意蕴

《新学习：澳大利亚教育宪章》中指出，"新的学习将越来越跨学科，在复杂性和模糊性方面与知识更深入地接触"。[2] 随着人类知识领域的不断

---

① 于晓雅：《STEM 教育的国内外研究与实践》，《中国民族教育》2018 年第 1 期，第 78～80 页。

② Australian Council of Deans of Education（ACDE），*New Learning: A Charter for Australian Education*（Australian: Council of Deans of Education, 2001）.

扩张，学科边界逐渐变得模糊，学习者如果只进行分科独立的学习将无法更好地应对瞬息万变的世界，整合教育越发受到广大教育者重视并被认为是 21 世纪人才培养的主要方式。① STEM 教育是科学教育领域中的一种整合形态，将科学、技术、工程和数学四门学科整合在一起，打破学科壁垒，给予学生完整的知识学习。加拿大科学教育学者纳什（Nashon）教授指出，STEM 教育的最大价值是发现学科知识间的内在联系，既立足于每一门学科，又看到彼此间的渗透性。② STEM 教育使科学探究、技术素养、工程设计与数学思维作为一个综合系统连接起来，并通过实践环节确保整个过程的协调工作，促进学习者的学习与现实生活结合起来。③

2. STEM 教育蕴含着强调面向真实世界的情境教育意蕴

生活本身就是一连串问题的求解过程，与人们的生活、社区以及整个社会相关的问题常常是复杂的、多面向的。美国 STEM 教育领域代表人物约翰逊（Johnson）指出，STEM 教育像是一种思考现实世界的方式，帮助学生认识到如何解决现实世界中的问题以及社会中存在的挑战。④ STEM 教育秉持面向真实世界的情境观，即教育不能只考虑学科知识，忽略了更为真实的生活，不能将社会抽离于学校之外，当学生以一种孤立的、不连续的方式学习时，他们往往对教育内容不感兴趣，因为这种学习方式与实际应用缺乏联系。基于真实世界中的情境展开的 STEM 教育将知识在所创设的具体情境中还原，让学生在实践过程中加深对知识的理解，使学生将所学与所用紧密联系起来，提升学生对知识的迁移能力和应用能力。

3. STEM 教育蕴含着培养问题解决能力的循证教育意蕴

问题解决能力是让学生在充满疑问的世界中得以生存的基本能力，而获得证据是识别问题与解决问题的关键步骤。国际学生评估项目（PISA）在其对于问题解决能力的测评框架中指出，问题解决能力不仅仅是对于累积知识的再现，而是调用各类累积知识分析问题、获取证据理解问题与寻

---

① Susan M. Drake, Joanne L. Reid, "Integrated Curriculum as an Effective Way to Teach 21st Century Capabilities," *Asia Pacific Journal of Educational Research* 1 (2008): pp. 31 – 50.

② 李雁冰:《"科学、技术、工程与数学"教育运动的本质反思与实践问题——对话加拿大英属哥伦比亚大学 Nashon 教授》,《全球教育展望》2014 年第 11 期, 第 3 ~ 8 页。

③ Nicole M., "Curriculum Integration in the Twenty-first Century: Some Reflections in the Light of the Australian Curriculum," *Curriculum Perspectives* (2018): pp. 129 – 136.

④ 杜文彬、刘登珲:《美国整合式 STEM 教育的发展历程与实施策略——与 Carla Johnson 教授的对话》,《全球教育展望》2019 年第 10 期, 第 3 ~ 12 页。

求证据支撑以解决问题的过程。2018 年，美国发布《制定成功路线：美国STEM 教育战略》，特别指出未来五年内积极开展基于证据的 STEM 教育实践，STEM 教育为培养学生基于证据的问题解决能力提供了实践平台。[①] 如前所述，STEM 教育通过提供来自真实世界的现实问题，让学生围绕问题进行实践探究，以所收集到的证据为线索进行逻辑推理，最终整理成解决问题的可行方案。

（三）大概念及 STEM 大概念

PISA2006 科学领域评价测试指出，虽然在学校学习中学到大纲明确规定的知识是重要的，但是得承认生活中应用这种知识的关键还要依赖更为普遍的概念和技能，也就是大概念，例如掌握动植物名称，不如理解如能量消耗、生物多样性和人类健康这样在成人社会中有争议的广泛的话题来得有价值。大概念指的是将众多学科与连贯的整体联系起来的关键思想，是基于事实抽象出来的深层次概念，居于课程学习的中心位置，能够将多种知识有意义地连接起来，经常表现为一个主题或者原则等形式，是在不同环境中应用这些知识的关键，具有中心性、持久性、网络状以及可迁移性等特征。

STEM 大概念是大概念在 STEM 课程中的特殊形式，是 STEM 课程领域中的关键思想，这些想法对于理解 STEM 内涵至关重要，并且共同代表了STEM 课程所提供给学生理解世界的模型。STEM 教育中的大概念并不新鲜，但近年来才逐渐引起重视，STEM 教育领域的许多开创性思想家都在争论学生需要被引入 STEM 学科的习惯思想和思维方式，也就是所提到的STEM 大概念，以了解 STEM 的性质和话语，从而能够合法地参与 STEM。一般认为，STEM 大概念包括三种类型：学科内大概念、跨学科大概念以及整合大概念。在 STEM 教育中，学科内大概念是指 STEM 课程中各个学科所独有的大概念，例如，数学学科中的比例大概念，其往往在数学学科内有比较深刻的内涵，在其他学科内有不同的理解，但学科内大概念在其他 STEM 学科中的应用有助于提升学生对于数学领域内有关比例大概念的深刻理解。跨学科大概念是指位于两个甚至更多 STEM 学科中的内容或者过程，例如模式、推理、论证等，跨学科大概念的跨学科性能够为行业工

---

① 李刚、吕立杰：《构建公平而有质量的 STEM 教育生态——〈制定成功路线：美国的STEM 教育战略〉解读及启示》，《中国电化教育》2019 年第 7 期，第 99～106 页。

作者提供解决实际问题的最有意义、最有效的方式和途径，跨学科大概念能够帮助学生思考和联系这些差异，以促进学生对概念的深入理解。整合大概念是指 STEM 中所有学科共享的超级大概念，是能够集成和建立更多大概念的大概念，例如系统、关系等。

（四）STEM 大概念在 STEM 课程中的价值

STEM 课程强调学习不是一个独立的事件，学科间的课程整合是深度学习与高阶思维发展的重要组成部分。STEM 课程整合是复杂的，要求教师以深思熟虑的方式教授 STEM 内容，以便学生了解如何将 STEM 知识应用于实际问题。在整个 STEM 课程实施过程中，STEM 大概念发挥着重要的作用。

第一，STEM 大概念是 STEM 课程设计的隐含线索。在课程设计方面，STEM 大概念能够帮助学生更加系统地理解和掌握 STEM 课程的理念与价值，可以作为 STEM 课程设计的基础。STEM 课程的整合特性要求其课程设计不能再简单按照单一知识脉络进行线性处理，必须同时进行纵向结构与横向结构的整体布局，这就要求科学合理地选取课程设计线索进行课程结构的整体把握。STEM 大概念是跨越相似知识学科界限的，提供了连贯的、统一的事实和技能系统，不再让我们面对现实生活中的情况时停下来问问需要科学中的什么、技术中的什么、数学中的什么才能解决问题。

第二，STEM 大概念是 STEM 课程学习的宏大蓝图。STEM 课程以学生为中心，关注围绕现实生活中的需求进行 STEM 主题设置，只有在生活中，STEM 知识才有意义，只有知识有意义，才更容易被学习。来自 STEM 课程中的知识通过 STEM 大概念被重新定义到围绕主题的现实背景中，STEM 大概念为学生提供了一个组织 STEM 课程信息的蓝图，知识不再是抽象的、支离破碎的，同时减少了必须记住的内容数量，强化了学生的迁移能力。学生通过在 STEM 课程中的探索所找到的不是知识应属于的学科，而是 STEM 大概念本身。

（五）以 STEM 大概念建构 STEM 课程设计

STEM 课程整合是为满足社会发展与个人发展的需求，STEM 大概念将原本分离的四门课程统一为面向现实世界问题解决的、具有凝聚力的单一实体，如图 4-6 所示。STEM 大概念是教师与学生以及学生与实践之间的桥梁，以 STEM 大概念为核心设计的 STEM 课程能够为学生提供使用整合思维解决问题的最佳实践。教师在教授 STEM 课程时不仅需要关注学生所学到的大概念内容，同时应该关注学生如何充分利用大概念解决问题，一方面，学生在学习 STEM 课程时，将来自真实世界的现实问题与 STEM 大概念进行契合，通过不断归纳联系，在大脑中形成系统性、概念化的知识结构，另一方面，学生在面临真实世界的现实问题时，将大脑中系统性、概念化的知识结构借由 STEM 课程中所学习的 STEM 大概念，通过不断演绎发散，找到解决现实问题的方法途径。

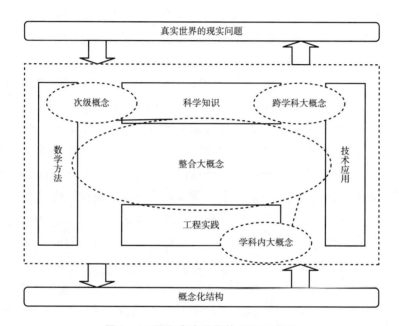

图 4-6 面向真实世界的 STEM 课程

资料来源：李刚《围绕大概念的 STEM 整合课程建构与应用研究》《天津师范大学学报》（基础教育版）2022 年第 2 期，第 64~69 页。

STEM 大概念不同于知识可以直接拿来使用，反而更像是一种引导性工具，同时又是一个横向延展、纵向深入、指向实践的多层次多维度的复合概念。围绕 STEM 大概念的 STEM 课程直指学生的跨领域综合能力，在众多孤立的概念单体中建立联系桥梁，为学生提供了整体认识世界的可能，那么，围绕 STEM 大概念的 STEM 课程该如何建构呢？我们可将其喻为双塔模式（Twin Pyramids Mode，TPM），包括一个倒立金字塔（Inverted Pyramid）和一个正立金字塔（Upright Pyramid）结构，如图 4-7 所示。

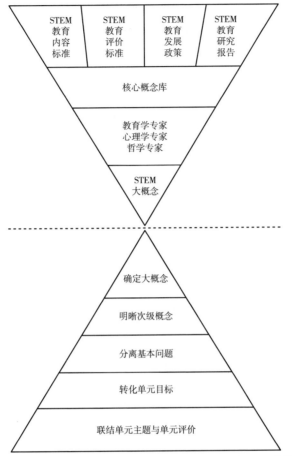

图 4 - 7　围绕 STEM 大概念进行 STEM 课程设计的"双塔模式"

资料来源：笔者自行构建。

倒立金字塔指向 STEM 大概念（群）的筛选。STEM 大概念隐藏在纷繁复杂的形式中，如何合理适切地来寻找及遴选真正的 STEM 大概念，是当前深化 STEM 课程的关键所在。目前来看，遴选 STEM 大概念的策略主要是标准演化，是指许多与 STEM 课程相关的文件中陈述或者暗示了 STEM 大概念，例如以重要概念、关键概念、重要原则等出现的陈述语句，反复出现的关键名词、形容词和动词等，STEM 教育者需要认真解析相关标准文件，理解 STEM 教育的本质内涵，将具体的、大量的、零散的知识内容聚焦在 STEM 大概念的框架之中。STEM 大概念筛选与确立需要历经两个阶段的梳理，在第一阶段，筛选出 STEM 各个标准文件中反复出现的核心概念，组成核心概念库，在第二阶段，来自教育领域、心理学领域以及哲学领域的专家不断筛选、整合、修改和调整，最终形成适合大中小学学习的 STEM 大概念。

正立金字塔指向围绕 STEM 大概念的课程设计。围绕大概念的课程设计受到多位学者的关注，例如韩国天主教大学的邦团队以及美国俄亥俄州立大学的沃克团队等都进行了深入的研究。据此分析，围绕 STEM 大概念的 STEM 课程设计包括四个阶段。在第一阶段，基于倒立金字塔所确立的 STEM 大概念（群）进行次级概念的分离，由于 STEM 大概念意涵较宽且抽象模糊，缺乏指导课程的实用性，因而需要进行次级概念的分离，将 STEM 大概念分离为相互联系的概念体系；在第二阶段，根据次级概念设计基本问题，基本问题是凝聚次级概念的方向，也是课程活动的重要内容，能够引起学生对于次级概念以及大概念的探究兴趣和深度思考，一般一个基本问题统摄 2~4 个次级概念；在第三阶段，将前述大概念、次级概念以及研究问题转化为课程单元目标，可以直接根据设计的研究问题进行课程目标的设定；第四阶段是围绕课程目标组织课程活动与课程评价，保证课程活动以及课程评价与 STEM 大概念是一致的。

（六）STEM 课程设计实践

在 STEM 教育中，国内使用 STEM 大概念进行 STEM 课程的设计与组织受到相关学者的广泛关注，但是尚无可有效借鉴的实践经验与经典案例。STEM 课程设计的"双塔模式"重视数学、工程、技术以及科学等学科对于 STEM 教育的根本影响，强调 STEM 大概念对于 STEM 课程的统整联结，保证 STEM 课程的整体连贯性，而不是"课程拼盘"，同时根据学生经验进行课程规划，具体实践如下。

1. 倒立金字塔：STEM 大概念的筛选

如前所述，本书收集了国际上有关 STEM 教育的标准/政策文本，包括美国的《成功的 K-12 阶段 STEM 教育》《新一代科学教育标准》《STEM2026：STEM 教育创新愿景》《制定成功路线：美国 STEM 教育战略》等，韩国的《融合人才教育（STEAM）》，澳大利亚的《STEM 学校教育国家战略 2016—2026》，爱尔兰的《STEM 教育政策声明（2017—2026）》，芬兰的《国家 LUMA 科学发展项目》以及中国的《中国 STEM 教育白皮书》等共计 10 份文本进行聚类分析，如表 4-8 所示。

表 4 - 8　国际主要 STEM 教育政策分析

序号	国家	年份	文件名称	部分参考点举例
P1	美国	2011	《成功的 K－12 阶段 STEM 教育》	提高全体学生的 STEM 素养(科学和数学概念的理解和认识、个人决策的过程、民主和文化事务的参与)
P2	韩国	2011	《融合人才教育(STEAM)》	旨在培养不仅具有科学、技术、工学、数学知识,而且具有艺术感性的融合型人才(增进学生的兴趣、联系生活、培养融合思考能力)
P3	美国	2013	《新一代科学教育标准》	这里的技能不仅包括科学内容领域的技能还包括审辩式思维和基于探究问题的解决能力
P4	芬兰	2013	《国家 LUMA 科学发展项目》	人人学习 STEM,增强学生对学术和科学学科的兴趣,使他们学到日常生活与未来工作可能需要的相关知识和技能
P5	澳大利亚	2015	《STEM 学校教育国家战略 2016—2026》	提升 STEM 学习领域的基本技能,培养学生的数学、科学和技术素养,促进 21 世纪技能——问题解决、批判分析和创造性思维的发展
P6	爱尔兰	2016	《STEM 教育政策声明(2017—2026)》	激发学习者的好奇心,让他们参与解决现实世界中的问题,做出明智的职业选择;使学习者能够在真实的环境中构建和应用知识,加深理解,发展创造性和批判性思维技能;增强学习者的创造力以及体验与设计艺术的能力
P7	美国	2016	《STEM2026:STEM 教育创新愿景》	用跨学科方法解决"大挑战"的教育经验
P8	中国	2017	《中国 STEM 教育白皮书》	STEM 教育在培养学生跨学科解决问题的能力,培养学生的 21 世纪技能,包括批判性思考能力、创造力、合作能力、沟通能力等方面都能发挥作用
P9	美国	2018	《本科 STEM 教育监测指标》	鼓励学生参与基于证据的 STEM 教育实践和项目,提高 STEM 概念和技能的掌握水平
P10	美国	2018	《制定成功路线:美国 STEM 教育战略》	STEM 教育能够让公民获得思考问题和解决问题的能力以及能够在多种情境中迁移的技能,能够更有能力应对快速的技术变革

资料来源:笔者自行绘制。

研究共计梳理出 STEM 教育标准/政策文本中重复出现的、关键突出的三组大概念,分别是 STEM 本质大概念、STEM 知识大概念与 STEM 思维大概念,每一组大概念跨越并包含了来自不同内容的子概念,例如《中国 STEM 教育白皮书》中指出"培养学生运用所学知识,创造性解决问题的能力",爱尔兰《STEM 教育政策声明(2017—2026)》中提到"使学习者能够在真实的环境中构建批判性思维技能",澳大利亚《STEM 学校教育国家战略（2016—2026）》指出"促进21世纪技能——问题解决、批判分析和创造性思维的发展"，其中批判性思维在多个文件中反复出现，故而将其纳入STEM思维大概念中，然后经过进一步的阐释演绎后与所有的大概念形成系统的大概念网络，具体阐述如表4-9所示。其中：STEM本质大概念是对于STEM教育的根本性认识，融合在STEM教育中的方方面面；STEM知识大概念是STEM课程、STEM教材以及STEM教学设计与实施的主要线索；STEM思维大概念是STEM教育活动展开的指导原则。

表4-9　STEM大概念的基本内容

序号	群组	大概念	理解取向的大概念
1	STEM本质大概念	STEM教育是注重整合的教育	STEM教育是科学教育领域中的一种整合形态，将科学、技术、工程和数学四门学科整合在一起，打破学科壁垒，给予学生完整的知识学习
		STEM教育是注重情境的教育	STEM教育秉持面向真实世界的情境观，即教育不能只考虑学科知识，忽略了更为真实的生活，不能将社会抽离于学校之外，当学生以一种孤立的、不连续的方式学习时，他们往往对教育内容不感兴趣，因为这种学习方式与实际应用缺乏联系
		STEM教育是注重证据的教育	STEM教育通过提供来自真实世界的现实问题，让学生围绕问题进行实践探究，以所收集到的证据为线索进行逻辑推理，最终整理成解决问题的可行方案
2	STEM知识大概念	结构与功能	物体或生物及其子结构的形成方式决定了其许多特性和功能
		能量与物质	流动、循环与守恒。追踪能量和物质在系统内、系统外的通量，有助于理解系统的可能性与局限性
		模型与系统	模型能够帮助理解和测试由多个组件构成、具有特定边界的系统
		稳定与变化	无论是自然系统还是非自然系统，稳定性条件以及导致系统变化的因素是同样重要的
3	STEM思维大概念	批判性思维	以辩证与怀疑的态度进行独立的、有意识的思考后做出科学合理判断
		整体性思维	以多方面、相关联以及系统性等方式认识事物
		创造性思维	以新颖的、独特的方法解决现实问题，开创新领域、获得新成果
		反思性思维	对已有的结论、认识或者观念进行不断的改进与完善

资料来源：笔者自行建构。

2. 正立金字塔：STEM 课程的设计

STEM 教育是长时期的、持续性的、螺旋上升式的教育，STEM 教育目标需要贯穿以及渗透到全过程的 STEM 教育课程中方能得以实现，而 STEM 知识大概念则能够成为 STEM 教育课程在不同教育阶段的主线阶梯。STEM 知识大概念的学习是由小到大、由浅入深、由详细到概括、由具体到抽象的发展过程。因此，STEM 教育课程的设计需要围绕 STEM 知识大概念逐步分解，慢慢将其与学生日常生活中的事件进行相互联系，帮助学生建立对 STEM 世界的完整认识，由此形成 STEM 课程教学的基本网络。以 STEM 知识大概念组织课程设计并不能直接将其呈现在课程中，否则学生是无法理解的，而是要站在大概念的高度梳理和审视概念体系，厘定和明确每个 STEM 知识大概念的方向与进程，搭建学生的认知理解与行为框架。围绕 STEM 大概念设计的 STEM 课程注重引导学生在直接经验的情境中发展思维，在完整有序的项目学习中获得对于知识的理解与技能的提升，让学生在观察思考和实践操作中将零散的知识连接起来。以下是围绕 STEM 知识大概念中"结构与功能"设计的 STEM 课程教学基本结构。

（1）确定大概念

➤结构与功能：物体或生物及其子结构的形成方式决定了其许多特性和功能。

（2）明晰次级概念

➤要素：构成客观物体或生物存在并维持其运转的基本单元。

➤关联：要素与要素之间发生的相互影响。

➤功能：不同要素相互组织所发挥的作用。

（3）分离基本问题

➤整体是由哪些部分组成的？

➤结构与功能的关系是什么？

➤每个部分的作用及其如何对整体做出贡献？

（4）联结 STEM 情境主题

➤我心中的未来汽车：希望学生能够根据自身爱好以及社会需求创新性设计未来汽车的外观、功能及用途并进行产品制作。

（5）实施项目教学活动

与项目式学习相结合的 STEM 教学不同于传统的学习，它试图让学生成为主动的学习者，主动获取各类知识来解决项目中出现的问题，而不是成为被动的总是接受二手知识的学习者，其不但可以帮助学生积极学习，提高创新思维的深度，同时还可以鼓励学生去探索自己感兴趣的东西，最后创新地解决问题。

➢挖掘大概念情境，明确大概念问题。本阶段主要是教师依据大概念进行实际生活中的应用情境的挖掘，并在该情境中通过问题转化大概内容，引导学生在思考问题的过程中形成对大概念的完整认识。

在本案例中，依据 STEM 情境主题"我心中的未来汽车"，大概念转化的基本问题包括未来汽车怎样实现所设计的功能（科学问题），未来汽车的部件如何相互联系起来（技术问题），如何进行未来汽车的组装（工程问题），如何测量和分析未来汽车的性能（数学问题）等。

分析大概念体系，编写系统性目标。本阶段主要是教师依据大概念、次级概念、大概念问题以及具体实践情境进行融合阐述，系统性析出教学目标，进而依据教学目标组织教学活动，开发教学评价等。

在本案例中，教学目标可编写为五方面内容，一是学生知道汽车的基本结构并解释各部分的功能，二是学生能够使用平板电脑创造性设计未来汽车概念图，三是学生能够记录并且分析未来汽车原型的性能数据，四是学生能够体会汽车功能与汽车组件之间的关系，五是学生能够体会科学研究是一项科学性活动。

➢设计驱动性任务，制订研究性计划。本阶段主要是教师以基本问题为指导设计驱动性任务和表现性评价标准，指导学生进行小组合作并进行研究性方案的设计，合理分配任务以及规划设计过程。

在本案例中，为了能够帮助学生更好地完成任务要求，教师引导各个小组进行驱动性任务的完成，例如汽车应该包含什么样的结构，汽车都可以完成哪些功能，为了完成这些功能都需要什么样的材料和外形等，学生通过资料学习与交流讨论之后完成未来汽车的概念图及基本的研究计划。

➢实施探究性方案，收集阶段性证据。本阶段主要是教师对于各小组的实践探究活动给予指导并记录学生表现，学生按照各小组任务分工进行探索并收集实验数据等。

在本案例中，教师需要为学生的实验工坊准备好其清单上所列的制作材料，各组学生根据未来汽车的概念图纸制造出原型汽车，同时测试原型汽车的各类功能并做好实验记录，例如汽车的续航时间是多少、汽车的最大速率是多少、汽车能够行驶的地形是什么等。

➢采用过程性评价，完成迭代式改进。本阶段主要是教师（组）以及学生（组）根据已经制定好的评价标准对各小组的研究成果进行教师评估与学生互评，并提出改进建议，各组根据反馈意见进行研究成果的迭代改进。

在本案例中，各小组学生先对未来汽车原型进行各项性能的内部测试并记录数据，然后交由教师（组）以及学生（组）进行评估，依据未来汽车的评估标准进行打分以及提供建议后返回给各小组进行改进，评分标准包括未来汽车的外观性能优越度、项目成果的制作工艺精细度、小组合作的合理性等。

➢分享最终性结论，反思整体性成效。本阶段主要是教师组织交流分享活动，为学生创造作品展示与讲解的机会，同时引导学生回顾整个设计与制作活动，对于所使用的科学知识以及所运用的科学思想进行反思和理解，从中获得成就感与自信心。

在本案例中，各小组同学需要在交流分享活动中向大家介绍未来汽车的整个设计与制造过程，包括方案设计、任务分工、制作流程、产品性能等，同时阐释对于未来汽车的思考、对于科学研究的认识等内容，教师在综合各小组的具体表现、项目成果以及作品展示等诸多环节的内容后形成总结性评价量表，帮助每一位学生进行反思提升。

（七）围绕 STEM 大概念的 STEM 课程设计思考

STEM 课程为学生提供了一种全面的科学教育方式，为学生提供了学习更多相关经验的机会，鼓励使用更高层次的批判性思维技能，提高解决问题的技能，克服了不同科学学科领域人为划分的弊端，激发学生的学习好奇心，锻炼学生解决问题的技能，培养学生对科学的积极态度，并鼓励学生在课程学习的过程中取得更高的成就并加深对周围世界的理解。STEM课程整合是复杂且具有挑战性的，在当前如火如荼的 STEM 课程研究中，教师所开展的 STEM 课程几乎淹没在各类各样的设计案例中，并没有通用的指导框架可供遵循。构建 STEM 课程整合设计框架需要对学生如何学习和应用 STEM 内容有很强的概念性和基础性理解，STEM 大概念成为这其中最为重要的角色，围绕 STEM 大概念进行 STEM 课程整合设计将开启与形成新的 STEM 课程设计视角。

1. 围绕 STEM 大概念的课程整合需要把握 STEM 课程的核心要旨

STEM 课程整合能够增加学生将理论与现实生活联结的机会，促进学生在活动过程中了解到科学、技术、工程与数学的应用，围绕 STEM 大概念的课程整合能够使学生原本学到的各学科的片段知识通过整合的课程活动加以关联。教师在进行 STEM 课程整合时，课程的实施要以整合式活动为主要方式，利用主题方式来整合相关学科，形成以高质量项目式学习为核心要旨的 STEM 整合课程。

项目式学习是围绕具体项目展开的学习活动，是强调学习者在解决问题的实践体验以及探索创新中获得具体的知识以及专门的技能，进而实现有意义学习的一种主动学习方式。项目式学习融合了建构主义、多元智能等多种教育理念，通过问题解决实现知识获取与技能迁移，因而在科学教育、工程教育以及 STEM 教育等领域中获得广泛应用，并因其指向学习本质以及核心知识、持续的探究过程、对大概念的深度理解、参与现实世界任务等特征而被认为是新时期核心素养培养最重要的一种学习方式。项目式学习鼓励学生模仿科学家探索解决问题的过程，并在探索中分享彼此的观点，培养学生在合作中解决现实问题的能力。学生能积极、创造性地展示项目设计，创造新思路，与伙伴合作解决问题。

2. 围绕 STEM 大概念的课程整合需要思考 STEM 大概念的根本内涵

真正的 STEM 大概念并不是无所不包、内容庞杂的学科概念群体，而是理解 STEM 领域本质的核心，往往通过深入探究得以掌握，是该领域专家整体思考和全面审视本领域问题的主要方式。STEM 大概念并不仅仅停留在所包含的相关知识范围上，其既是使科学、技术、工程与数学四个学科领域中各种概念内容条理清晰的关系的核心，又是使 STEM 现象与事实更容易理解的概念的锚点，其作为一种概念性的工具用于强化学生整合思维，联结 STEM 课程知识片段，使学生具备迁移和应用的未来素养。STEM 大概念已经不单单是一个名词或者符号，其背后隐藏着一个意义世界，已经远远超出普通概念的内涵与外延，负载着整个 STEM 课程体系，因而全面而深刻地理解 STEM 大概念的内涵十分重要。

我们可以从认识论、学习论和价值论三个视角来审视 STEM 大概念。从认识论上来看，STEM 大概念是学生认识真实世界的思维方式，是学生认识世界、体察世界的工具，帮助学生思考、揣摩以及度量真实世界的各类现象；从学习论上来看，少而精的 STEM 大概念是学生研究真实世界的组织工具，能够整合与联结学生所学的知识，帮助学生实现精细化学习；从价值论上来看，STEM 大概念承担着引发学生思考、塑造学生 STEM 素养的重要功能。STEM 大概念是对于 STEM 活动中存在普适性特点或规律的总括性认识，能够用于解释和预测更大范围内事物及现象的概念。STEM 大概念本身源于 STEM 知识，同时又高于知识，具有超越知识本身指导认识世界的普适性价值，并且 STEM 大概念一定是为教育服务的，那就必然指向培养全面发展的人这一核心宗旨。

四　围绕大概念的国家认同教育课程

国家认同已成为世界各国普遍关注的教育热点话题。2014 年，教育部出台《关于培育和践行社会主义核心价值观 进一步加强中小学德育工作的意见》，明确提出各级教育部门和中小学校要大力开展公民意识教育，培养公民美德，发扬社会公德，增强国家认同。2015 年，习近平总书记在中央第六次西藏工作座谈会上指出，不断增进各族民众对伟大祖国、中华民族、中华文化、中国共产党、中国特色社会主义的认同。2016 年，北京师范大学核心素养研究课题组发布了学生发展核心素养框架，以科学性、时代性和民族性为基本原则，以培养全面发展的人为核心，分为文化基础、自主发展、社会参与三个方面，综合表现为人文底蕴、科学精神、学会学习、健康生活、责任担当、实践创新六大素养，具体细化为国家认同等 18 个基本要点。2017 年，教育部颁布《中小学德育工作指南》，指出增强国家意识和社会责任意识，教育学生理解、认同和拥护国家政治制度，了解中华优秀传统文化和革命文化、社会主义先进文化。同年，中共中央办公厅、国务院办公厅印发《关于深化教育体制机制改革的意见》，指出深入开展理想信念教育，引导学生坚定拥护中国共产党领导，树立中国特色社会主义共同理想，增强中国特色社会主义道路自信、理论自信、制度自信、文化自信。

国家认同是现代国家建设的历史性主题，是国家统一和稳定的心理基础和重要条件。在全球化进程不断推进、社会转型不断深入的今天，无论是美国等发达国家还是中国等发展中国家都时时刻刻遭受着不同程度的国家认同危机，教育是培养国家认同的重要途径，开展国家认同教育已是迫在眉睫。当前，学校是开展国家认同教育的主要阵地，课程是进行国家认同教育的最佳选择，深度开发与设计国家认同教育课程是解决国家认同危机、构架国家安全基础的一项重要举措，对于培养当代中小学生的国家认同感、归属感和使命感意义深远。

（一）国家认同的内涵理解

全球化时代的推进以及多元文化的冲突与融合对世界各个国家的地位、作用乃至国家主权提出了挑战，国家解体，民族分裂，国家认同遭遇前所未有的困境与危机，引发了全球社会的共同关注。国家认同是维系个体与国家的重要纽带，是国家赖以生存和发展的关键支撑，是现代国家构建的基本要素。强化国家认同，是国家建设的核心任务。

国家认同（National Identity）是群体认同的一种类型，也称为民族国家认同（Nation－State Identity），是 20 世纪 70 年代出现在政治学领域的概念。美国政治学家白鲁恂（Lucian Pye）对国家认同的经典性定义认为，国家认同是处于国家决策范围内的人们的态度取向。[1]

此外，不同学者因为研究视角的不同关于国家认同的概念内涵的认识也有所不同。从政治学视角来看，国家认同是个体对国民身份的确认，是对自己祖国历史文化、理想信念、疆域主权等的认同，是在维护国家安全、稳定和发展方面形成的支持性态度和行为取向；[2] 从心理学视角来看，国家认同是个体确认自己的归属国家以及这个国家是怎样的国家的心理活动；[3] 从民族文化视角来看，个体归属于民族，个体对于本民族历史、文化、传统的热爱和尊重，形成民族认同，国内各民族之间的整体认同，就形成了国家认同。[4]

国家认同研究既涉及意识形态又涉及实践行为，涵盖哲学、政治学、社会学、心理学等多个领域。国家认同是一种主观意识和行为取向，是国家发展以及个体社会化进程的结果，个体将自我归属国家，拥护国家制

---

① 贺东航、谢伟民：《新中国国家认同的历程》，《当代中国史研究》2012 年第 6 期，第 114 页。

② 贺金瑞、燕继荣：《论从民族认同到国家认同》，《中央民族大学学报》（哲学社会科学版）2008 年第 3 期，第 5~12 页。

③ 江宜桦：《自由主义、民族主义与国家认同》，扬智文化事业股份有限公司，2008，第 12 页。

④ 彭庆军：《现代政治认同与和谐社会》，《上海行政学院学报》2006 年第 5 期，第 22~27 页。

度，关心国家利益，信任国家运作，能够在国家利益受到侵害时挺身而出，牺牲自我。国家认同是国家独特性、合法性的保证，同时是维护国家和谐稳定的保障。

（二）国家认同教育的现实需要

国家认同是现代国家合法性的基础，在应对当今经济全球化和文化多元化所带来的意识瓦解与重塑的挑战中，国家认同肩负着维护国家统一、支撑国家生存发展的重要使命。国家认同的获得不是与生俱来的，也并非个体出生成长在某个国家，就具备相应的归属感和认同感。因此，国家认同的形成需要教育的深度介入，有意识地培育个体国家认同，开展国家认同教育既是现实需要，又是长远战略。

1. 当前国家认同的时代价值

强化国家认同建设是重大历史课题，对于像我国这样构成复杂的多民族国家而言，国家认同的时代意义重大。在这样一个思想开放多元、信息沟通共享的时代，国家认同是我国维护国家统一、维护民族团结、维护边疆稳定的重要保障，也是遏制国内外敌对势力分裂斗争的重要武器。如果国家认同的水平较高，则各民族都能主动维护国家利益，紧密团结在国家周围，如果国家认同的水平较低，国家认同受到侵蚀和消解，则国家的统一稳定局面就将面临威胁，民族分裂活动频发，最终导致严重后果。① 此外，国家认同能够将不同的民族、不同的地区以及不同的文化等形成统一的共同体，凝聚国家稳定发展、解决困难的多重力量，增强国家治理的有效性，提升国家在国际格局中的形象地位，震后重建、奥运申办、区域维和等都是我国强大国家认同的有力彰显。

2. 世界国家认同危机形势严峻

全球化浪潮的迅猛发展给世界各国带来了机遇，社会转型所引起的巨大变化也对世界各国提出了挑战。在全球化时代，国家的政治、经济以及文化都发生了翻天覆地的变化，国家认同出现削弱与消解的现实样态，成为发达国家以及发展中国家共同面对的重大难题。在政治方面，国家认同开始出现分散和转移，尤为明显的是全球化进程使得国内民族认同与地区认同和国家认同之间出现冲突对抗，造成国家结构的彻底颠覆以及国家主

---

① 周平：《论中国的国家认同建设》，《学术探索》2009 年第 6 期，第 35～40 页。

权的动摇，公民个体在身份结构上出现多重化现象，难以确定其所归属的单一共同体并产生归属感，削弱了国家认同的水平。在经济方面，经济资本的全球化流动使得本国经济体系受到了冲击，经济市场的全球化使本国经济变得十分脆弱，削弱了本国调节经济发展、保护民族企业的能力，公民个体逐渐失去了对国家经济管理能力的信任，国家认同水平持续下降。在文化方面，全球化进程促进了不同文化主体之间的交往互动，不同文化的异质性也决定了文化冲突的不可避免，强化了民族认同的构建，造成了国家认同与民族认同的疏离，族群冲突、种族歧视以及分裂活动频频发生。[1]

3. 我国中小学生国家认同现状堪忧

中小学生是我国未来建设的中坚力量，正处于世界观、人生观和价值观塑造的关键阶段，正确引导中小学生处理个体与国家的相互关系十分重要。根据曾水兵对于中国青少年国家认同的调查结论：社会转型的巨大变化使得当代中小学生虽然体现出对国家较强的情感依赖，但是对于国家的评价相对较低，情感态度与行为意识出现偏差；文化多元化弱化了中小学生对于中国传统文化的认同，部分学生对于中国的传统节日不感兴趣，相反，更喜欢西方节日，此外，民族语言认同以及民族历史记忆认同都出现了削弱的现象；鉴于当前学校思想政治教学的不足以及中小学生缺乏参与政治生活的实际经验，有超过半数的学生不了解社会主义核心价值观，部分学生的政治立场并不坚定。[2] 根据郑航等对青少年国家认同的调查结论：当代青少年对于国家在情感上的认同高于认知上的认同，而情感式认同容易受到多元文化影响而摇摆不定，或自我迷恋，或狂热激情，缺乏理性决断，而现代国家建设更需要公民基于理性的认同；当代青少年在国家认同中的群与己关系上认识不足、感受不深，在国家与个人、国家利益与民族利益之间的关系上把握不好。[3]

4. 我国国家认同教育迫在眉睫

国家认同是我国实现民族振兴、国家富强的基础，国家认同并不是与

---

① 王卓君、何华玲：《全球化时代的国家认同：危机与重构》，《中国社会科学》2013 年第 9 期，第 16～27 页。

② 曾水兵：《加强中小学生国家认同教育的理性思考》，《中国教育学刊》2012 年第 11 期，第 31～34 页。

③ 郑航、颜小芳：《青少年国家认同及其教育：困境与对策》，《当代青年研究》2015 年第 4 期，第 5～12 页。

生俱来的，需要教育的深度介入。当前，国家认同教育已经开始在学校教育中系统地展开，然而，当前学校国家认同教育仍然存在一些亟待解决的问题。第一，教师主观化。教师肩负着国家认同教育的重要使命，教师的主观主义对于学生国家认同的培养有很大的影响乃至于造成认同偏离。部分中小学教师不了解民族传统文化及生活习俗，在教学过程中用经验的目光审视学生、理解教学，因而不能深度认识和把握国家认同的核心，形成主观主义教学，这一方面不利于师生关系的培养，另一方面不利于不同文化群体的融合，国家认同教育达不到理想的效果。第二，教学表层化。部分教师在教学过程中并没有对国家认同进行深度的融入，认为国家认同素养体现在教材的相关叙述中，不需要直接进行国家认同的解释与升华，例如，对于历史课教学的使命教育重视不足，强化了知识传授，对于语文教学的母语情怀避之不谈，强化了工具价值，这样一来，学生对国家认同的理解受到了限制。

（三）国家认同教育课程的目标

国际组织及世界各国对于国家认同教育都十分重视。联合国教科文组织学习成果衡量特设工作组的标准工作组发布了《作为学习成果的核心素养草案：幼儿、小学和中学》，明确指出培养中小学生的群体认同，并使其认识到群体的共同文化、宗教、价值观等。欧盟在其发布的《终身学习的核心素养：欧洲参考框架》中提到培养学生的社交和公民素养，使其了解自己国家的重大事件，知道社会和政治运动的目的，具有对本国的归属感，志愿参与公民活动，支持社会多元性等。法国在其颁布的《共同基础法令》中提出培养学生的社会交往与公民素养，学生应了解国家的象征、民主生活的基本规则、共和国的基本价值观念等。[1]

中国颁布的《中国学生发展核心素养》中将国家认同教育的培养目标描述为，"具有国家意识，了解国情历史，认同国民身份，能自觉捍卫国家主权、尊严和利益；具有文化自信，尊重中华民族的优秀文明成果，能传播弘扬中华优秀传统文化和社会主义先进文化；了解中国共产党的历史和光荣传统，具有热爱党、拥护党的意识和行动；理解、接受并自觉践行社会主义核心价值观，具有中国特色社会主义共同理想，有为实现中华民

---

① 林崇德：《学生发展核心素养研究》，北京师范大学出版社，2016，第86页。

族伟大复兴中国梦而不懈奋斗的信念和行动"。[①]

2017年，我国教育部颁布的《中小学德育工作指南》在总体目标中指出，"培养学生爱党爱国爱人民，增强国家意识和社会责任意识，教育学生理解、认同和拥护国家政治制度，了解中华民族优秀传统文化和革命文化、社会主义先进文化，增强中国特色社会主义道路自信、理论自信、制度自信、文化自信，引导学生准确理解和把握社会主义核心价值观的深刻内涵和实践要求，养成良好政治素质、道德品质、法制意识和行为习惯，形成积极健康的人格和良好心理品质，促进学生核心素养提升和全面发展，为学生一生成长奠定坚实的思想基础"。

综上，我们可以认为国家认同教育的目标，是让学生了解我国国体政体、传统文化以及核心价值等基本内容，在主动探究和具身体验的基础上，形成学生的身份意识、归属意识及国家意识，能够从国家统一、和平发展的视角思考问题，具有自觉捍卫国家利益、主动弘扬国家传统、坚决拥护党的领导、为实现中国梦而不懈奋斗的信念和行动。基于学者李艺等提出的核心素养的三层架构图，我们可从"双基"层、问题解决层、学科思维层三个维度设计小学阶段国家认同教育的具体目标。[②]

1. "双基"层

"双基"层，或称知识素养层，主要是指基本知识和基本技能层面。国家认同教育在此层面所体现的具体目标是使学生能够了解和掌握中华人民共和国、公民、民族、国家、中国共产党、社会主义核心价值观、中国梦等中心概念；了解和掌握个体与个体、个体与集体的关系，权利与义务的关系；认识我国的地理疆域；了解我国的民族构成；了解我国的组织机构及制度；了解和掌握我国的语言文化；了解我国的重大变革与优秀传统；了解中国共产党的历史和光荣传统；了解和掌握社会主义核心价值观的具体内涵；理解中国梦的具体内涵；形成对国家认同的基本认识。

2. 问题解决层

问题解决层，或称能力素养层，主要是指解决问题过程中所习得的基本方法和能力层面。国家认同教育在此层面所体现的具体目标是使学生通过主动探究学习和具身体验学习，学会和掌握搜集、选择、归纳、整理信

---

① 核心素养研究课题组：《中国学生发展核心素养》，《中国教育学刊》2016年第10期，第1~3页。

② 李艺、钟柏昌：《谈"核心素养"》，《教育研究》2015年第9期，第17~23+63页。

息的方法和能力；学会和掌握审美、阅读、撰写的方法和能力；学会和掌握独立思考、批判分析、多视角审视、理性判断的方法和能力；学会和掌握团队协作、交流沟通、总结表达的方法和能力。

3. 学科思维层

学科思维层，或称品格素养层，主要是指系统学习中所形成的认识世界和改造世界的世界观、价值观和方法论层面。国家认同教育在此层面所体现的具体目标是使学生具有捍卫国家主权、尊严和利益的意识；具有传播优秀传统文化和社会主义先进文化的情怀；具有维护世界和平、维护国家稳定的视野；具有拥护中国共产党领导的信念；具有参与公民活动的意愿；具有实现中国梦的行为。

在国家认同这一核心素养的层叠结构中，三层架构形成完整的国家认同教育系统，相互依托而又相互归属，"双基"层是骨骼，问题解决层是肌肉，学科思维层是灵魂，共同将学生塑造成一个具备国家认同素养的发展的人。

（四）国家认同教育课程的内容

综合国家认同的多角度理解，考虑小学学段学生的认知特点，在保证课程内容系统连贯的基础上，我们将国家认同的具体内容聚焦为七个大概念和三大学习领域，七个大概念分别为地域认同、身份认同、语言认同、民族认同、文化认同、历史认同以及行为认同，三大学习领域分别为国情常识教育、文化理解教育和共同价值观教育。

1. 七个大概念

（1）地域认同

国家认同是最高层次的认同，也是强度最低的认同。地域认同是原生性的，是国家认同强有力的前提和基础，国家认同是建构性的，是地域认同的最高表现形式。地域是共同体的生存空间，地域认同是某一地理位置或空间区域的形象等各个方面给个体带来的综合心理感知及归属感，是个体对某一区域的理念认知、赞成和信任的程度。[1] 地域认同这一要素使学生认识中华人民共和国的地理疆域及中国的世界影响，理解中国与世界之

---

[1] 王俊秀、杨宜音主编《中国社会心态研究报告（2015）》，社会科学文献出版社，2015，第24页。

间的相互关系及中国扮演的角色。

（2）身份认同

身份认同是个体对其所属群体与其他群体差异性的认知，在现代国家中，个体只有完全确认并适应及认可本国公民身份，才能整体提升国家认同水平。身份认同主要关注于使学生确认及接受中国公民身份，了解作为中国公民的权利和义务，认同中国的国体政体，赞同中国特色社会主义道路。

（3）语言认同

语言（包括文字）作为一种符号体系，具有塑造人类思维、构建国家认同的巨大力量。语言认同是国家认同的一种重要表现形式，是指个体或群体通过清晰或刻意使用某种特定语言文字的交际和象征作用，区分我群和他群、表示身份和归属的认知行为活动。[①] 语言认同这一层次主要是指使学生了解和掌握我国语言选择、语言规范化、语言立法等相关内容。

（4）民族认同

现代国家往往由多民族构成，民族是国家存在的基石，民族认同也是国家认同存在的必要条件，民族认同与国家认同紧密联系，共生共济。民族认同是个体对本民族的信念、态度以及归属，是对本民族身份、语言、风俗及共同价值的承认、接纳与支持。[②] 中华民族是一个由 56 个民族组成的统一体，民族认同强调让学生了解我国不同民族的语言文字，了解并尊重各民族的风俗习惯，具有民族团结的意识。

（5）文化认同

在现代多民族国家，文化认同是使民族认同上升为国家认同的关键，在尊重民族文化差异的基础上，塑造统一可接受的政治文化，是提升国家认同的重要方式。文化认同是指"特定个体或群体认为某一文化系统（价值观念、生活方式等）内在于自身心理和人格结构中，并自觉循之以评价

---

① 张军：《蒙元时期语言认同建构之经历与经验》，《新疆社会科学》2008 年第 1 期，第 70~75 页。

② 李艳霞、曹娅：《国家认同的内涵、测量与来源：一个文献综述》，《教学与研究》2016 年第 12 期，第 49~58 页。

事物，规范行为"。① 文化认同关注学生了解世界多元文化，培养对我国的文化自信，培养对我国社会主义先进文化的认同，吸收和借鉴国外优秀文化。

（6）历史认同

一个民族的历史是民族安身立命的基础，一个国家的历史是国家合法存在的前提，"欲知其国民对国家有深厚之爱情，必先使其国民对国家以往历史有深厚的认识"。② 历史认同已不局限于历史学科本身，而是对"我们从哪里来，我们到哪里去"的深入回答，是唤醒民族凝聚力、民族精神的支柱，是个体对国家历史的承认与敬畏、维护与传承。历史认同关注学生了解中华民族 5000 多年的文明史、中国人民 170 多年的斗争史、中国共产党 100 年的奋斗史、中华人民共和国 70 多年的发展史；培养学生正确认识历史、评价历史的态度；坚持一个中国的原则。

（7）行为认同

行为认同是国家认同的重要方面，无论何种方式的认同，最终都会反映在具体的行为中，行为认同是国家认同程度的直接体现。个体如若在行为上不能将个体与国家联系在一起，不愿为了国家利益牺牲自己，那么其国家认同水平仍然处于较低水平。行为认同主要培养学生自觉捍卫国家利益，不从事危害国家安全的活动；促进民族团结，认清"藏独"本质，不信谣，不传谣；维护祖国统一，反对"台独"等分裂活动的行为倾向。

2. 三大学习领域

国家认同教育已受到包括我国在内的世界各国的普遍重视，根据搜集到的世界各国较为成功的国家认同教育材料，结合我国基本现实，我们可将国家认同教育内容分为三大学习领域，分别是国情常识教育、文化理解教育、共同价值观教育。

（1）国情常识教育

国情常识教育是国家认同教育的基础部分，主要包括国家政治常识教育、国家象征常识教育、国家成就常识教育、国家安全常识教育四个方面。

---

① 黄岩、乌峰：《国家认同探析》，《中央民族大学学报》（哲学社会科学版）2013 年第 2 期，第 23～27 页。

② 王仲孚：《历史认同与民族认同》，《中国文化研究》1999 年第 25 期，第 10～16 页。

国家政治常识教育：让学生了解我国的国体，政体，执政党，现行的政治制度、经济制度、文化制度、法律制度等内容。

国家象征常识教育：让学生了解我国的国旗、国徽、国歌等政治象征，了解故宫、长城、丝绸、旗袍、龙等文化象征。

国家成就常识教育：让学生了解国家经济的发展、科技的进步、人民生活水平的提高、世界地位的增强。

国家安全常识教育：让学生了解传统国家安全问题与非传统国家安全问题，国家安全的时势，危害国家安全的行为，提升忧患意识、危机意识、公民意识。

（2）文化理解教育

文化理解教育是国家认同的重要部分，主要包括历史文化教育、国家语言教育和国际理解教育三个方面。

历史文化教育：让学生了解中华文明的五千年历史、中国人民的奋斗史、中国共产党的奋斗史、中华人民共和国的发展史，了解历史上的重大事件，还原历史真相，培养正确史观；让学生了解我国各地优秀的传统文化、风俗习惯，发扬民族精神，传承中华美德。

国家语言教育：让各民族学生了解我国语言使用规范，熟练使用普通话进行表达，使用汉字进行规范书写；了解母语与外语的关系；提升语言使用道德水平。

国际理解教育：让学生认识到我国文化的多样性以及世界文化的多样性；理解不同民族、不同国家的文化差异；培养学生的文化包容，树立学生的文化自信。

（3）共同价值观教育

共同价值观教育是国家认同的核心部分，主要包括社会主义核心价值观教育和中国梦教育两个方面。

社会主义核心价值观教育：让学生了解"富强、民主、文明、和谐、自由、平等、公正、法治、爱国、敬业、诚信、友善"24字的具体内涵；了解社会主义荣辱观；了解中国特色社会主义共同理想。

中国梦教育：让学生了解中国梦的国家内涵、民族内涵与个体内涵；培养学生为努力实现中国梦而不懈奋斗的信念和行动。

（五）国家认同教育课程的组织设计

课程组织是课程开发中的重要环节，主要分为垂直组织和水平组织两种，垂直组织具体包括分割、分层、单线、螺旋等组织方式，水平组织具体包括学科分立零散组织、学科内部主题并列、不同学科中一致概念安排、围绕主题广泛组织要素、科际整合形成新模式等组织方式。[①] 结合我国小学阶段的实际情况，我们将国家认同教育课程的内容设计为"主题综合—螺旋契合"的组织模式。

1. 主题综合

根据国家认同教育的学习领域，立足学生兴趣特点，国家认同教育课程在水平方向上进行主题综合学习，使学生们能够获得全面的学习与发展。我们将课程名称设置为"厉害了我的国"，每个年级具体内容设置如下。

一年级主题为"国家符号"，主要课程内容是让学生了解国旗等国家象征，地形等国土疆域，长江等湖泊河流，故宫等代表建筑，社会主义等国家性质，进行国情常识教育，让学生对自己的国家形成一个概括的、初步的认识，并使其能够在学习的过程中简单地搜集信息，整理资料，归纳总结。

二年级主题为"国家宝藏"，主要课程内容是让学生了解我国灿烂的民族文化以及科技成果，例如服饰文化、节日文化、饮食文化、戏曲文化等代表文化，以及联合国教科文组织批准的《人类非物质文化遗产代表作名录》中的我国项目，同时包括四大发明、陶瓷、冶金等科学技术成果，进行文化理解教育，让学生在学习的过程中树立文化自信，能够进行文化发展的描述，能够进行简单的科技小制作与小发明。

三年级主题为"国家记忆"，主要课程内容是让学生了解国家历史上的重大事件，例如战国七雄、开元盛世、鸦片战争、五四运动、"九一八"事变、南京大屠杀、新中国成立、香港回归等，进行国情常识教育和文化理解教育，让学生在具体事件中感受中华民族的艰苦奋斗与民族自豪，让学生在学习的过程中学会能够正确地看待历史记忆，能够对于当前某些否

---

① 吕立杰、袁秋红：《校本课程开发中的课程组织逻辑》，《教育研究》2014 年第 9 期，第 96～103 页。

定历史的行为做出正确认识和判断。

四年级主题为"国家安全"，主要课程内容是让学生了解国土安全、军事安全等传统国家安全问题以及信息安全、资源安全、社会安全、疾病预防等非传统国家安全问题，进行国情常识教育和共同价值观教育，让学生在学习的过程中提高危机意识，提升辨别是非的能力。

五年级主题为"国家形象"，主要课程内容是让学生了解我国当前的经济文化建设及科技发展水平，了解我国在亚洲以及世界的重要地位及作用，了解我国在国际事务中扮演的角色，进行文化理解教育和共同价值观教育，让学生在学习的过程中能够站在国际的视角看待中国的形象，思考中国的发展。

六年级主题为"国家梦想"，主要课程内容是让学生深入学习社会主义核心价值观和中国梦内涵，进行共同价值观教育，培养学生为努力实现民族复兴而不懈奋斗的信念和行动。

2. 螺旋契合

基于小学阶段学生的认知水平与生活经验，国家认同教育课程在垂直组织上进行螺旋契合的学习，我们将国家认同教育内容分为三个学段进行层次设置，帮助学生不断加深对国家认同的总体认识。

（1）认识我的国（1~2年级）

处于低学段的学生识字量较少，认知水平及理解能力有限，其对于事物及现象的兴趣往往来源于好奇，只能停留在直观认识的水平上。因此，对于低学段学生进行国家认同教育，主要是充分调动学生看、听、触摸等直观感觉，力图让学生产生不同的情绪体验，形成对国家符号的基本认识和对国家宝藏的直观感受。

（2）了解我的国（3~4年级）

处于中学段的学生思维能力水平有所发展，概括能力处于形象抽象水平，间接推理能力获得发展，理解能力有所提高，有了初步的判断能力和是非观念。中学段处于低学段到高学段的过渡阶段，对于中学段学生进行国家认同教育，主要是进行批判思维、综合思维的发展，让学生理性认识国家记忆，能够为国家安全贡献自己的微薄力量。

（3）热爱我的国（5~6年级）

处于高学段的学生具备了一定的知识基础和对国家的基本认识，其语言理解能力和认知加工能力也已获得了长足发展，对于事物的判断也有了本质与非本质的思考，学生的人生观、价值观开始初步建立，对其进行国家认同教育则可以引入基本的共同价值观教育，让学生在思想层面认识和思考国家形象，在行动层面认同和践行共同价值观。

（六）国家认同教育课程的实施建议

一门课程发挥其功能的关键在于实施。为了解决以往国家认同教育中所暴露的问题，国家认同教育课程的实施应有所突破、有所创新，形成围绕小学生国家认同素养提升的多渠道、多手段、多面向的立体网络。综合来看，新时期的国家认同教育课程的实施应重点把握"六个基于"。

1. 基于理性的国家认同教育

国家认同是基于且高于民族认同的群体认同。当前，国家认同呈现两种认同取向，一种是基于情感的文化—心理取向，一种是基于理性的政治—法律取向，对应的也存在两种教育方式，一种是情感式国家认同教育，一种是理性式国家认同教育。[①] 情感式国家认同教育强调历史文化的凝聚作用，通过召唤个体对国家的忠诚和归属实现国家认同教育。然而，情感式国家认同教育的局限性体现在，其在多民族国家极易导致民族认同高于国家认同，族群的自我认同容易导致对他者的阻隔排斥乃至冲突对峙，使国家内部发生割裂。理性式国家认同教育与前者不同，出于情感但因基于理性而高于情感，其将国家视为政治共同体，重视个体与国家之间休戚相关的关系，强调公共利益下个体的权利和义务，尊重并包容不同民族、不同种族的差异。基于理性的国家认同教育是现代多民族国家进行国家认同教育的核心理念，通过理性审视达到共情式理解，是培养冷静思考、理智判断以及果断行动的国家公民的正确选择。

2. 基于体验的国家认同教育

国家认同教育虽然离不开系统的理论知识的学习，但是考虑到小学生的年龄特点，增加互动参与、亲身体验的实践将有助于提升国家认同教育的效果。资料显示，韩国学校有近百种体验活动，例如传统艺术活动、各种仪式活动等，新加坡为了培养学生的国家认同感，实施学生社区服务计

---

① 郑航：《国家认同教育：培养理性的爱国者》，《教育研究与实验》2012年第3期，第22～27页。

划、文明礼貌月活动等。① 诸如参观博物馆、举行升旗仪式、探访革命遗址、志愿服务、游历名山大川等丰富多彩的体验活动能够让学生陶冶情操、开阔视野、深入社会，亲身感受我国的悠久历史、璀璨文明、峥嵘岁月、瞩目成就等，使学生逐渐树立起民族自豪感和爱国自信心，坚定保卫国家、建设国家的决心和立场。基于体验的国家认同教育能够激发学生的积极情感体验，而不仅仅是停留在知识层面的机械积累，同时可以最大限度地体现学生在社会中的自我价值，通过这些微观的国家元素进行认同教育，逐渐使学生形成宏大的国家认同感。

3. 基于反思的国家认同教育

反思是意义建构和认知发展的重要途径，基于反思的国家认同教育要注重培养学生的反思能力，促进学生的反思性学习。反思性学习是学习者对于自身学习活动中的思维过程以及行为结果进行再思考、再认识的一种学习方式。反思性学习有助于学习者纠正不足，巩固知识，整理思路，掌握策略，探寻本质，最终达到新的认识水平。基于反思的国家认同教育在教育过程中注重循序渐进地培育学生的自我意识、批判精神、探究能力、意志力和行动力，为学生设置可以激发其兴趣和好奇心的情境，逐步引导学生发现问题、提出问题，继而探索问题、解决问题。② 在问题解决的过程中，教师需要不断地予以确认和反馈，引起学生反思，强化学生反思，形成"反思—反馈—反思"的螺旋思考，让学生接近问题本质。例如，对于雾霾这类非传统国家安全问题，逐渐培养起学生参与公共决策的积极性及社会责任感等优秀品质。

4. 基于涉身性的国家认同教育

涉身性主要是指主体依赖身体的物理性进行认知活动，在国家认同教育中，我们更强调其关涉自身的指向。传统的国家认同教育往往停留在口号上或者书本上的机械宣讲、电影或者博物馆中的客观呈现，这使得学习者在认知以及行为倾向上认为国家认同是"他人的事"，是那些"高层人物的事"，"毫不关己，高高挂起"，与自己没有丝毫关系。因此，国家认同教育必须使学习者个人与国家紧密联系在一起，强化学习者的涉身性。基于涉身性的国家认同教育应努力引导青少年将个体利益与日常生活拓展

---

① 杜兰晓：《韩国、新加坡国家认同教育的特点及启示》，《学校党建与思想教育》2012年第34期，第92~95页。
② 姚林群：《论反思能力及其培养》，《教育研究与实验》2014年第1期，第39~42页。

到社会领域及国家层面，在社会层面以及国家层面体会到个体利益受到保护，个体发展得到保障，由此，学生切身体会到国家发展带来的幸福，从而由内而外地产生国家认同感和归属感。

5. 基于社区的国家认同教育

学校是国家认同教育的主要场所，但是国家认同教育是一项贯通学校、家庭和社会的系统工程，仅仅停留在校园内的国家认同教育是远远不足的。[①] 基于社区的国家认同教育将努力构建学校—家庭—社会的联合体，打造学校主导、家庭辅助、社会支持的全面教育体系，共同提升学生的国家认同意识。家庭是学生成长的重要环境，家庭成员对于国家的行为态度对学生认识国家有着潜移默化的影响，家长应该主动创建积极正向的家庭氛围，做好榜样示范，引导孩子热爱祖国，热爱民族，渗透我国优秀传统文化，带领孩子参观博物馆，开阔视野，让孩子学会承担社会责任，为树立正确的国家意识奠定基础。国家认同教育离不开社会的支持，各类社会组织、政府单位等应积极创设学生共同参与的实践活动，拓展学生在社会参与中能够与国家结构机制、公民权利义务进行互动的渠道，起到模拟训练的作用，提升学生的政治敏感，强化国家情感，促进国家认同的形成。

6. 基于媒介的国家认同教育

在信息技术高速发展、信息传播日益多元的新时代，除了新闻、广播、报刊、影视作品等传统媒体以外，互联网、微信、微博、手机游戏等现代化新媒体已经进入广大学生的视野，成为其必备的用以获取信息、展现自我的途径。基于媒介的国家认同教育要充分利用多样化的新媒体技术，引导学生形成正确的国家认同意识。新媒体的使用给人们的生活带来了深刻的变革，一方面是机遇，另一方面是挑战。学生的判断能力尚未全面发展，容易受到各类不良信息的影响，例如网络上传播的腐朽的意识形态，影片中恶俗的改编情节，等等，因此，占据网络教育制高点、净化新媒体市场十分重要。与此同时，充分发挥媒体的正向引导功能，利用网络开设国家认同教育的专题网站，例如法国曾开设的"少年参议院"网站等，还要通过影视剧作品中的光辉人物形象激励学生的家国情怀。

---

① 曾水兵、陈油华：《论青少年国家认同教育的三种基本途径》，《教育科学研究》2016 年第 4 期，第 5~9 页。

第五章　大概念教学的设计案例

事实上，有关大概念教学的研究已经开始受到教育领域中理论研究与实践探索的广泛关注，例如大概念视角下的单元整体教学构型、中学地理大概念下的单元教学设计、大概念统整的高中唯物辩证法教学研究、基于语文学科大概念的教学转化、追求理解的逆向教学设计等研究，成都天府新区华阳小学的"大概念视角下的课堂教学活动"，山东省基础教育"大概念教学主题研讨"教学改革论坛以及北京教育学院王春名师工作室"大概念视野下的单元整体教学"等活动，为大概念教学的理解与实施提供了诸多解决方案。但不可否认的是，当前大概念教学仍然存在两方面的现实困境。

一方面，大概念教学理念受到足够重视，但尚未得到有效理解。部分教师在教学过程中较为重视基础知识的获得，缺少思维方法的锻炼，重视大概念内容的获得，缺少现实意义的延伸，哈伦指出，"如果教学法并不与大概念的需求衔接，只是建议教学内容应该关注大概念是没有用的"。[①]教师对于大概念教学理念的简单理解认为，只要教会了学生大量的基础概念，学生就可以按照概念层级形成大概念，但事实上当学生无法将基础概念相互联系起来时并不能在新情境下得以迁移运用，学生只是拥有了"大概念工具包"，却不知道如何使用"大概念工具包"去认识、理解以及改造世界，教学便成为无意义的活动。究其原因主要是教师尚且未能更好地理解大概念理念，未能从更高的视角上领会到大概念教学的根本目的，未能认识到大概念教学对于学生核心素养发展的重要价值。

另一方面，大概念教学正在寻求突破但仍未摆脱传统教学的依存惯性。大概念教学以大概念为核心进行教学组织，大概念既是教学内容又是

---

① 宗德柱：《大概念教学的意义、困境与实现路径》，《当代教育科学》2019 年第 5 期，第 25~28 + 57 页。

组织中心。舒尔曼指出，越是接近学科中心的少而精的大概念，"它们就会更加具有模糊性、难以捉摸和多维的复杂性"，"我们最好意识到少比多更难处理，少比多更为复杂，少比多更加神秘和隐晦"。[①] 部分教师在构思大概念教学时无法摆脱传统教学惯性，仅仅意识到大概念作为教学内容的侧面，忽视了其对于组织教学过程的引领价值，这使得教师在教学实践过程中缺少教学的方向性与指引性，思路与视野依旧局限在以往的教学设计过程中，弱化了对于大概念教学的实践指导效用。

基于此，笔者选取不同教育阶段的内容进行不同角度的大概念教学案例的设计，以期能够产生较深的影响及示范效应。

一　语文学科

※ "学会观察"

2018 年 1 月，教育部发布最新普通高中课程标准，首次使用大概念一词来统整各学科课程内容，引领课程与教学改革，并指出："进一步精选学科内容，重视以大概念为核心，使课程内容结构化，以主题为引领，使课程内容情境化，促进学科核心素养的落实。"这一文件明确提出了大概念在学科教学的中心位置，强调了以大概念来促进学科核心素养的落实。2019 年秋，全国统一使用统编版小学语文教材。统编版教材突破传统教材，采用"双线组织单元，加强单元整合"的编排理念，每个单元设置"人文主题"和"语文要素"两条线，从三年级起，每个单元都设有"单元导语"统领着单元的教学主题。同时，不同学段的知识结构采用"螺旋式"编排，给大概念的教学提供了基础。笔者基于大概念与学科语文教学建构单元教学设计模式，以期用学科大概念来简化和整合教学内容，凸显语文课程与社会生活的联系，丰富语文课程的内涵，推进小学语文课程与教学改革。

1. 本单元的内容分析

本案例选自统编版小学语文三年级上册第五单元"观察"习作单元，是以培养习作能力为核心编排的单元。写好观察类文章是小学作文的重要

---

① 〔美〕舒尔曼（Lee S. Shulman）：《实践智慧：论教学、学习与学会教学》，王艳玲等译，华东师范大学出版社，2016，第 314～318 页。

类型，而"观察能力"是衡量学生语文能力的要素之一。本单元先编排了《搭船的鸟》《金色的草地》两篇精读课文，接着通过"交流平台"先回顾了两篇精读课文中的观察对象，并小结了留心观察的重要性，然后回顾了这些观察对象的"特别"之处，并小结这样"特别"的发现正是源于作者观察的细致。最后出示《我家的小狗》《我爱故乡的杨梅》两篇习作例文，根据例文和习作指导完成《我们眼中的缤纷世界》一文。整个单元以"观察"为主线，通过一系列阅读和习作活动，引导学生体会"留心观察"和"细致观察"的好处，着力培养学生主动观察生活的意识和习惯，为今后的习作能力发展奠定基础。

首先，本单元的主题为"留心观察"，语文要素是"体会作者是怎样留心观察周围事物的"，习作要求是"仔细观察，把观察所得写下来"。学生学习留心观察，目的是积累生活素材，有内容可写，不断提高习作能力。教材力图引导学生做生活的有心人，留心观察周围的人、事、物、景，记录自己独特的观察感受。其次，结合"观察"能力在《小学语文课程标准（2011年版）》（以下简称《课标》）的要求，《课标》指出习作教学的总目标是学生"能具体明确、文从字顺地表达自己的见闻、体验和想法，能根据需要运用常见的表达方式写作，发展书面语言运用能力"。而在第二学段的"习作"板块中提出，让学生"观察周围世界，能不拘形式地写下自己的见闻、感受和想象，注意把自己觉得新奇有趣或印象最深、最受感动的内容写清楚""乐于书面表达，增强习作的自信心。愿意与他人分享习作的快乐"。并且对"观察"能力的要求随着年级的上升不断提高，整体呈螺旋上升的态势。可见，《课标》对于"观察"能力的要求并不只是简单地习得观察的基础知识，而是指向更高阶的运用，要养成观察思维和观察意识，并鼓励采用多元化的形式将自己的观察所得表现出来，注重个体的观察体验，形成个人独特的感受。在这里，笔者依据第二学段的要求进行对"观察"习作单元的设计。

先前，学生在第一学段已进行了基础的观察训练，如教师在课堂中引导学生观察插图、观察汉字等，并在二年级的"看图写话"训练中，学会怎么"写清楚"，并且学会初步的观察顺序，比如从整体到部分观察图画，按一定的顺序观察图画，同时加上"口语交际"的训练，说出自己的观察所得，具备了初级的观察能力。本单元的设计在此基础上，初步学习观察作文的写法，旨在通过本单元的学习，积累习作素材，学会如何观察，逐步培养观察习惯，为今后的习作能力做铺垫。

2. 定核心：确定大概念，绘制概念网络

当前，综合学者们的相关论述，语文大概念的寻找与确定可依托于课程标准、单元导语（学习主题）、课程文件中核心语句和高频词语、语文教材内容和教参建议，或者采取向语文教育专家咨询等方式。而确定大概念，则是教师基于自身的学科理解的过程，也是教师推测学生理解的过程，需要围绕单元学习主题去反复分析、筛选和修订。统编教材提供了大单元的教学结构，但大单元的出发点不是某一个知识点，而是强调知识的有机联系，即使是大单元备课也需要将教学细化到每一个课时。因此，使用大单元进行铺垫的大概念教学需要在明确大概念之后绘制概念网络，完成单元大概念到课时大概念的转化，使大概念成为大单元的统帅核心，帮助教师深刻理解大单元的内容联结，同时为教师开展大单元视野下的大概念教学提供整体化思路。

首先，确定大概念，需要研读《课标》和相关的教材与教参。在实际语文教学当中，教材是《课标》的细化，教参是教学重要的参考依据。笔者将"观察"大概念放入教材与教参中，结合不同的学段对"观察"的要求，发现"观察"学科大概念可以对教材多个单元进行统领，并且根据不同学段的要求，将观察的对象细化成"图片""动物""植物""人物""场景"等，并丰富了观察的方式，强调要有自己的观察所得。由此，笔者结合"观察"在小学习作的定位，以及教材和教参的映照，可提炼出"观察"大概念：观察是指在一定学科知识背景下，运用感觉器官或借助科学仪器有目的、有计划地对外界事物进行感知的思维活动。

其次，确定大概念，需要对单元内容进行统整，提炼内容框架。在三年级上册第五单元"观察"习作单元中，习作单元编排了《搭船的鸟》《金色的草地》两篇精读课文和《我家的小狗》《我爱故乡的杨梅》两篇习作例文，主要包括"观察动物"、"观察植物"和"观察一处自然现象"这一基本知识，单元的编排体现了"观察对象""观察方法""观察思维"这一核心概念，教学旨在引导学生善于观察生活中的事物，并且留心不同的观察方法，调动多种感官，掌握观察周围事物的方法和能力，体会"观察得细致"带来的好处，培养观察能力与习惯。

最后，提炼单元核心概念，构建概念网络。本单元的人文主题为"学会留心观察"，语文要素是"体会作者是怎样留心观察周围事物的"，习作题目是《我们眼中的缤纷世界》，习作要求是"仔细观察，把观察所得写下来"，即要求学生选择观察对象进行观察活动时，需要运用一定的观察方法去观察事物，并借助一定的观察思维来完成观察思考。因此，本单元的次级概念为：了解观察对象的相关学科知识，形成对观察事物的初步感知；运用恰当的观察方法和观察顺序，探究所观察事物的本质特征；借助一定的形式，完成观察思考，表达观察所得。其中，"观察对象"、"观察方法"、"观察顺序"、"观察思维"和"观察心得"属于基本知识，也是一篇完整的观察习作文章中必不可少的基本内容。"观察"习作单元内容框架如图 5 – 1 所示。

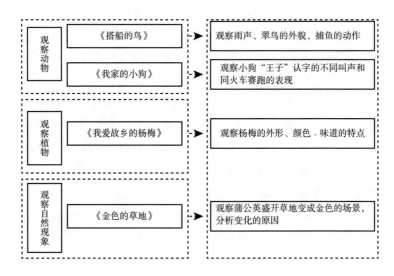

图 5 – 1   "观察"习作单元内容框架

3. 定目标：基于大概念，设计教学目标

基于所绘制的大概念网络，教师需要结合教学主题进行大单元教学目标的设计，除了大单元教学目标以外，同时要设计课时教学目标。其中，大单元教学目标需要指向的是大概念，课时教学目标需要指向的是概念网络中的子概念，使得大概念成为整合整个单元教学内容的航标，将碎片化的目标达成转变为层级性的目标达成，深化学生对知识的理解以及对大概念的领悟和迁移。此外，教师在进行教学目标设计时要进行高站位、高观点的审视与思考，植根学科本质性理解进行目标设计。

"观察"习作单元的四篇课文内容非常贴近儿童，以日常生活中的动物、植物和场景为描写对象，表现周围世界的五彩缤纷。针对大概念，"观察是指在一定的学科知识背景下，运用感觉器官或借助科学仪器有目的、有计划地对外界事物或人进行感知的思维活动"。通过"观察"大概念下的基本概念，可将教学目标更加围绕核心问题"观察动物""观察植物""观察一处自然现象"，采取儿童们喜闻乐见的生活素材，将观察活动更加聚焦，观察习作目标更加具体（见图 5 - 2）。

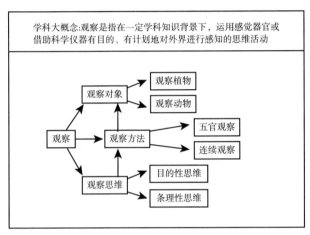

图 5 - 2　"观察"习作单元概念框架

结合小学语文课程标准中的内容要求，由大概念统领下的单元教学的核心目标如下。

第一，观察"身边的小动物——鸭子"，掌握观察动物的一般方法，学会以从整体到局部、从头到尾的顺序观察动物的外形特点，了解动物的生活习性；通过连续动词的运用，表达对动物的喜欢和细致观察。

第二，观察"身边的水果——橘子"，掌握观察植物的一般思路，学会用"五官观察法"观察植物的特点，感受联想的奇妙；通过阅读积累丰富的词汇和修辞手法，体会作者对所描写植物的喜欢。

第三，观察"豆芽的生长过程"，通过连续观察，掌握观察自然现象的一般思路，学会抓住现象的变化，思考变化的原因；在阅读中感悟作者如何运用时间变化的顺序，把事物变化的原因写清楚，提升学生对事物细节的感知。

第四，结合生活实际，尝试运用表格法记录自己的观察发现，养成留心观察事物的习惯。

第五，借助课文和习作例文，初步了解好的习作标准，写完后主动读给同伴听，并进行自我修改。

从教学目标来看，大单元视角下的大概念教学直接指向了培养学科核心素养。本单元是习作单元，是学生语言表达能力的重要体现，在语文核心素养"语言建构与运用""思维发展与提升""审美鉴赏与创造"中的体现如下。

语言建构与运用：积累关于常见动物、植物、自然现象的相关词语；感知名家描写所观察事物的语言特色；学会描写动物时运用动词，描写植物或自然现象时运用修辞手法。

思维发展与提升：能够在观察动物、观察植物和观察自然现象的活动中，运用相关的观察技能，形成自己的观察思维；在一系列的观察活动中，运用表格归纳法，提炼出完整的观察活动的要素，将其运用在不同的生活情境中。

审美鉴赏与创造：掌握观察动物、植物、自然现象的相关技能；通过观察活动留心生活中不同事物的美；总结观察作文的写作思路，撰写观察作文，表达个体对观察事物的独特感受。

4. 定任务：围绕大概念，构建情境任务

大概念具有抽象性、可迁移性和概括性，如果直接运用于教学，既不便于具体教学知识的落地，也不便于学生知识的建构，因此需要教师充分挖掘教材，挖掘生活中可进行利用的学习资源，创设科学合理的大单元教学情境任务能够有效提升学生对大概念的理解与迁移。在情境任务中，学生能够经历思维的发展过程，像专家一样思考而不是简单获得专家结论。一般而言，大单元教学情境任务要保持情境的真实性与完整性以提升学生关联、理解与迁移大概念的能力，同时大概念要作为线索将一个个独立的情境任务片段相互联结，将概念网络作为情境任务片段中的"锚点"。如此，与大概念密切相关的情境任务材料便附着了通向大概念的"印记"。

本单元是让学生完成以"我们眼中的缤纷世界"为题的观察作文，需要教师通过情景创设、问题驱动的方式，让学生在真实情景当中，解决蕴含于子概念系统里的系列子问题。基于此，笔者以"观察鸭子""观察橘子""观察豆芽的生长过程"三个活动为情境任务，撬动课堂，逐步解决如何观察动物、如何观察植物、如何观察一处自然现象这三个基本问题，从而理解我们眼中的"缤纷世界"是我们用心去观察的，需要动

用技能去理解、运用思维去表达的。具体而言，在"观察"习作单元中，一共设置了四个课时的学习，包括三个观察活动和最后的当堂写作环节。第一课时"如何观察动物"，以具体的"学会观察鸭子"为核心目标，撬动课堂，通过对鸭子的实物观察、视频分析，在鸭子、小狗和翠鸟的对比中，积累关于描写动物类文章的方法和技巧；第二课时"如何观察植物"，以具体的"观察橘子"为切入点，运用"五官观察法"观察植物，理解观察和想象碰撞的奇妙；第三课时"如何观察自然现象"，聚焦"观察豆芽的生长过程"的交流分享，并深入教材进行分析，感受自然现象的奇妙以及连续观察的特点；第四课时基于以上活动的观察积累，学生可选择自己最感兴趣的事物进行创作表达，从而落实对核心概念的理解。如表 5 - 1 所示。

表 5 - 1　大单元视野中的大概念习作教学设计

大概念	观察是指在一定的学科知识背景下，运用感觉器官或借助科学仪器，有目的、有计划地对外界事物或人进行感知的思维活动		
情境任务	"我是优秀观察员"系列观察活动		
课时划分	主要内容	具体任务	对应概念体系
第一课时	观察动物	【情境任务 1】观察"身边的萌宠——鸭子"，完成观察记录单，对比《我家的小狗》《搭船的鸟》，体会描写动物的方法	学会以从整体到局部、从头到尾的顺序观察动物的外形特点，了解动物的生活习性；通过阅读掌握如何表达对动物的喜欢，学会动词的运用
第二课时	观察植物	【情境任务 2】观察"身边的水果——橘子"，了解"五官观察法"，对比《我爱故乡的杨梅》，通过记录单运用"五官观察法"描写自己喜欢的水果	学会用"五官观察法"观察植物的特点，感受联想的奇妙；通过阅读，体会作者对喜爱的水果的喜欢，积累丰富的词汇和修辞手法
第三课时	观察自然现象	【情境任务 3】观察"豆芽的生长过程"，小组合作探究豆芽变化的原因；对比《金色的草地》，看看两种自然现象有何不同	学会连续观察，掌握观察生活场景的一般思路，学会抓住场景的变化，思考变化的原因
第四课时	《我们眼中的缤纷世界》	【情境任务 4】小组合作探究本周"我是优秀观察员"活动，探究一篇完整的观察习作应具备的要素	总结观察习作在写作思路的共同要素，在习作中表达自己的观察所得，珍视个体表达

5. 定评价：指向大概念，组织教学评价

贯穿大概念的大单元教学评价虽然是基于目标的评价，但不是孤立针对每一个目标的评价，而是要将评价的重点放在大概念的理解与迁移上，布鲁姆曾指出，如果我们能够找到让学生通过实践方式运用抽象知识的问题，就可以此来测试理解程度。由此可见，大单元教学评价需要组织大情境作为基本背景，且该情境与前文提到的情境任务同属于某一大概念下的等价情境，即检测学生对同一大概念理解的不同情境任务。因此，教师在选用评估方式时，不仅观照是否能够衡量学生对于大概念背后意义的理解程度，还要正确地解释或者运用所学的内容，既要过程性评价与终结性评价相结合，也要注重评价主体的多元化。

第一，注重过程性评价与终结性评价相结合。在"观察"单元的教学中，要以核心概念的理解为基础，对学生的观察学习和习作展开全过程评价。例如：在观察活动开始前，以制作"观察小问卷"的方式，了解不同同学的观察基础，明确教学活动的起点；在观察活动中，可采用"观察记录单"的方式，可从同学们填写的情况直观反映出观察的收获，例如在"观察橘子"活动中，利用学习单将观察的感受记录下来（见表5-2）；在观察活动结束后，先对照学生先前的观察基础，再根据习作情况对学生的整体观察水平进行综合评价。除此之外，还可以采用"小小观察展""评选优秀讲解员""植物大观园"等方式，一方面不仅能延展学生的学习体验，对学习成果进行巩固，另一方面还能增强学生的个性化表达意识。

表5-2 "观察橘子"学习单

部位观察法	整体	叶子	茎	果皮	果肉	橘核
看						
尝						
听						
摸						
闻						
想象						

第二，注重评价主体的多元化。在"观察"单元中，可用学生自评、组内互评和共评等多元评价主体方式，充分调动学生参与观察活动的热

情。在学生自评中，可以让学生对照"我是小小观察家"的习作清单标准
（见表5－3），让学生进行对照评分，看看自己对事物的观察是否具体，还
有哪些提升的空间；在组内互评中，可以让小组进行合作，学习其他小组
观察活动当中的优势和长处，学习他人是如何将事物观察得这么细致的；
在师生共评中，可采用自荐与推选相结合方式确定"观察评审员"，选出
本节课当中的"观察小明星""观察小作家"，等等。多元主体评价的方式
能够充分激发学生观察事物的兴趣，推动课程高效实施。

表5－3　观察习作评价

观察习作清单标准	星级评分	自评	他评
1. 观察记录中运用一到两种观察方法，记录完整	☆ ☆ ☆ ☆ ☆		
2. 运用修辞手法，把自己印象最深刻的一处景物或事物描写具体，条理清晰，语句生动，富有真情实感	☆ ☆ ☆ ☆ ☆		
3. 能把自己的习作读给一位以上的同学听，并进行修改	☆ ☆ ☆ ☆ ☆		

6. 定结果：揭示大概念，开展学习反思

不同于小概念学习，大概念需要教师的揭示与学生的领悟。在完成有
设计的教学任务以及教学评价后，基于大单元的大概念教学需要在单元结
束后回溯到大概念本身。尽管经过大单元学习后，学生能够自主建构事实
与概念之间的关系，形成概念生长，但是学生个体未必能够找到概念网络
背后的大概念信息。因此，教师需要在大单元结束后组织学生进行大概念
揭示，进行概念与概念之间、概念与大概念之间的梳理，可以采用概念拼
图的方式进行反思引导。

概念拼图使学生由"被动学习"转变为"主动学习"，在小组内将大
概念所分成的不同子概念进行细化，小组内的每个成员各自负责一个子概
念，通过拼图的方式表明子概念之间的关系及子概念与大概念之间的
关系。

"观察"习作单元的大概念是："观察是指在一定的学科知识背景下，
运用感觉器官或借助科学仪器，有目的、有计划地对外界事物或人进行感
知的思维活动。"教师可将其分为3块拼图（即子概念），分别是观察动
物、观察植物、观察一处自然现象。首先，教师呈现拼图1"观察鸭子"，
帮助学生回忆本单元在观察动物时，观察了哪些动物，主要抓住了动物的

哪些特点进行观察的，运用了怎样的观察方法和写作手法，哪些地方是让你印象深刻的。其次，教师呈现拼图 2 "观察橘子"，帮助学生回忆观察水果或植物的思路是什么，运用了哪些观察方法，通过怎样的语言表达体现观察得细致，如何把观察中的新发现写清楚。最后，教师呈现拼图 3 "观察豆芽的生长过程"，帮助学生回忆观察自然现象或生活场景的一般思路是什么，是如何进行连续观察的，是如何抓住观察对象的变化特点和分析原因的，并说说在整个观察过程中印象最深刻的是什么。通过 3 块拼图的完整联结，师生可以共同提炼出观察习作所具备的共同要素，即有明确的观察对象，选择恰当的观察方法和观察顺序，用观察思维来表达观察所得，从而能够清晰地呈现 "观察" 习作大概念的全部内容。

7. 教学设计反思

因此，教师要充分理解大概念的丰富内涵，在理解教材和针对学情的基础上，创造性地使用教材，利用大概念的 "聚合性" 来聚焦核心问题，创设活动，提供能帮助学生理解的学习工具和策略，让 "大概念教学" 富有成效。大单元视角下的 "大概念" 教学，能够将语文核心素养落实到具体的教学之中，培养学生具备专家的思维方式，提升学生解决真实情境问题的能力。在语文学科大概念教学中，一方面，"大概念" 的锚点要突出单元的人文主题，另一方面，基于大概念，创设的情境任务要指向单元的语文要素。只有这样，才能将人文主题和语文要素进行有效结合，才能更好地帮助学生完成对学科知识的自我建构，促进学生实现对知识的迁移和运用能力的提高，调动学生学习的积极性和热情，围绕学科核心概念对学科知识进行深度理解，使学科核心素养真正落地。

二　数学学科

※ "立体几何初步"

大概念是将核心素养落实到具体教学中的锚点，本身具有深刻的内涵。大概念是基于学科的基本结构和方法，它们不是具有简单具体答案的事实问题，而是指向具体知识背后的核心内容。深入把握大概念在教育领域中的价值，将有效推进我国的教育改革进程。为促使大概念理念落地课堂，本部分就单元 "立体几何初步"，在大概念下进行单元整体教学设计，使学生逐步形成空间观念，学会用数学的眼光观察世界、数学的思维思考世界、数学的语言表达世界，引导学生解决现实生活中的问题。

"立体几何初步"的研究对象是空间图形和空间图形的位置关系，它在发展学生的直观想象和逻辑推理的素养、培养学生的空间观念中发挥着重要的作用。在以往的教材和教学中，往往更多关注空间图形具有什么特征、图形位置关系具有什么性质和判定方法、怎样解决一个具体的立体几何问题等。在已有的文献中，对于"立体几何初步"的教学研究也更多地集中在一些具体的解题教学策略上，涉及立体几何思想方法的研究也多结合具体内容进行，对于立体图形要研究什么、研究的基本路径是什么、研究的基本方法是什么、解决立体几何问题的基本思路是什么等立体几何学习的基本问题关注不够，而这些才正是提升学生发现和提出问题、分析和解决问题的能力，发展数学学科核心素养的重要方面。

课程单元开发的七步框架包括选择单元主题、筛选大概念群、确定关键概念、识别主要问题、编写单元目标、开发学习活动和设计评价工具。威金斯和麦克泰格的单元逆向设计三阶段包括确定预期结果、确定合适的证据、设计学习体验。①

1. 选择单元主题

《普通高中课程方案（2017年版2020年修订）》中，主题3几何与代数由"平面向量及其应用""复数""立体几何初步"三部分内容组成，在这里，笔者选择的是第三部分内容"立体几何初步"。立体几何是研究现实世界中物体的形状、大小与位置关系的数学分支。空间图形是现实世界物体的抽象，学生观察世界，首先接触的是具体的几何体，因此对于立体几何的研究非常重要。

2. 筛选大概念群

大概念可以从课程标准、学科核心素养、专家思维、概念派生四种自上而下的方式中提取，也可以从生活价值、知能目标、学习难点、评价标准四种自下而上的方式中提取，但是在很多情况下，大概念的筛选是几种方式共同作用和验证的结果。笔者从新课程标准和数学核心素养（直观想象）中，结合本单元重难点几个方面，抽象出空间观念是此单元的大概念。

① Wiggins G., Mctighe J., Understanding by Design (Expanded 2nd ed.) (Aloxandria: Association for Supervision & Curriculum Development, 2005), pp. 201 - 220.

3. 确定关键概念

关键概念，包括要素理解和视角知识两个方面。要素理解是指每一个关键概念都是由一个要素体系来进行支撑的，确定和定义这个支撑体系才能更好地实施大概念；视角知识是指教师不仅要了解学习大概念需要什么样的知识基础，同时还要知道目前教授的大概念与学生未来可能遇到的情境的关联。

a. 要素理解

- 物体的大小在头脑中的表象；
- 物体的形状在头脑中的表象；
- 物体各部分之间的位置关系在头脑中的表象；
- 物体的数量关系在头脑中的表象。

b. 视角知识

- 借助空间形式认识事物的位置关系、形态变化与运动规律；
- 利用图形描述和分析数学问题；
- 增强运用几何直观和空间想象思考问题的意识；
- 形成数学直观，在具体的情境中感悟事物的本质。

4. 识别主要问题

主要问题：什么是空间观念？如何建立空间观念？详见表5-4。

表5-4 "立体几何初步"中的主要问题

主要问题	关键概念
什么是空间观念？	空间观念可以是物体的大小在头脑中的表象
	空间观念可以是物体的形状在头脑中的表象
	空间观念可以是物体的各部分之间的位置关系在头脑中的表象
	空间观念可以是物体的数量关系在头脑中的表象
如何建立空间观念？	借助空间形式认识事物的位置关系、形态变化与运动规律
	利用图形描述和分析数学问题
	增强运用几何直观和空间想象思考问题的意识
	形成数学直观,在具体的情境中感悟事物的本质

5. 编写单元目标

目标设计首先要明确预期学习结果，课堂、单元和课程在逻辑上应该从想要达到的学习结果导出，而不是从我们所擅长的教法、教材和活动导出。详见表5-5。

表 5 – 5　"立体几何初步"单元目标

所确定的目标：
- 学生将以长方体为载体,认识和理解空间点、直线、平面的位置关系
- 用数学的语言表述有关平行、垂直的性质与判定,并对某些结论进行论证
- 了解一些简单几何体的表面积与体积的计算方法
- 运用直观感知、操作确认、推理论证、度量计算等认识和探索空间图形的性质
- 建立学生的空间观念感,感悟立体几何中蕴含的数学思想

6. 开发学习活动

基于威金斯和麦克泰格所提出的大概念学习过程,笔者对立体几何初步这一单元进行活动设计,每个活动代表不同的学习计划（见表 5 – 6）。

表 5 – 6　"立体几何初步"学习活动

活动一
- 从向学生呈现一些实物(图片),并向学生提出问题"这些物体(图片表示的物体)具有怎样的形状？数学中,这种形状的物体叫作什么？如何描述它们的形状？"导入,吸引学生用数学的语言表达客观世界,解释立体几何的数学价值
- 教师给学生介绍基本问题和表现性任务
- 提示学生进行课外阅读,查找相关文献以支持学习活动和表现性任务。作为一个持续性的活动,学生要根据习题小册评价标准将日常的习题整理成小册,以便后期的总结和评估

活动二
- 学生搜集身边的实物或者图片,课上与其他同学和老师分享,教师引导学生对物体(图片表示的物体)进行观察,抽象出图形或者几何体,介绍斜二测画法,学生画出自己搜集资料而观察到的形状

活动三
- 老师展示图片(笔尖运动成线,塔的侧面由线运动形成,水平放置的长方体由面运动形成),学生讨论问题:构成空间几何体的基本元素是什么？
- 师生共同探究空间中点与直线、直线与直线、直线与平面、平面与平面的位置关系及其定义,为后面学习一系列的判定定理与性质定理做准备,并学会用数学符号语言表示位置关系,教师用超级画板展示,方便学生观察,并让学生举出实例:(1)点运动的轨迹是线、线运动的轨迹是面、面运动的轨迹是体;(2)异面直线的例子。帮助学生感悟从具体到抽象的原则,逐步建立空间观念感
- 进行有关用数学符号语言表示空间中位置关系的测验

活动四
- 利用实物、计算机软件等观察空间图形,在观察这些物体时,进行引导:"观察一个物体,将它抽象成空间几何体,并描述它的结构特征,应先从整体入手,想象组成物体的每个面的形状、面与面之间的关系,并注意利用平面图形的知识。"引导学生将实物图片所表示的几何体按照"由若干个平面多边形围成的"和"封闭的旋转面围成的"分成两类,得到多面体和旋转体的概念。结合表示棱柱的实物,对组成这一类多面体的各个面的形状、位置关系进行分析,分析组成物体的每个面的形状、面与面之间的位置关系,进而抽象出棱柱的概念。帮助学生感悟从整体到局部的原则,逐步建立空间观念感
- 小组合作,对于其他多面体和旋转体类似棱柱处理,并探索会求柱体、椎体、台体、球体的体积

- 进行棱柱、棱锥、棱台、圆柱、圆锥、圆台概念的测验，立体几何中与表面积、体积有关的测验

活动五

- 学生了解4个基本事实（公理）和一个定理，教师引领学生对定理进行证明

活动六、七

- 教师引导学生回顾直线与平面平行、平面与平面平行的定义，归纳出线面平行、面面平行的判定定理、性质定理，进行证明位置关系的测验

活动八、九

- 教师引导学生回顾直线与平面垂直、平面与平面垂直的定义，归纳出线面垂直的判定定理、性质定理，并会用几何法求线面角、面面角，进行证明位置关系的测验

活动十

- 师生共同研讨：在学习过程中，利用直线与直线的位置关系，研究直线与平面的位置关系，利用直线与平面的位置关系研究平面与平面的位置关系。反过来，由平面与平面的位置关系可进一步理解直线与平面的位置关系，由直线与平面、平面与平面的位置关系又可进一步确定直线与直线的位置关系。在对空间直线、平面的平行、垂直关系进行研究时，要充分体现这一过程。研究直线、平面的位置关系时，由简单到复杂、由易到难是研究的一般思路

活动十一

- 学生设计教案，班级内自由组合两两一组，互相讲解线面平行、面面平行、线面垂直、面面垂直性质定理的证明，在此过程中，帮助学生形成良好的空间观念感，提升学生的直观想象、逻辑推理能力
- 每位同学制作一本习题小册，对于位置关系证明题用几何法证明，并保留习题小册，在后面学习用向量法证明位置关系以及用向量法求线面角、二面角后进行比较，客观地认识这两种方法
- 学生先对自己的习题小册自评，各小组内再交换习题小册互评，依据习题小册的评价标准给小册打分。每位同学结合组内成员做错的习题，分析错因并写下文字性评语

活动十二

- 在单元总结时，教师评价学生的教案、习题小册、互评表。师生共同回顾本单元的学习，对于学生的空间观念感，是否有了一定的提升

活动十三

- 在学习结束后，进行单元测验，考查学生在不同情境中运用立体几何的思想解决复杂几何问题的能力

空间图形问题转化为平面图形问题，是解决空间图形问题的重要思想方法。

在研究直线、平面的位置关系时，由简单到复杂、由易到难是研究的一般思路。

以活动一引入，使学生明白本单元授课方向，知道基本问题与表现性任务，带着问题与任务开始单元学习。

活动二充分调动学生参与学习的热情，认识空间图形的结构特征、平面表示（直观图），可以培养学生的空间观念。

活动三、四对立体几何的研究应从对空间几何体的整体观察入手，在认识空间图形的结构特征、平面表示（直观图）的基础上，抽象出组成空间图形的基本元素——点、直线、平面，并结合长方体直观认识这些组成元素的位置关系；再进一步研究直线、平面的特殊位置关系——平行和垂直，重点研究其判定和性质。这种处理方式，从整体到局部，从一般到特殊，在尽量符合数学逻辑严谨性要求的前提下考虑到学生的认知规律，为学生提供一个从具体到抽象、循序渐进、逐步严格的学习过程，为从合情推理到逻辑推理的过渡创造条件，有利于学生空间观念的培养。在学习立体几何内容时，还要重视对几何语言的培养和训练，帮助学生有逻辑地思考和表达。图形是从实物和模型第一次抽象后的产物，也是形象、直观的语言；文字是对图形的描述、解释与讨论；符号则是对文字语言的简化。立体几何的研究过程，要特别注意"模型→图形→文字→符号"这个抽象的过程。

活动五至活动九无论是对空间几何体的认识，是描述平面的 3 个基本事实的得出，还是相关定义、判定和性质定理的得出，都要首先强调实物原型的作用，让学生从实物原型中抽象出几何图形，发挥直观图形的作用，在图形基础上发展其他数学语言。另外，在立体几何的学习中，在描述定义、定理、性质时，开始借助集合语言描述几何对象之间的关系，学生比较陌生。应注意将符号语言与图形、文字语言相结合，安排一些图形、符号、文字表示它们之间相互转化的内容，训练学生正确地认识和描述空间的几何图形，并注意几种语言的综合运用，使其优势互补，帮助学生克服这一难点，也为更好地进行逻辑推理打下基础。①

活动十可以将学生学习的知识在大概念下进行整合，使学生在头脑中形成知识网络，活动十一至活动十三既是对学习知识的检查，也培养学生的评价能力，在活动过程中，培养学生的团结合作的能力，培育学生的科学创新精神和创新意识，使学生在学习数学的过程中，不仅能获得良好的数学教育，更能够在学习中获得不同的发展。

7. 设计评价工具

大概念教学最终指向的是学生能自主地解决真实世界的问题，与此相

① 李海东：《基于核心素养的"立体几何初步"教材设计与教学思考》，《数学教育学报》2019 年第 1 期，第 8~11 页。

对应，斯特恩（Stern. J）提出三种评价方式，即学习性评价，目的是为学习的推进收集证据；学习的评价，目的是对阶段性的学习成果进行总结；学习式评价，目的是让学生在学习中学会评价。学习性评价和学习的评价都强调要引入表现性任务，所谓的表现性是指任务里包含解决问题的大概念。在具体编写时，真实性任务应该满足两个符合，即符合世界的复杂性、符合学生的兴趣和经验。另外，引导学生"对评价进行学习"。"对评价进行学习"是大概念教学格外强调的，不仅要学会评价他人，更关键的是要学会评价自我。① 详见表 5-7。

表 5-7 "立体几何初步"评价设计

表现性任务：
- 任务 1：学生收集、阅读几何学发展的历史资料，撰写小论文，论述几何学的发展过程、重要结果、主要人物、关键事件及对人类文明的贡献
- 任务 2：学生设计教案，班级内自由组合两两一组，互相讲解线面平行、面面平行、线面垂直、面面垂直性质定理的证明，在此过程中，帮助学生形成良好的空间观念感，提升学生的直观想象、逻辑推理能力；在设计教案的过程以及日常学习的过程中，每位同学需要制作一本习题小册，对于位置关系证明题用几何法证明，并保留习题小册，在后面学习用向量法证明位置关系以及用向量法求线面角、二面角后进行比较，客观地认识这两种方法；依据习题小册的评价标准，各小组内交换习题小册互评。每位同学结合组内成员做错的习题，分析错因并写下文字性评语

其他任务：
- 课堂测验——用几何方法证明直线与平面、平面与平面的位置关系问题；用几何法会找、会求线面角、二面角
- 对理解的非正式检查——学生"立体几何初步"单元学习中日常作业的检查
- 观察与对话——讨论问题时各组的情况以及学生在小组时对问题的见解

学生自我评估：
- 自制的习题小册
- 在单元学习结束时，反思自己在本节课解决问题时的困难与不足
- 在单元学习结束时，感悟自己的空间观念感是否有进步

基于大概念的单元整体教学设计作为一种教学设计理念和策略，强调实施统一的单元学习目标和单元评价目标，在帮助学生构建概念的同时发展学生的核心素养。基于发展学生核心素养的学习需要，大概念下单元整体教学过程要充分照顾学生的认知过程，使学生能更好地理解数学知识的

---

① 刘徽：《"大概念"视角下的单元整体教学构型——兼论素养导向的课堂变革》，《教育研究》2020 年第 6 期，第 64~77 页。

整体性、思想方法的一致性、思维素养的系统性，培养学生解决数学问题的能力。在此过程中，单元教学不能离开课时教学，课时教学又是单元教学的组成部分，必须关注单元与课时、课时与课时之间既有层次又有联系的特殊关系，从整体上把握教学内容，能确保知识结构的完整性。[①] 比如，本单元充分利用单元这个核心工具，使学生系统地学习立体几何，重点发展学生的数学抽象、数学运算、直观想象和逻辑推理素养，使学生逐步形成空间观念。

高中数学课程中，立体几何在发展学生的直观想象与逻辑推理等数学学科核心素养、培养学生的空间观念方面发挥着不可替代的作用。[②] "立体几何初步"内容的教材编写和教学，要结合立体几何内容的内在逻辑和学生的认知特点，构建研究框架和教材的结构体系，让学生体会从一般到特殊研究立体图形及其位置关系的过程；通过直观想象、数学抽象得到立体几何研究对象，让学生学会用数学的眼光观察世界；通过类比、转化等方法发现和提出如何研究立体图形位置关系的问题，找到研究立体图形位置关系的思路，让学生学会用数学的思维思考世界；在解决具体立体几何问题中，重视基本图形的作用，循序渐进地安排推理训练，让学生学会用数学的语言表达世界。这样，学生既掌握了"四基"，又提高了"四能"，并发展了"核心素养"，从而体现了大概念在教育中的价值、几何教学的育人价值。

三　英语学科

※ "Work and play"

英语课程旨在全面贯彻党的教育方针，落实立德树人的根本任务。义务教育阶段英语课程是面向全体学生、发展核心素养的基础课程，具有工具性与人文性的特征。大概念能够将碎片化的英语知识整合，使单一的语言能力向综合素养转变，从而实现有效地迁移。以大概念为纽带，是引领

---

① 李玉国、赵杰：《指向核心素养养成的单元大概念教学策略——以人教版（2019）高中数学必修一"集合"为例》，《中学数学》2020 年第 19 期，第 5~8 页。

② 李海东：《基于核心素养的"立体几何初步"教材设计与教学思考》，《数学教育学报》2019 年第 1 期，第 8~11 页。

英语单元教学变革的重要途径。大概念是设定教学目标的锚点、选择重构教学内容的依据、组织教学过程的重要参考，也是开展有效教学评价的关键指标。

1. 单元内容全局分析

本案例选自上海教育出版社义务教育教科书《英语》五年级下册Module2 即第二模块，主题为 Work and play（工作与娱乐）。包含四、五、六三个单元，单元话题分别为：Reading is fun、At the weekend、Holidays。在本模块中，学生需要学会使用 be going to 表达将来所要做的事情，同时也需要掌握与单元话题相关的一些词汇的听、说、读、写等技能。

本套教材的编写采用螺旋式上升的方式，Work and play 这个模块话题，在前几册教材均无出现，但在三年级下册和四年级下册的第二模块，均有与此相关的话题：My favourite things，话题内容涉及动物、玩具、学校生活、运动、音乐等。这些语篇内容为五年级下册 Work and play 这一模块主题的理解奠定了一定基础。另外，在六年级下册的第二模块有相同话题 Work and play，单元话题涉及艺术、手工、运动等。从知识学习角度看，三、四年级以一般现在时态的学习为主，五六年级以一般将来时态的学习为主。五年级下册第二模块虽然是一般将来时态的学习，但是学生在第一模块中学习了用 will 表示将来，对于时态的理解和运用已经有所铺垫，为本模块中用 be going to 表示将来进行了充分的准备。

2. 定核心：确定大概念，绘制概念网络

主题为语言学习和学科育人提供了主题范围或主题语境。本模块的主题为 Work and play。在人与自我、人与社会、人与自然三个主题语境中，Work and play 属于人与自我主题语境中的生活与学习主题群。模块中每一单元内容都围绕主题群展开，如第四单元的话题为 Reading is fun，主要由一个对话语篇和一个文本构成。对话语篇讲述了 Kitty 和 Alice 两人讨论对不同类书籍的兴趣爱好；文本语篇以 Book week 为题，讲述图书周学生们的不同活动。两篇语篇均在讲 Work。第五单元的话题为 At the weekend，对话语篇中老师和 Kitty 以及学生们讨论在即将到来的周末准备做的事情，他们有各自的活动，如：踢球、陪爷爷奶奶看电视、划船、放风筝等，这些活动的英文短语均在三年级和四年级下学期相关模块主题中学习过。Read a story 部分则讲述了一个有深刻价值判断的小故事，题为 Tomorrow：雨天，小猴子没有房子住，他决定"明天就盖房子"，可是第二天天气晴朗正值周末，小猴子又十分贪玩，并没有盖房子。随着一天天过去，直到再下雨，小猴子才意识到自己没有房子，又说"明天就盖房子"。第六单元的话题为Holidays，以对话语篇的形式讲述了Kitty一家人计划去三亚旅游的事宜，在Look and read部分以题目为Welcome to Sanya讲述了三亚的美丽风光。

从知识学习上看，六个语篇都使用be going to来表示将来要发生的事情，并以此为核心将六个语篇形成一个相对完整的脉络，使学生在学习的过程中，循序渐进地习得语言知识与获得技能，形成概念化的、可迁移的能力。此外六个语篇中，Tomorrow的小故事可以引发学生很多思考，可以使学生根据具体情境做出选择，形成初步的价值判断，辩证地处理工作与娱乐的关系。基于此，我们将本模块的大概念定为"时态能够帮助人们判断行为动作发生的时间和发生时所呈现出来的状态"。结合教材的呈现，可将本单元内容网络和概念网络绘制如下（见图5-3、图5-4）。

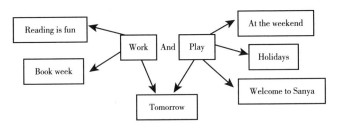

图5-3 "Work and play"单元内容网络

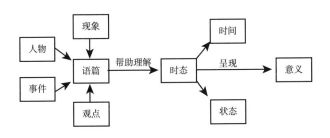

图5-4 "Work and play"单元概念网络

3. 定目标：基于大概念，设计教学目标

大概念确定后，我们需要根据课程标准的相关要求（宏观的课程目标）、大概念体系（中观的教学目标）以及学生的学习起点（具体的学习目标）制定大单元（本案例在教科书中被称为模块）教学目标。基于"时态能够帮助人们判断行为动作发生的时间和发生时所呈现出来的状态"，

我们将总体教学目标设计如下。

第一，学生能够基于语篇内容获取语言知识并进行判断。

第二，学生能够理解"be going to"句式表达的意义并运用其进行简单交流。

第三，学生能够对工作和娱乐有了解并对未来生活有一定的规划意识。

语篇作为内容载体，承载表达主题的语言知识和文化知识，为学生提供了丰富、多样的语言素材，是体现英语学科本质的重要因素。教师要将大概念目标与教学内容充分融合，依托语言素材的内容和特点划分课时，并设计单课时教学目标，将原本碎片化的语言知识和文化知识统整，形成结构化的脉络体系。基于此，笔者对原有课时安排进行调整，在总课时不变的情况下，课时划分和单课时教学目标如表5-8所示。

表5-8 "Work and play"单元目标及课时内容

单元总目标	课时划分	课时目标	课时内容
学生能够基于语篇内容获取语言知识并进行判断	第一课时	1. 掌握话题相关词汇及句型的听、说、读、写技能 2. 能简单表述（口语、书面）读书时候的感受 3. 基本能口头表达观点及想法	Reading is fun
	第二课时	1. 掌握话题大意及一定的阅读策略 2. 简单表述（口语、书面）对读书周活动的认知 3. 基本能写下自己的观点及想法	Book week
学生能够理解"be going to"句式表达的意义并运用其进行简单交流	第三课时	1. 掌握话题相关词汇及句型的听、说、读、写技能 2. 能简单口头表达周末的活动	At the weekend
	第四课时	1. 掌握话题相关词汇及句型的听、说、读、写技能 2. 熟悉"be going to"所表达的意义	Holidays
	第五课时	1. 掌握话题大意及一定的阅读策略 2. 运用"be going to"结构进行简单交流	Welcome to Sanya
学生能够对工作和娱乐有了解并对未来生活有一定的规划意识	第六课时	1. 掌握话题大意及一定的阅读策略 2. 思考与表达：如果你是小猴子，你会怎样做，为什么？	Tomorrow

4. 定任务：围绕大概念，构建情境任务

大概念的形成首先需要基于理解基本概念，在充分理解的基础上，学生才能学会辩证地处理工作与娱乐的关系，从而形成大概念。结合六个语篇的具体内容发现，除 Tomorrow 语篇外的五个语篇，均与主人公 Kitty 有关，分别讲述了 Kitty 参与的读书活动、周末活动以及假期活动。这些活动与学生生活息息相关，可以快速引发学生的共情，有效推进大概念的形成。在此基础上学生再学习蕴含深刻意义和价值判断的"Tomorrow"这个虚构的小故事，学生才能主动思考，产生有效的判断。

科学合理的单元教学情境任务能够推动英语学科的语言知识和文化知识的获得，有利于大概念的理解、形成与迁移。基于小学生具象思维的特征，情境任务也更能贴合学生的学情，使学生在相对真实的情境下，运用所学解决真实问题，从而得出基于实践的、有意义的结论。因此，情境任务的设计是以大概念为引领，依据单元总目标设计情境任务，再依据单课时目标设计分解任务（见表 5-9）。

表 5-9　"Work and play"单元情境任务

大概念	时态能够帮助人们判断行为动作发生的时间和发生时所呈现出来的状态	
情境任务	My world，my way	
课时划分	主要内容	具体任务
第 1~2 课时	Reading is fun Book week	【情境分任务 1】 假如明天你将组织一个读书活动,你将有哪些工作要做呢?
第 3~5 课时	At the weekend Holidays Welcome to Sanya	【情境分任务 2】 "五一"假期就要到了,请计划一下你的假期活动
第 6 课时	Tomorrow	【情境分任务 3】 你对于未来的生活是如何规划的?

5. 定评价：指向大概念，组织教学评价

大概念引领的大单元教学要体现教—学—评一体的设计思路，使其贯穿教学的始终。大单元的教学评价应该根据大概念的具体内容、大单元的教学目标以及大单元总的情境任务而确定大单元总的评价体系，根据总的评价体系，设计课时评价与情境任务评价，再根据情境任务评价确定更微观的评价要点。教师也要根据动态评价，及时调整教学策略，推进对大概念的理解与迁移的实现。经过讨论，笔者设计如下（见表 5-10）。

表 5 – 10 "Work and play" 单元评价要点

大概念	时态能够帮助人们判断行为动作发生的时间和发生时所呈现出来的状态		
情境任务	My world , my way		
课时划分	主要内容	具体任务	评价要点
第 1 ~ 2 课时	Reading is fun Book week	【情境分任务 1】 假如明天你将组织 一个读书活动,你将 有哪些工作要做呢?	1. 能用简单的语言交流 2. 领悟时态表达的意义
第 3 ~ 5 课时	At the weekend Holidays Welcome to Sanya	【情境分任务 2】 "五一"假期就要到了, 请计划一下你的 假期活动	1. 有逻辑地阐释观点 2. 理解时态表达的意义
第 6 课时	Tomorrow	【情境分任务 3】 你对于未来的生活 是如何规划的?	1. 有条理性地说明观点 2. 准确使用时态进行交流

6. 定结果：揭示大概念，开展学习反思

学生个体不同，对大概念的理解存在一定差异。因此，需要教师在单元教学实施结束后，再次回溯到大概念本身，帮助学生进一步明晰大概念。对于单元结束后的大概念的解释，教师要善于使用结构化、条理清晰的教学策略，借助语篇内容和语言知识等载体，促使学生自主形成概念拼图。

本案例的大概念是"时态能够帮助人们判断行为动作发生的时间和发生时所呈现出来的状态"，教师可将其分为 3 块拼图（即子概念），分别是学生能够基于语篇内容获取语言知识并进行判断、学生能够理解"be going to"句式表达的意义并运用其进行简单交流、学生能够对工作和娱乐有了解并对未来生活有一定的规划意识。教师通过 3 块概念拼图的完整联结帮助学生深度了解时态的意义及运用。

总之，大概念将单元知识内容与能力指向关联起来，形成包括知识与能力在内的体系网络，学生们通过对大概念的理解与应用，实现了知识向能力、能力向素养的转化。围绕大概念进行教学设计，可使教师站在单元整体角度制定教学目标，这样使课时教学目标紧紧围绕单元大概念逐步深化，使知识学习的过程与大概念的形成过程同步行进，促进知识的迁移与应用。

四　物理学科

※"相互作用——力"

《普通高中物理课程标准（2017 年版 2020 年修订）》指出要通过物理学科教学培养学生的物理学科核心素养，即学生历经高中三年系统的物理学习，在未来面对真实问题情境时，能够像物理学家一样思考并解决问题。为此，大概念教学能为实现此目标提供高效教学途径。教师通过从大概念层面进行教学设计，以单元知识体系为教学材料，选择真实性的教学情境，高屋建瓴地将整个单元的教学内容通过一个或几个紧密联系的生活情景进行有机整合，有利于打破课时与课时教学内容孤立、教学情境脱节的局面，突出"物理来源于生活，用之于社会"理念；进而促进学生头脑中知识网络的形成以及面对真实问题情境时思考解决问题的思维和方法的形成，为未来生活打下坚实基础。总之，物理学科以大概念教学方式开展，不仅通过真实生活情境、知识系统将"课"变为"课程"，而且打通物理与真实世界的联系，促进学生核心素养的发展、提升学以致用能力。

1. 单元内容全局分析

"相互作用——力"选自 2019 年人教版普通高中教科书物理学必修 1第三章，属于一级主题"相互作用与运动规律"的内容。针对此单元内容，进行知识网络结构整合分析如下。第一，《普通高中物理课程标准（2017 年版 2020 年修订）》将物理必修 1 分为"机械运动与物理模型""相互作用与运动定律"两个主题，结合学生义务教育阶段所习得的科学知识、物理知识和在日常生活中形成的经验，这两个主题的教学旨在创设宏观机械运动情境，引导学生认识一维直线上的运动与宏观物体相互作用，初步形成运动与相互作用的物理观念；并在教学过程中渗透模型建构、等效替代等思维，贯穿不同性质力的影响因素、力与运动关系的实验探究，融入相关物理学史，全方位培养学生的物理学科核心素养。第二，为使学生"运动与相互作用观"的物理观念实现从一维直线上升到二维平面，从宏观世界到微观世界的突破和飞跃，通过打破学期、学年界限，提升教师审视课程结构站位，改变备课格局，可以发现必修2 课程中"曲线运动与万有引力定律"主题将运动延伸至二维平面甚至拓展至宇宙行星的运动，并揭示了平面运动物体的受力本质；选择性必修 1"动量与动量守恒定律"主题则从宏观世界转至微观领域，带领学生探讨微观世界中物质的运动和相互作用。基于此，"运动与相互作用观"的物理观念所提炼出来的学科大概念为"物体间相互作用产生的作用力遵循矢量叠加原理"，学生熟练掌握物理必修 1 包含的主题是奠定"运动与相互作用观"的基础和核心，为后续深入学习建立根基。

学生在学习本章知识之前，在初中对生活中常见力有了定性的认识、知道二力平衡、接触过等效替代的科学思维、完成了高中第一个必做实验；在数学方面学习了简单的三角函数、会用数学几何中的方法做辅助线；因此教师在本章教学中要带领学生在对生活中常见力的定性研究基础上开展对其的定量研究，将基于二力平衡的直线思维发展至共点力平衡的平面思维，结合物理课程标准中针对本章知识体系给出的"探究弹簧弹力与形变量的关系""探究两个互成角度的力的合成规律"必做实验培养科学探究能力，强化控制变量的实验方法和等效替代思维。此外，在学习本节课之前，学生通过日常生活经验对生活中常见力有一定的感官认识，教学要基于学生日常生活中形成的感性认识，从真实问题情境出发，带领学生学习本章内容。

2. 定核心：确定大概念，绘制概念网络

在确定了"物体间相互作用产生的作用力遵循矢量叠加原理"大概念学科间、学科内的结构之后，结合学生年龄阶段和学段要求将此宏观的大概念进行层层剖析，选择适合学生最近发展的教学内容进行开展。本案例选择的是"相互作用与运动定律"教学主题下的"相互作用——力"单元，从本单元的知识本体出发，围绕学生建立运动与相互作用观的物理观念目标，制定了如图 5-5 和图 5-6 所示的内容网络和概念网络，以期通过本单元教学使学生逐步在头脑中形成"物体间的相互作用力包括重力、弹力、摩擦力等""牛顿第三定律揭示了相互作用力之间的关系""共点力的叠加遵循平行四边形定则即矢量叠加原理"次级大概念，最终形成本单元所凸显的"物体间相互作用产生的作用力遵循矢量叠加原理"大概念；并通过此单元教学解答学科大概念中的相互作用知识板块。

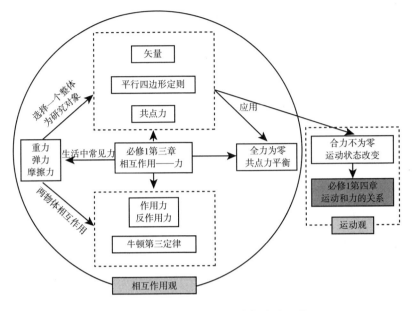

图 5 – 5　"相互作用——力"内容网络

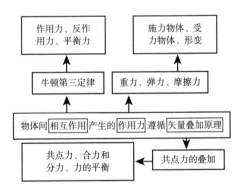

图 5 – 6　"相互作用——力"概念网络

3. 定目标：基于大概念，设计教学目标

针对"物体间相互作用产生的作用力遵循矢量叠加原理"大概念下必修 1 中的"相互作用与运动定律"此教学主题，结合物理课程标准中的内容要求，通过本主题教学学生应该到达的高度是：第一，知道日常生活常见力，力的性质、产生原因，储备力学科学的基础知识；第二，通过实验探究，知道力改变的原因，得出力的叠加原理，初步形成等效替代思想；第三，知道国际单位制中的力学单位，了解物理学史；第四，通过实验探

索，分析力与运动之间的关系，建立力与运动之间的联结，并能从力学角度分析解决生活实际问题。通过目标的设立，明晰了此教学主题是以解决力与运动之间的联系为导线，期望学生学会分析静止和运动的物体的受力并结合运动学知识描述力作用下物体的运动，进而整合"机械运动与物理模型"主题，将必修1各个主题充分融合、各知识点相互联系，形成有机知识整体。

针对此主题下的"相互作用——力"单元，它在形成运动与相互作用观方面所起的结构性作用，为学生从动力学角度思考运动奠定了力学基础。通过此单元教学应该达成的教学目标是主题教学中应达成的目标1、目标2和目标3，具体如图5-7所示。

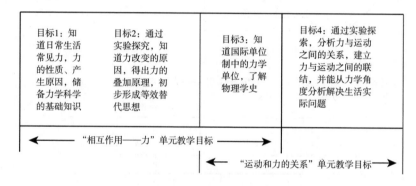

图5-7 "相互作用与运动定律"主题教学目标

4. 定任务：围绕大概念，构建情境任务

根据本单元教学目标、内容网络和概念网络，结合学生知识基础和生活经验，创设如表5-11所示教学情境任务，每一个情景任务都应让学生建构起对应的概念体系。

表5-11 "相互作用——力"情境任务

单元大概念	物体间相互作用产生的作用力遵循矢量叠加原理		
情境任务	撑竿跳高、拔河比赛		
课时划分	主要内容	具体任务	对应概念体系
第1课时	重力	情境1：撑竿跳高的运动员，离开撑竿后为什么不飞出去，而是落回地面？	重力、重心

续表

单元大概念	物体间相互作用产生的作用力遵循矢量叠加原理		
情境任务	撑竿跳高、拔河比赛		
课时划分	主要内容	具体任务	对应概念体系
第2课时	弹力	情境2：撑竿跳高过程中撑竿发生了什么变化？选择一根钢质长棒当撑竿会有什么不同？	弹力、形变探究弹簧弹力与形变量的关系
第3课时	摩擦力	情境3：撑竿跳高和拔河比赛为什么不选择在冰面上举办？	滑动摩擦力、静摩擦力
第4课时	牛顿第三定律	情境4：拔河比赛制胜关键是双方之间的拉力谁大吗？	相互作用力、牛顿第三定律、物体受力初步分析
第5课时	力的合成和分解	情境5：多向拔河绳子结点会沿着施力最大同学方向运动吗？	共点力、合力和分力、平行四边形定则
第6课时	共点力的平衡	情境6：撑竿跳高中的横杆和多向拔河的绳子节点受力特点有何不同？	共点力平衡

　　教学任务明确后，教师再结合学生实际情况联系"撑竿跳高"和"拔河比赛"的情境任务，安排教学具体过程，使不同学习基础层面的学生，在历经学习探究后都能达到大单元目标。通过以大概念为核心设计大单元目标再落实到教学过程，从实际教学过程检测大单元目标的达成情况并最终逐步反映为学科大概念，整个过程首尾呼应，从而使知识在学生心中结构化；大概念教学的最终目的便是从教师设计教学出发点的"大概念"转变为学生历经系统学习后自主生成的"大概念"，最终凝练出跨学科概念，促进各类知识相互融合。

　　5.定评价：指向大概念，组织教学评价

　　教学评价既是检验学生在历经一段时间的系统学习后应该内化的知识和技能，又是教师展开教学的重要依据。一个评价任务的实现，通常情况下包含多个学科知识点，同时一个知识点的教学又可能反向体现多个评价任务。例如：若学生已形成"能判断物体受何种性质的力"，则面对一块静止在斜面上的物体，便能正确说出其受到重力、支持力和摩擦力，并能够判断各种力的施力物体、受力物体和力的方向；若学生学习探究完"力的合成和分解"，则应该知道矢量和标量的区别，并会用平行四边形定则进行力的合成与分解。因此在教学实施过程中一方面要将涵盖多方面学科知识的评价任务细化，设立能达成此知识点教学的课堂层面的学习目标，另一方面要审视此知识点所体现的评价任务，确保知识点与评价任务的对应性，充分达成大单元教学目标。

6. 定结果：揭示大概念，开展学习反思

本案例的大概念是"物体间相互作用产生的作用力遵循矢量叠加原理"，教师可将其分为3块拼图（即子概念），分别是：生活中常见力；物体间的相互作用；平衡物体受力分析，引导学生逐步揭示大概念。首先，教师呈现拼图1帮助学生回忆日常生活中常见力，以及其产生原因；其次，教师呈现真实的生活情景"水平面传送带上和传送带保持相对静止的物体"，让学生基于拼图1回忆出力的作用是相互的，即寻找作用力对应的反作用力，并注重区分其与平衡力的区别，逐渐呈现拼图2；最后，教师将真实生活情境再进一步拓展，拓展为"倾斜传送带和传送带保持相对静止的物体"，随后学生在此情境中自主确定研究对象及其状态，能正确地进行受力分析并应用平行四边形定则将其受力进行合成或分解，进而列出平衡方程，最终教师呈现拼图3。通过3块拼图的完整联结，教师再引领学生总结得出"物体间相互作用产生的作用力遵循矢量叠加原理"此大概念（见图5-8）。

7. 本单元的教学反思

教师在大概念的统摄下进行教学设计，不仅利用真实问题情境将各个知识点串联起来，以形成知识网络，而且有了高站位思想，即在备课过程中思考本章内容与其他章节内容的联系，以寻找学科内和学科间的知识，为跨学科知识体系的形成提供了可能。在"相互作用——力"单元教学设计中，以此为中心检索出了普通高中物理与此内容紧密相关的、能体现学科大概念"物体的运动与物体间的相互作用紧密相关"的内容，紧接着在此大概念的统摄下确定了本单元所体现的"物体间相互作用产生的作用力遵循矢量叠加原理"单元大概念，并对本单元的知识内容体系进行了有机整合。学生通过教师筛选的真实问题情境，逐步在解决问题中建立概念知识网络体系、形成解决问题的思维方式，进而促进学生物理学科核心素养的形成。

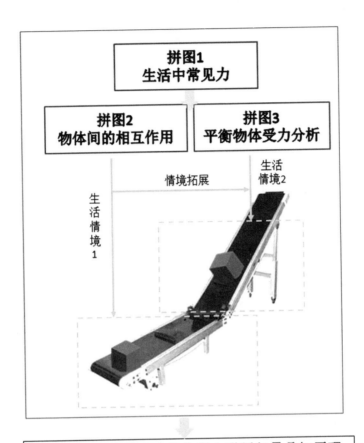

图 5 - 8　"相互作用——力"单元大概念揭示

五　地理学科

※"宇宙中的地球"

　　大概念教学是促进学生学科核心素养形成的重要载体，是落实核心素养的重要途径。大概念的理解与应用可以激发学习者不断思考，在思考过程中不断理解学科本质，形成学科核心素养。大概念的获得以及形成过程也是学科核心素养的形成过程，进行大概念教学可以促进学生知识迁移与应用，面对诸多问题可以做出符合正确价值观念的判断与选择。随着知识时代的来临，教育信息化现代化，学生需要的不仅仅是具体而分离的学科知识，而是基于其的整合。核心素养颁布后，落实曾一度陷入困境，这与当时的学者教师没能及时认清大概念教学有密切联系，在今后应当明确的是，学科大概念是服务于核心素养落实的，核心素养的培育离不开大概念教学，大概念教学让学生拥有可以移动的能力而不局限于书本，培养出终身发展的人才。

近几年随着教育改革事业的不断深入，国内外越来越提倡将课堂还给学生，要求真正做到以学生为本，以学生为主体。在此背景下，传统的课时教学弊端逐渐显露，相关知识被分裂，知识碎片化，缺少结构体系，不利于学生形成系统的知识网络并进行知识迁移等，不利于学科核心素养的落实。以往的课时教学也存在知识重复、案例单一等问题，导致课堂教学过于被动，学生学习积极性不高。同时课时教学设计往往注重知识技能，对于学生情感、态度、价值观的培养存在缺失。教学与实际生活存在脱节现象，学生学习零碎的课本知识，缺少对于生活中实际问题的关注。这样孤立碎片的知识对于学生是没有太大意义的，专家学者以及部分一线教师亟须寻求新的教学方法，开发新的教学模式，以确保能够落实学科核心素养，真正做到以学生为主体。

1. 地理学科大概念教学的现实价值

大概念是连接学科知识的纽带，是优选相关学科的教学内容的依据，是课程框架结构的核心，领会大概念的实质、根本以及灵魂是学生的学习任务核心。基于大概念进行单元教学，可以使学生在社会生活中面对实际问题时，提高其分析解决问题的能力，这也是教学极其重要的部分。大概念提供了整合教学内容的基本框架，对于单元教学也起到了提纲挈领的作用。

大概念教学是促进学生地理学科核心素养形成的重要载体，是落实地理学科核心素养的重要途径。在《普通高中地理课程标准（2017年版2020年修订）》中有提到地理学科的核心素养，并依据此提出了新型的课程评价方式、教学内容等，同时也提出了大概念。它要求单元教学的重点，应该由关注学生对课本上知识点的掌握转向对于地理知识的理解，由碎片化的知识理解状态转向清晰的地理学科大概念的形成。基于大概念的地理单元教学研究是落实学科核心素养的重要途径之一，是实现课程改革、以学生为中心进行教学的方式，对于培养地理学科核心素养尤为重要。

本研究通过基于大概念的单元内容整合，进行单元教学设计研究，构建基于大概念的单元教学设计路径，旨在强调通过基于大概念的单元教学，来帮助学生形成地理学科必备的品格、关键能力，通过本研究，在一定程度上可以促进单元教学设计的合理化、专业化，以促进学生核心素养的养成。本部分以人教版必修1第一部分地球是一切生命活动的承载为例进行基于大概念的单元教学设计研究。

2. 本单元的内容分析

现有的地理教材中所涉及的单元往往缺少一个具有统整性的大的学习任务，因此我们应当将教学内容材料等重新整合，划分出不同的学习单元，以实现地理知识的系统化，进而帮助学习者在学习完毕之后可以形成大的地理概念，提升学习者的地理思维能力，形成地理观念。这既是之后进行教学的前提条件，也为后续设计学习目标、教学评价等奠定基础。

以某一核心问题或是中心任务为主线进行单元整合时，则应该注意往往一个问题或是一个任务不会简单地只代表问题或任务本身，可以针对该单元知识，设计知识的融合理解。教师要充分思考回答这一问题或是解决这一任务需要用到哪些知识，学生又可能在教学过程中提出怎样的问题，这些都可以作为这一单元的学习内容，这样重构的单元也更加完整，更符合学习的思考逻辑，若涉及跨学科内容，在条件允许的情况下可以适当补充，提高学生思考问题的综合思维能力。通过整合相关教学材料可以确定将必修1的第一章作为一个学习单元，主要学习内容包括地球所处的宇宙环境、太阳对于地球的影响、圈层构造以及地球的演化过程这四个部分。

（1）课标分析

将《普通高中地理课程标准（2017年版2020年修订）》进行分类解读发现必修1课程内容主要围绕地球的基本知识及组成展开。课标中将必修1划分为三大部分，在地球科学基础部分主要探讨了地球的环境与发展，围绕着地球的状态展开，使学生由远到近、从外向内，从动态与静态两个方面，形成对于地球的整体认识，这几部分内容有着不可分割的关系，也是后面学习内容的基础，我们可以制定大概念为地球的状态是自然现象的基础，也可以说地球是生命活动的承载等。

（2）学情分析

授课对象为高中一年级学生，刚从初中升入高中的学生正处于由具象思维向抽象思维转换的阶段，整理与分析归纳信息的能力较弱，所以对资料进行整理后以大概念大单元为线索进行授课能够培养学生从综合的视角出发思考地理问题，形成初步的地理思维，本单元知识与学生生活密切相关，让学生学习生活中的地理，能够更好地使学生理解知识与生活实际的结合，培养学生的知识迁移能力，开学伊始，可以提高学生对地理的学习兴趣，探索对事物发展的兴趣。

3. 本单元的教学设计

（1）定核心：确定大概念，绘制概念网络

"宇宙中的地球"内容包括四大部分："地球的宇宙环境""太阳对地球的影响""地球的演变""地球的圈层结构"。这四部分都是围绕着地球的各种状态展开，使学生由远到近、从外向内，从动态与静态两个方面，形成对于地球的整体认识，这几部分内容有着不可分割的关系，也是后面学习内容的基础，我们可以制定大概念为"地球是生命活动的承载"等。如果将这四个部分拆分开教学，会割裂其内在逻辑。基于此，笔者绘制了单元内容网络和概念网络，如图 5-9 和图 5-10 所示。

（2）定目标：基于大概念，设计教学目标

目标是在进行单元教学时有效地落实学科核心素养的关键因素，它是教师进行教学的风向标，也是学习者预习的依托，更是最后进行教学评价的核心。在地理学科大概念的指向下，单元教学的内容强调相互之间的联结，单元教学的目标设定要立足于学生的深度理解学习，并且达成目标后学生可以将所学内容迁移应用至新的情境中，学习者头脑中的概念框架形成程度可以以目标达成程度来进行考量。教师所设计目标不能脱离课程标准，避免发生偏离。在指定目标时，运用比较多的方法是采用逆向思考的方式来确定，也就是首先教师需要对学习者学习完成后所得到的学习效果进行推测，确定预期的结果，即学习者学会了什么、应该理解什么和掌握什么等；其次，为了衡量学习者达成目标的程度，还应当设置确切的评价依据，以保障学习者的确达到了目标。

基于大概念的单元教学不仅是将零碎的知识整合起来，也要将知识、能力和观念情感等整合起来，使单元教学的学习目标具有统整性。基于大概念的单元学习目标需要关注知识背后的学科思想、方法、价值等，在此基础上结合学生学情分析设计。不同学习阶段内的不同内容等对学习者的要求不尽相同，在设计单元学习目标时要注意目标的前后衔接。地理是一门综合性很强的学科，教师要注意地理知识的前后有很强的相关性，教师

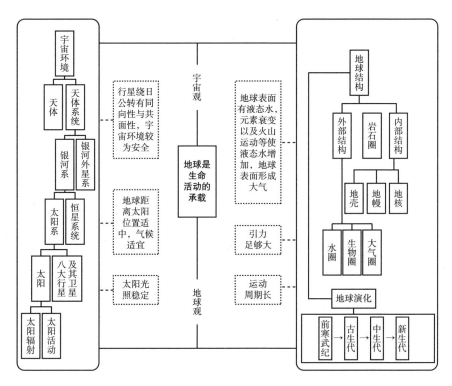

图 5 – 9 "宇宙中的地球"单元内容网络

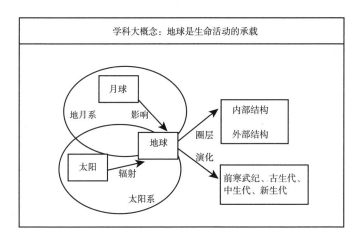

图 5 – 10 "宇宙中的地球"单元概念网络

可以将前后关联的知识进行整理，设计单元教学活动，达到对知识的深刻
理解，有效落实地理核心素养，促进学习者的有意义学习。

在本例中，教师需要明确"地球是生命活动的承载"这一大概念是在学习这一单元后学生应该达到的学习目标。目标是有效实施单元教学的关键，在设计目标时要注意将零碎的知识统整，将知识技能观念统整，能够使学生在学习后注意到知识背后的思想方法价值等，此外在进行学习目标设计时一定要考虑学情，不能忽略学情分析。与此部分相关的课程标准中要求有三条，分别采取了描述、说明、简要描述这三个行为动词。首先，要求学生能够做到说出地球处在怎样的宇宙环境中，分为宏观与微观。其次，要简要说明太阳对地球的影响，包括太阳辐射与太阳活动对地球的影响这两部分，教师可以通过举例子等方式，需要引导学生学会正确地看待宇宙环境对地球的影响。再次，学生要说明地球的圈层构造，地球是生命活动的载体，生命活动于自然环境之中，圈层构造便是从宏观上进行自然环境的认识学习。最后，要求简要描述地球演化的过程，教师可以提供诸如地质年代表的资料给学生。综合课标、学情以及核心素养的要求，确定该单元的学习目标如表 5 - 12 所示。

表 5 - 12 "宇宙中的地球"学习目标示例

地球是生命活动的承载	1. 通过分析图片、数据等准确识别不同天体的类型，学会准确区分天体系统
	2. 理解太阳系中各个行星的特点，说明地球存在生命的原因
	3. 分析太阳辐射以及太阳活动对地球环境和人类活动的影响，根据实例分析某些现象与太阳运动的关系
	4. 掌握地球内部圈层的划分依据，准确绘制出内部圈层构造图，理解各圈层特点，了解外部圈层及其关系特点
	5. 运用地质年代表等数据资料，描述地球的演化过程
	6. 掌握图表、数据分析方法，学会归纳总结，形成科学探究的能力与意识，促进地理实践能力以及综合思维的形成
	7. 运用地球科学知识，分析出特定自然现象的形成原因，形成正确的宇宙观、人地观，促使学生区域认知和人地协调观念的形成

（3）定任务：围绕大概念，构建情境任务

与课时教学相比，单元教学设计更加注重教学内容的统整。情境任务是单元教学的核心，以情境任务提出驱动学习，学习者可以在解决问题的过程中不断丰富经验，培养解决问题的能力。在提出情境任务时，可以设计若干问题链条，引导学生循序渐进地解答核心问题。首先要设计知识性的问题也就是有关学习内容的问题，是可以在教学材料中找到具体答案的问题，这是最基本的，可以让学生对于学习内容有基本的了解。其次要根据教学内容涉及的主题或情境设计一系列开放式的问题，回答这些问题发散学生的思维，提高学生的学习兴趣。最后引导学生回答单元的基本核心问题，问题可以上升到人文自然社会科学等高端层面，具有开放性，帮助学习者加深对于学科本质的了解，对于本单元所学习的地理大概念进行更加整合更加透彻的学习。问题提出要秉持以学习者为中心的理念，要避免无效问题以及非地理问题的大量提出。完整的情境给予学习者相关的信息条件背景等，要以生动的表述提出，这对于学生能否进一步投入接下来的学习有着至关重要的作用，问题要能够吸引学习者的兴趣，提高学习者课堂学习中的注意力。并且提出的问题要能够引发学习者的认知冲突，使学习者能够产生继续学习的动机。教师需给予学生独立解决问题的空间，教师应对学生的回答做出真实的反应，及时给出正确的评价与指导。

在单元教学中所涉及的案例应当基于一定的情境，围绕确定的大概念给出。案例要具备生活性，也就是生活中真切存在的、发生的，最好是发生在学习者周围的，这样更有利于学生的理解，同时可以引发学习者的共鸣，提高学习者的学习兴趣，培养学生解决实际问题的能力。案例的给出要注意连贯不分散，不可掺杂教师的个人情感，琐碎分散的案例不利于学生综合思考，阻碍学生进行深度学习，案例应当是复杂的、连贯的，引发学生深刻思考而不仅仅是停留于表面。在设计案例时要设计能够引发学生认知冲突的案例，以促进学生的知识增长，帮助学生培养所必备的核心素养，使学生获得相应的知识与技能、情感与价值观念等，实现学生的成长。本例设计如表5-13所示。

表 5-13 "宇宙中的地球"分课时设计

大概念	地球是生命活动的承载		
情境任务	宇宙中的地球		
课时划分	主要内容	具体任务	对应概念体系
第1课时	天体及太阳系	【情境任务1】我们生活在宇宙的哪里？	天体:恒星、星云、行星、流星体、彗星等连同通过天文望远镜或其他空间探测手段才能探测到的星际空间物质，统称为天体 太阳系:太阳系由太阳、行星及其卫星、小行星、彗星、行星际物质等构成，太阳是太阳系的中心天体，地球又是太阳系中一颗特殊的行星

大概念	地球是生命活动的承载		
情境任务	宇宙中的地球		
课时划分	主要内容	具体任务	对应概念体系
第2课时	太阳对地球的影响	【情境任务2】为什么地球上会有生命？	太阳辐射：太阳源源不断地以电磁波的形式向宇宙空间放射能量,这种现象称为太阳辐射。太阳辐射为地球提供光和热,维持着地表温度,是地球上水、大气运动和生命活动的主要动力 太阳活动：太阳大气的变化称为太阳活动,太阳活动对地球有显著的影响
第3课时	地球的圈层结构	【情境任务3】我们生活在地球的哪里？	地球的圈层结构：地球的内部圈层结构包括地壳、地幔与地核,地球的外部圈层包括大气圈、水圈、生物圈等,岩石圈沟通内外圈层
第4课时	地球的演变	【情境任务4】地球从产生起就有生命吗？	地球的演化过程：科学家对全球各地的地层和古生物化石进行了对比研究,发现地球演化呈现明显的阶段性：前寒武纪、古生代、中生代以及新生代

（4）定评价：指向大概念，组织教学评价

在每节课结束后设置相关评价环节，以确定学生是否达到了预期目标，能否正确进行知识的迁移与应用，是否形成了相应的价值观念。本案例在教学结束后可以采取量表评价的方式进行评价，使用评价量表进行评价可以对应目标，设置知识评价与素养评价。知识评价包括类似学生能够自行说出不同天体特点、区分不同天体，学生通过资料可以正确总结太阳对地球的影响，学生能够根据情境案例正确判断某现象与太阳辐射或太阳活动的关系，等等。素养评价包括诸如：学生进行小组合作设计适合本学校的日晷模型，设计在火星表面生存必需的设施等，表现大方得体语言流畅；学生能够合理利用教学资源，结合材料正确分析，得到结论；等等。

（5）定结果：揭示大概念，开展学习反思

教学结束时，帮助学生构建起本单元教学内容之间的知识联系是必不可少的步骤。学生学习后有了一定的知识储备，需要对分散的、碎片化的、独立的知识进行系统整合。在大概念整体构建的过程中学习者自行回忆学习内容、提取知识、梳理知识、厘清关系可以促进学生的逻辑思维养成，培养综合能力，提升学习者的创造性思维能力。

在传统的教学中，教师在课堂中经常以教师本身为中心进行授课，教师讲，教师问，学生被动地听，且传统的课时教学也存在一些弊端，导致学生以为听懂了记住了，却没有在自己的脑中建立起适合自己的大概念体系，以至于在面对复杂的题目或情境时，难以解决问题。构建大概念体系也有利于提高学生的知识迁移能力，教师可以更有效地教授知识，学生可以更有效地吸收知识。大概念的整体构建是一个动态的构建过程，由单元核心大概念出发，围绕大概念进行整理，将教授的知识进行重组重构，形成学生自身的认知，教师应鼓励学生自行构建，其间可以进行同学间的沟通交流，进行思维碰撞。学生的认知模式可以根据今后的继续教育而改变或是重构。

本案例的大概念是"地球是生命活动的承载"，教师可将其分为 4 块拼图（即子概念）。第一，教师呈现拼图 1，帮助学生回忆地球所处的宇宙环境；第二，教师呈现拼图 2，帮助学生回忆太阳辐射对地球的影响；第三，教师呈现拼图 3，帮助学生回忆地球的圈层结构；第四，教师呈现拼图 4，帮助学生回忆地球的演变过程。通过 4 块拼图的完整联结，教师能够清晰地呈现大概念"地球是生命活动的承载"的全部内容。

4. 本单元的教学反思

进行大概念教学在培养具有地理素养的公民方面有重要的作用，将学生必备的知识进行线索梳理，按照一定的逻辑进行讲授，给学生渗透地理学的基本原理与规律，在此过程中能够提升学生的地理学科关键能力，培养学生正确的价值观念，给学生渗透生活处处有地理的观念，培养学生从地理的视角观察生活，运用地理的思维认识世界，运用地理的方法解决问题，对学生学习地理的兴趣、教师教授地理的效果都具有明显的提升作用。

单元教学设计以大概念的确定为依托进行，选择包含单元教学内容的地理大概念对于整合单元教学具有决定性意义，同时也有利于建构单元知识框架图。将大概念顺利融入课堂教学中需要首先对大概念进行选择，其次按照教学资料将初步选择的大概念进行教材化，最后进行教学化。大概念的初选需要教师细心研读课程标准，借助课程标准进行演绎，将大量零散的知识放置于相应的大概念中，也可以根据具体的内容标准进行归纳，寻求相关的大概念。找出大概念后将概念教材化，根据理想中的课程呈现组织教材，实现教学的完整性，展现出大概念的统整性。最后是进行大概念的教学化，也就是教师在进行教学活动的过程中要结合教学内容或是日常生活以及学生心理等，将大概念转化成更为学生所接受、更加合适的概念，这也提高了教学过程中对于一线教师的要求。

※ "水的运动"

《普通高中地理课程标准（2017 年版 2020 年修订）》突出了各学科核心素养在课程与教学中的地位和作用，强调了核心素养在学科育人中的关键价值，其中地理学科核心素养包括人地协调观、综合思维、区域认知和地理实践力，指向学生对地理学科学习的深度理解和高级能力。同时，新版课程标准强调以学科大概念为核心，使课程内容结构化[1]。学科大概念是指向具体学科知识背后的、更为本质、更为核心的概念或思想[2]，大概念作为组成学科课程的关键节点，是学科核心素养在课程中得以落实的载体，也是从学科知识到学科能力、学科观念转换的关键所在。本部分以人教版选择性必修 1 第四章 "水的运动" 为例，基于地理学科大概念，在UbD 理论统摄下对单元内容进行统整，完成单元整体教学设计。

1. 大概念与地理大概念

大概念是学科的核心，能够将与其相关的知识进行整合和迁移，帮助学生从多个视角统整和梳理所学知识，有助于提高学生对于基本概念、本质问题的认识和理解。大概念具有一定的 "尺度"，概念有大有小，也是相对的，同样具有层次的关联；将大概念落实到学科层面就生成了学科大概念。学科大概念位于学科的核心，是学科本质的集中体现。随着新课标与新教材的推行，大概念教学得到了地理教育学者的关注。

地理学科大概念，也可理解为地理学科核心概念，是地理学本质观点、思想和方法的呈现。《地理教育国际宪章》提出地理学基本概念，即

---

① 中华人民共和国教育部：《普通高中地理课程标准（2017 年版 2020 年修订）》，人民教育出版社，2020，第 4 页。

② 顿继安、何彩霞：《大概念统摄下的单元教学设计》，《基础教育课程》2019 年第 18 期，第 6~11 页。

位置和分布、地方、人与环境的关系、空间的相互作用、区域①；研究者张家辉、袁孝亭通过比较法和文献法，筛选出位置、分布、地方、区域、尺度、地理过程、空间相互作用、地理环境、人地关系共九个地理核心概念②；研究者刘筱清指出，地理学科的核心概念可以概括为综合思维、区域差异、空间关系、时空变化、尺度关联和人地关系等几个方面③。

地理大概念对统整地理知识、落实核心素养有重要的作用。"地理过程"是指地理事物和现象发生、发展、演变的过程，揭示了地理事物不断变化发展的特点，强调了地理事物和现象随时间而呈现的变化特征和规律，其中自然地理过程的实质是地球表层的物质与能量的转换④，人文地理过程指的是人文地理要素（如人口、城乡等）随时间变化的过程分析。"要素综合"这一概念强调地理要素间的相互联系，地理要素的综合作用决定着地理环境的形成和发展，认识地理环境，不仅要研究各个要素，更重要的是研究其组成要素以及它们之间的空间组合和相互影响。上述两个地理大概念的呈现，使学生能从更宏观、更深层次的角度理解自然地理要素及其变化过程，提升学生要素综合分析的能力，以实现在教学中落实"综合思维"这一地理核心素养。

2. 地理学科大概念教学的现实价值

大概念作为组成学科课程的关键节点，是学科核心素养在课程中得以落实的载体，也是学科知识到学科能力、学科观念转换的关键所在。地理学科大概念是地理学本质观点、思想和方法的呈现，对统整地理知识、落实核心素养有重要的作用。在目前的地理教学相关研究中，对于地理大概念的理解尚未形成统一的观点，但都围绕着人地关系、时空观念、区域认知、综合思维、尺度等地理学进行宏观切入，在中学地理教学中具有高度的统摄力和解释力。

3. 单元内容分析

"水的运动"选自人民教育出版社高中地理选择性必修1"自然地理

① The 2016 International Charter on Geography Education. International Geographical Union Commission on Geographical Education. 2016.

② 张家辉、袁孝亭：《中学地理课程中的地理核心概念：筛选、释义与特征》，《课程·教材·教法》2015年第11期，第113~118页。

③ 刘筱清：《运用地理学科大概念结构化整合课程内容的单元式教学设计——以"地球上的大气"为例》，《中学地理教学参考》2020年第23期，第4~9页。

④ 许嘉巍、刘惠清：《自然地理过程》，东北师范大学出版社，2005，第23页。

基础"的第四章，承接必修第一册"地球上的水"知识内容，构建更为系统的自然地理要素知识框架。《普通高中地理课程标准（2017 年版 2020 年修订）》中对本章内容的要求是：绘制示意图，解释各类陆地水体之间的相互关系；运用世界洋流分布图，说明世界洋流的分布规律，并举例说明洋流对地理环境和人类活动的影响；运用图表，分析海—气相互作用对全球水热平衡的影响，解释厄尔尼诺、拉尼娜现象对全球气候和人类活动的影响。

本章课标要求把握好以下两点：第一，凸显地图（图示）的重要性，如绘制陆地水体之间关系的示意图、运用世界洋流分布图等，教学应落实在地图和模式图上；第二，梳理地理要素间的关联，如陆地水体间的关系（单领域单部门）、海—气相互作用（单领域多部门）、洋流对地理环境和人类活动的影响（多领域多部门），从不同地理事物的关系出发，综合理解地理意义。

此阶段的高二年级学生已经在必修第一册中学习了水循环、海水的性质、海水的运动等相关内容。学生能够说明水循环的过程，初步理解洋流的地理意义，对于本章的内容已具备一定的基础。此外，本章包含较多抽象的地理规律和地理过程，学生需依托一定的实例或区域加深理解。本章中涉及不同自然地理要素间的联系，学生在理解要素联系和不同要素的动态变化上有一定的难度。

4. 确定大概念

"水的运动"从属于"物质运动与能量交换"这一主题，主要体现了"地理过程"和"要素综合"的地理核心概念。前者是指地理事物和现象发生、发展、演变的过程，揭示了地理事物不断变化发展的特点，强调了地理事物和现象随时间而呈现的变化特征和规律；后者强调地理要素间的相互联系，地理要素的综合作用决定着地理环境的形成和发展，认识地理环境，不仅要研究各个要素，更重要的是研究其组成要素以及它们之间的空间组合和相互影响。

本章大概念可表述为"自然地理要素相互关联（要素综合）、不断变化（地理过程）"，大概念下包括"陆地水体交换与转化"、"大气圈与水圈相互影响"以及"水体运动影响地理环境和人类活动"三个次级概念，教学旨在让学生能解释水体运动的过程，阐明水体运动对地理环境和人类活动的影响，应用水体运动的分析模型解决实际问题，洞察大气圈和水圈的关联。

5. 图解大概念

根据课程标准对本部分内容的要求，结合教材的呈现，可将本单元内容网络和概念网络绘制如下（见图 5-11 和图 5-12）。

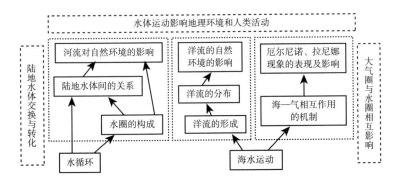

图 5-11 "水的运动"单元内容网络

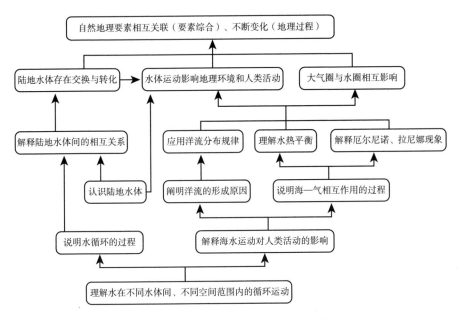

图 5-12 "水的运动"单元概念网络

6. 表征大概念

"水的运动"包括的基本问题有：陆地水体的类型包括哪些？陆地不

同水体之间如何进行联系？世界洋流分布的规律是什么？洋流对地理环境和人类活动有哪些影响？海—气相互作用对全球水热平衡有怎样的影响？厄尔尼诺和拉尼娜现象对全球气候和人类活动产生怎样的影响？根据《普通高中地理课程标准（2017年版2020年修订）》对本部分内容的要求，可确定本章预期教学结果（教学目标）如下。

第一，结合示意图，解释各类陆地水体之间的相互关系，举例说明河流与湖泊、河流与地下水、河流与冰川和积雪的相互关系。

第二，运用世界洋流分布图，说明世界洋流分布规律，并举例说明洋流对地理环境和人类活动的影响。

第三，运用图表，分析海—气相互作用对全球水热平衡的影响过程。

第四，结合实例，解释厄尔尼诺和拉尼娜现象对人类生产和生活的影响。

第五，认识大气圈和水圈的关联，初步理解自然地理要素间是相互联系且不断变化的。

7. 评价大概念

评估是一项重要的环节，其具体表现包括传统的随堂测验、小测验、单元测验、问答等方式，其中最具特色的是表现性任务的设置。教师安排表现性任务，旨在通过情境的变换让学生灵活运用知识，培养学生的迁移能力，从而更好地落实学生的核心素养。

在"水的运动"中，学生的核心任务在于掌握并能应用水体（陆地水体、洋流）运动的基本规律，理解大气要素和水体要素的关联以及对自然地理环境和人类活动的影响，对"自然地理要素相互关联、不断变化"这一整体性概念有初步的认知。对于识记类的基本知识，采用纸笔测验或课堂问答等传统方式进行评估是有效的，但对于深层次内容的理解，则需要通过表现性任务的方式进行评估。由此制定评估证据如表5-14所示。

表5-14 "水的运动"单元评估设计

表现性任务：
- 任务1："走近河流的世界"——以所在城市中的一条河流为例，利用网络或前往当地水文站搜集资料，整理并绘制河流各月径流量变化曲线图，尝试分析该河流的补给类型
- 任务2："剖析水体的运动"——以小组为单位，任选一个地理规律或地理过程（主要包括洋流分布规律、洋流对自然地理环境的影响、厄尔尼诺现象、拉尼娜现象等），绘制图示或制作教具，并尝试向班级同学讲解，并结合这一内容，分析大气圈与水圈的关系

其他证据:

- 观察与对话:总结河流与其他陆地水体的联系;观察世界表层洋流的分布情况,总结洋流分布规律;探究洋流对地理环境的影响;尝试说明海—气相互作用对地理环境和人类活动的影响
- 随堂测验:绘制世界洋流分布模式图
- 问答题:简述陆地水体间的补给关系;举例说明洋流对地理环境的影响;说明厄尔尼诺和拉尼娜现象的成因及影响
- 单元测验:应用水的运动知识解决复杂的问题

学生自我评估和反馈:

- 自我评估教具制作及内容讲授
- 本章学习结束后,反思你对地理过程、地理规律认识上的不同(与学习前进行对比)
- 本章学习结束后,尝试谈一谈你对自然地理要素相互关联、不断变化的理解

其中,表现性任务的评价可从多角度开展,如"剖析水体的运动"这一任务,活动涉及小组合作、组间交流以及教师点评等多个环节,可采用多主体评价的方式,从前期准备、作品制作、组内合作、活动表现、文本呈现等维度对这一活动进行综合评价(见表5-15)。

表 5-15　"剖析水体的运动"任务评价

评分内容	分值	评价层次			评价主体			
		水平 1 (分值 60% 以下)	水平 2 (分值 70% ~ 80%)	水平 3 (分值 90% ~ 100%)	自评	组评	他评	师评
作品设计与制作	30	设计思路不明确,制作粗糙,且未能表现出所选的地理规律或地理过程	具有一定的设计思路,制作良好,且清晰表现出所选的地理规律或地理过程	设计思路明确,制作精美,将作品与选择的地理规律或地理过程完美融合				
组内合作参与	15	参与的积极性不高,组内缺乏分工,独自完成任务	积极参与,兴趣浓厚,分工明确,能够有效合作	具有求真务实的科学态度和较强的合作团队意识,分工明确,团结配合				
语言表达	15	依赖 PPT 和文稿,表述完整,但缺乏逻辑性,紧张拘束	借助 PPT 和文稿,表述清晰,表达能力强,放松自信	全程脱稿,借助 PPT,表达清晰流畅,重点突出				

续表

评分内容	分值	评价层次			评价主体			
		水平 1 （分值60%以下）	水平 2 （分值70%~80%）	水平 3 （分值90%~100%）	自评	组评	他评	师评
知识讲授	20	内容未涉及较多的地理知识，没有将地理规律或过程表述清楚	内容贴合单元所学内容，地理规律或过程表述清晰	内容紧密贴合单元内容，地理规律或过程表述具有清晰的逻辑性				
成果整理	20	逻辑混乱，格式缺乏规范，未能将地理规律或地理过程表述清楚	表述清晰，格式规范，能准确表述出地理规律或地理过程	具有逻辑性，内容完整，格式规范，表述清晰，能突出重点				

8. 解释大概念

"水的运动"学习体验设计思路如下：第一，通过陆地水体间的相互关系的学习，以及"走近河流的世界"表现性任务初步渗透动态变化和要素综合的观点，提高学生的地理实践力；第二，通过洋流分布规律、水热平衡、厄尔尼诺和拉尼娜现象，传达大气圈和水圈相互影响的基本概念，从更加宏观的尺度出发，突出自然地理要素互相关联、不断变化的大概念，培养地理学的综合思维；第三，基于"剖析水体的运动"表现性任务对本单元内容进行总结和梳理，学生动手制作示意图或教具，将所学知识用可视化的方式表现出来，提高学生应用所学知识解决实际问题的能力。详见表5-16。

表5-16 "水体的运动"单元教学设计

大概念		自然地理要素相互关联（要素综合）、不断变化（地理过程）	
教学活动		第4章 水的运动	
课时划分	主要内容	教学活动	对应概念体系
第1课时	陆地水体及其相互关系	[导入] 地球外部圈层结构 问题思考：地球上的水循环把地球表层联系成一个整体。陆地水体之间如何联系？海洋与大气又有怎样的关系？ [互动探究1] 水圈的构成 (1)交流从"水圈的构成"图中获取的信息 (2)讨论陆地水体对自然地理环境的影响 [情境任务1] 长江的补给类型	河流：地表水沿天然槽道沟谷运动形成的水体

续表

大概念	自然地理要素相互关联(要素综合)、不断变化(地理过程)		
教学活动	第4章　水的运动		
课时划分	主要内容	教学活动	对应概念体系
第1课时	陆地水体及其相互关系	素材提供:长江全年补给水源示意图 讨论交流: (1)长江主要接受哪些水体的补给?(a. 降水;b. 积雪或冰川融水;c. 地下水补给) (2)不同水体的补给有怎样的特点? (3)长江与不同水体间的关系如何? 内容探究:陆地水体的联系 河流与冰川、积雪的关系:随气温变化而变化 河流与地下水的关系:相互补给,较为稳定 情境聚焦:长江与鄱阳湖的补给关系 问题思考: (1)描述长江与鄱阳湖的补给关系 (2)河流与湖泊具有怎样的补给关系? 总结巩固:湖泊具有调蓄作用 [迁移提升1]　尝试分析以下径流量变化示意图中所示河流的补给类型 	河流补给类型:河流水分的来源 地下水:以不同形式存蓄在土壤和岩石中的水分 湖泊:地表水蓄积于相对封闭的天然洼地中所形成的水体
第2课时	洋流	[导入]　水圈和大气圈的联系 问题提出:大气圈和水圈是否相互影响? 大气圈和水圈存在怎样的关联? 知识回顾:大规模的海水运动——洋流 [互动探究2]　世界洋流分布(大气圈影响水圈) 讨论交流: (1)影响海水大规模运动的主要地理要素是什么? (2)结合"世界表层洋流分布图",尝试总结世界洋流的分布规律 [情景任务2]　北大西洋暖流对自然环境的影响 复习回顾:暖流和寒流具有怎样的性质特点? 讨论交流:北大西洋暖流对欧洲西北部气候有怎样的影响?(热量输送、温带海洋性气候向北部延伸、摩尔曼斯克港终年不冻等)	水圈:地球外圈中作用最为活跃的一个圈层,也是一个连续不规则的圈层 大气圈:地球外面包围的气体层

续表

大概念		自然地理要素相互关联(要素综合)、不断变化(地理过程)	
教学活动		第4章　水的运动	
课时划分	主要内容	教学活动	对应概念体系
第2课时	洋流	情境聚焦:分析下列情境中北大西洋暖流所起的作用 情境A:北海是世界最繁忙的海域之一,北海渔产丰富,种类繁多,主要产鲱、鲭、鳕等鱼,为世界四大渔场之一(海洋生物) 情境B:一艘油轮行驶过北大西洋海域时,不慎发生石油泄漏事故,洋面上的油膜向东北方向漂流,逐渐扩散(海洋污染) 总结巩固:洋流影响全球热量输送、沿岸气候、海洋污染、生物分布等 [迁移提升2]　尝试分析秘鲁寒流对自然环境的影响	洋流:海水大规模相对稳定的流动
第3课时	海—气相互作用	[导入]　水圈和大气圈还有怎样的关联? [互动探究3]　海—气相互作用的机制 问题思考:海洋和大气如何相互作用? (1)大气对海洋的作用:洋流 (2)海洋对大气的作用:海洋是大气中水汽的最主要源地和热量源地 讨论交流:结合示意图,尝试说明海洋和大气间的热量和水分交换过程 知识拓展:水量平衡原理 [情境任务3]　厄尔尼诺现象的表现及影响 素材提供:正常年份,赤道附近太平洋中东部的表层海水温度较低,气流下沉;西部海水温度较高,气流上升 问题思考:赤道附近太平洋中东部海温异常升高时,大气热力环流会发生怎样的变化? 讨论交流:大气热力环流的变化对气候和人类活动会产生怎样的影响? [迁移提升3]　自主探究拉尼娜现象的表现及影响	海—气相互作用:海洋与大气间互相影响、互相制约、彼此适应的物理过程
第4课时	本章总结	[情境活动]"剖析水的运动" 活动要求:学生以小组为单位,任选一个地理规律或地理过程(主要包括陆地水体的相互关系、洋流分布规律、洋流对自然地理环境的影响、厄尔尼诺现象、拉尼娜现象等),绘制示意图或制作教具 活动评价:学生展示小组作品,教师引导学生对自己在活动中的表现进行评价,组内、组间开展互评,评选最佳作品和最佳展示	—

9. 聚合大概念

本案例的大概念是"自然地理要素相互关联、不断变化",教师可将其分为3个次级概念,分别是"陆地水体交换与转化"、"大气圈与水圈相互影响"以及"水体运动影响地理环境和人类活动"。首先,学生在学习水圈的构成后,教师呈现情境任务1"长江的补给类型",以具体实例帮助学生理解陆地水体间的联系;其次,教师指导学生理解世界洋流分布规律,并呈现情境任务2"北大西洋暖流对自然环境的影响";再次,师生共同探究海—气相互作用的机制,呈现情境任务3"厄尔尼诺现象的表现及影响",同时引导学生自主探究拉尼娜现象;最后,教师以情境活动"剖析水的运动"为总结,将本章所学内容联结起来,渗透地理要素动态变化、相互联系的观点。通过以上四个教学环节的完整联结,教师能够清晰地呈现大概念"自然地理要素相互关联、不断变化"的全部内容。

基于学科大概念重构学习单元,单元的构建、学习目标设计、单元核心问题驱动和核心任务的引领是操作关键。围绕大概念进行教学设计,步骤环环相扣,紧密结合,体现了教、学、评的一致性,指向学生对大概念和基本问题的深度理解,突出了学生在教学过程中的主体地位,能够从整体把握单元教学,落实学生的核心素养。

六 生物学科

※ "细胞的基本结构"

《普通高中生物学课程标准(2017年版2020年修订)》(以下简称《生物学新标准》)指出,高中生物学课程是科学教育领域的重要学科课程之一,其精要在于既要展示生物学的基本内容,更要反映自然科学的本质。为破解学生耗费大量时间用于识记庞杂且零散的学科知识的困局,高中生物学新课程的设计和实施追求"少而精"的原则,修订后的课程标准中必修和选择性必修模块的内容都是围绕生物学大概念进行组织的:以10个生物学大概念统领全部课程内容。通过成体系的课程内容指向学生对生物学概念的理解和应用、指向生物学学科核心素养的发展。大概念理念的落实必然需要借由大概念教学的实践,为此,生物学课堂教学需要改变原有的以知识或以活动为核心而展开的课堂教学形式，转而以大概念为核心进行设计。大概念教学聚焦于学生对生物学核心概念的理解与迁移，而不是对细枝末节的知识和试题的记忆和背诵，不仅能提高学习的效率，更能增加学习的深度。

1. 本单元的内容分析

"细胞的基本结构"选自人教版普通高中教科书生物学必修 1 "分子与细胞"模块的第三单元。本单元内容在《生物学新标准》中从属于大概念"细胞是生物体结构与生命活动的基本单位"，对应于次级大概念"细胞各部分结构既分工又合作，共同执行细胞的各项生命活动"，共包含"细胞膜""细胞器""细胞核"三部分内容。本单元在整个高中生物学课程中起到承前启后的作用，因为对细胞基本结构的认识与学习，是学生进一步学习"细胞的物质输入和输出"（第四单元）、"细胞的能量供应和利用"（第五单元）、"细胞的生命历程"（第六单元），乃至其他必修与选择性必修模块的基础。《生物学新标准》要求学生在完成本单元内容的学习之后，能够"建构并使用细胞模型，阐明细胞各部分结构通过分工与合作，形成相互协调的有机整体，实现细胞水平的各项生命活动（生命观念、科学思维、科学探究）"。

学生在本单元之前已经完成了"走近细胞"（第一单元）和"组成细胞的分子"（第二单元）两个单元的学习，做好了两方面的准备：首先，在知识准备层面，学生对细胞的结构与多样功能等有了初步认识，也能够从微观出发，"基于结构与功能相适应的视角，解释细胞由多种多样的分子组成，这些分子是细胞执行各项生命活动的物质基础"；其次，在认知准备层面，学生初步接触了"生命的系统观""结构和功能观"等大概念，能够尝试基于大概念的视角认识并分析一些简单的生物学事实或现象。但相关知识的学习还不足以帮助学生完整地抽象、概括出大概念"细胞是生物体结构与生命活动的基本单位"，因此，本单元的教学是以此为出发点与终极旨归的。

2. 定核心：确定大概念，绘制概念网络

大概念是大单元教学的核心与导航标，以"暗线"的形式统领大单元教学的全部课程内容与整个教学流程，因此，大概念教学设计的第一步是确定单元大概念，并依据大概念绘制单元的概念网络。大概念的遴选与确定，可基于国家政策、课程文件、课程标准以及学科理解等多种

方式，也可通过高频概念、归纳总结、专家征询等方式进行筛选，本单元大概念的确定主要基于《生物学新标准》以及学科专家的研究成果。从整个必修 1 "分子与细胞"模块的课程内容来看，"细胞的基本结构"与"走近细胞"（第一单元）和"组成细胞的分子"（第二单元）共同从属于大概念"细胞是生物体结构与生命活动的基本单位"，同时，前者也是后两者的延续与发展，遵循"宏观→微观→宏观"认识生命系统的逻辑顺序，因此，本单元的大概念为"细胞是生物体结构与生命活动的基本单位"。

确定单元大概念之后，需要进一步绘制概念网络，完成"单元大概念"向"课时大概念"的转化，使大概念成为大单元的统帅核心，进一步帮助教师深刻理解大单元的内容联结，为大概念教学设计提供整体化思路。依据《生物学新标准》中的内容要求以及教材的呈现顺序，可将本单元的三节课程内容建立联系，绘制出"单元内容网络"（见图 5 - 13），清晰地呈现各部分内容之间的逻辑联系；此外，从单元大概念出发，以层层剥笋的方式将本单元所对应的"次级大概念"、"基本概念"以及"基本知识"联结起来，形成"单元概念网络"（见图 5 - 14），让单元教学流程清晰化、可视化。

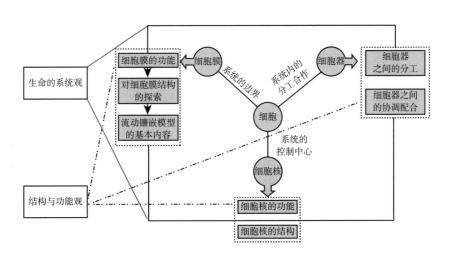

图 5 - 13　"细胞的基本结构"单元内容网络

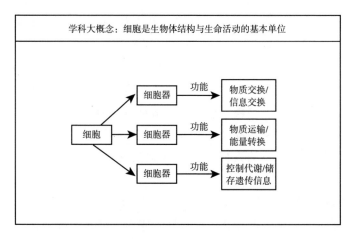

图 5 – 14　"细胞的基本结构"单元概念网络

3. 定目标：基于大概念，设计教学目标

在确定"单元大概念"及"单元概念网络"之后，需要充分结合生物学学科核心素养（课程宏观目标）、大概念体系（课程长远目标）、学业质量水平（分层评价目标），以及课堂教学实际情况（课时微观目标）等多个方面拟定详细的教学目标。综合来看，可将教学目标划分为"大单元教学目标"以及"分课时教学目标"两个维度。其中：大单元教学目标指向大概念的理解以及学科核心素养的养成，是从宏观层面对较长时间内的教学活动规划教学目标；分课时教学目标指向概念网络中的子概念（基本概念），是从微观层面对较短时间内（一般以课时为单位）的课堂教学规划教学目标。通过分层级分解教学目标，将原本碎片化的目标达成转变为层级性的、系统性的目标达成，能有效深化学生对知识的理解以及对大概念的领悟和迁移。

针对大概念"细胞是生物体结构与生命活动的基本单位"，结合《生物学新标准》中的内容要求以及教科书教师教学用书进行分析，学生在完成本单元的学习之后应该达到如下目标。

（1）大单元教学目标

①通过本单元学习，学生能领悟基于结构与功能相适应的观念（生命观念）。

②通过本单元学习，学生能从系统的组成要素、各要素功能及要素间关系的角度理解"生命的系统观"，并能从系统的角度认识自然和社会（生命观念、科学思维）。

③通过本单元学习，阐明细胞各部分的结构与其功能相适应，强化"结构与功能观"，既能基于结构阐释功能，又能基于功能理解结构（生命观念、科学思维）。

④建构并使用细胞模型，阐明细胞各部分结构通过分工与合作，形成相互协调的有机整体，实现细胞水平的各项生命活动（生命观念、科学探究）。

（2）分课时教学目标

◆课时 1 教学目标——细胞膜

①从系统与环境关系的角度，阐释细胞膜作为系统的边界所具有的功能。

②分析细胞膜组成成分与结构的关系，说明细胞膜结构的物质基础，概述流动镶嵌模型的主要内容。

◆课时 2、3 教学目标——细胞器

③从结构与功能相适应的角度，举例说出几种主要细胞器的结构与功能。

④制作临时装片，熟练地运用显微镜观察叶绿体和细胞质的流动。

⑤基于对分泌蛋白的合成与运输的讨论，用系统观分析细胞中部分与整体、结构和功能的统一性。

⑥从系统观的角度出发，简述细胞的生物膜系统的组成和功能。

◆课时 4 教学目标——细胞核

⑦从结构与功能相适应的角度，阐明细胞核的结构和功能。

⑧尝试从系统观的角度出发，解释细胞核是细胞生命系统的控制中心。

◆课时 5 教学目标——建构模型

⑨基于生命的系统观、结构与功能观，尝试制作真核细胞的三维结构模型，理解"细胞是生物体结构与生命活动的基本单位"。

4. 定任务：围绕大概念，构建情境任务

从情境中概括、抽象出来的课程知识是高度抽象的、零散的、难理解的，因此，教学有必要将知识重新融入甚至还原到其应有的情境中去，让其更容易被理解，在不知不觉中被"吸收"。大概念教学需要围绕大概念创设科学合理的大单元教学情境任务，让学生在情境任务中经历思维的发展过程，像专家的思考一样去发现具体知识、建构知识体系，而不是简单地获得专家得出的结论，由此，大单元教学情境任务的创设能够有效提升学生对大概念的理解与迁移。

本单元的教学设计围绕大概念创设了"建构并阐释真核细胞的三维结

构模型"的情境任务。情境任务的创设过程遵循了两条基本原则。一是保证了情境的真实性与完整性，要求学生通过单元学习，能够"建构并阐释真核细胞的三维结构模型"，让学生在具身实践的过程中增强对大概念的理解。在这个任务中，情境是真实的，需要学生在"建构细胞模型"的操作实践情境中理解细胞的结构；同时情境也是完整的，要求学生充分参与建构一个"完整的"细胞模型的过程的所有环节。二是保持了任务的连贯性与关联性，在单元教学的新课伊始即将"情境任务"呈现给学生，作为单元学习的任务"航标"，以大概念作为暗线指引学生关注任务的完成。课程内容的学习是顺次推进、逐步提升的，同时也是朝着任务目标的达成不断靠近的，因此，情境任务具有连贯性；同时，细胞模型的建构需要学生将对细胞的"微观认识"转化为模型的"宏观体现"，很好地实现了课程学习内容（知识与概念）与任务环节的密切联结。

依照"单元内容网络"以及"单元概念网络"，本单元共划分为 5 个课时，每个课时的主要教学内容、情境任务以及概念体系的对应关系如表 5 - 17 所示。表 5 - 17 中的情境任务分为两种类型：单元情境大任务和课时情境分任务。其中"建构并阐释真核细胞的三维结构模型"是本单元的"情境大任务"，贯穿单元学习的始终，因此，需要在单元教学起始阶段呈现给学生；同时，单元情境大任务也作为第 5 课时的情境任务，指向单元课程学习结束后的总结归纳和大概念的揭示与聚合。每个课时的情境分任务是对单元情境总任务的分解，通过多课时的"情境分任务"共同指向情境大任务的完成。总结来看，前 4 个课时的情境分任务的完成共同指向第 5 课时的情境大任务，单元情境大任务与课时情境分任务之间是通过大概念进行关联与耦合的，如图 5 - 15 所示。情境任务的设计试图帮助学生完成大概念指引下的情境大任务，获得对"细胞是生物体结构与生命活动的基本单位"的理解与迁移。

表 5 - 17　围绕大概念的情境任务分解设计

大概念	细胞是生物体结构与生命活动的基本单位		
情境大任务	建构并阐释真核细胞的三维结构模型		
课时划分	主要内容	具体任务	对应概念体系
第 1 课时	细胞膜的结构和功能	【情境分任务 1】使用橡皮泥等材料建构细胞膜的流动镶嵌结构模型	细胞膜：细胞都由质膜包裹，质膜将细胞与其生活环境分开，能控制物质进出，并参与细胞间的信息交流

续表

大概念	细胞是生物体结构与生命活动的基本单位		
情境大任务	建构并阐释真核细胞的三维结构模型		
课时划分	主要内容	具体任务	对应概念体系
第2课时	细胞器之间的分工合作	【情境分任务2】小组合作与讨论,绘制细胞器模式图,并使用橡皮泥等材料制作各种细胞器的结构模型	细胞器:细胞内具有多个相对独立的结构,担负着物质运输、合成与分解、能量转换和信息传递等生命活动
第3课时	细胞器之间的分工合作	【情境分任务3】阅读分析,绘制分泌蛋白合成与加工的流程示意图	分工合作:细胞各部分结构之间相互联系、协调一致,共同执行细胞的各项生命活动
第4课时	细胞核的结构和功能	【情境分任务4】小组合作与讨论,绘制细胞核结构模式图,并使用橡皮泥等材料制作细胞核结构模型	细胞核:遗传信息主要储存在细胞核中
第5课时	细胞核的结构和功能	【情境大任务】利用橡皮泥或其他材料,建构一个完整的真核细胞的三维结构模型,并对各部分结构进行阐释	细胞:细胞是生物体结构与生命活动的基本单位,细胞是最基本的生命系统

5. 定评价：指向大概念，组织教学评价

大单元视域下的大概念教学所对应的评价应该指向学生对大概念的理解或迁移的程度，因此，对单元大概念的理解是评价的首要目标。在明确评价的目标之后再明确那些会给学生机会表现教育目标中隐含行为的情境。在这种评价理念的指引之下，贯穿大概念的大单元教学评价应关注三个要点：一是要契合大概念目标，不能孤立地针对某个知识点进行评价；二是要创设能够联结大概念的大情境，让学生在大情境中展现出对相关大概念的理解程度；三是创设一个能够激发学生进行概念性思考的问题，以学生对问题的分析回答结果展现出其对大概念的理解与迁移程度。经过反复斟酌与思考，笔者为"细胞的基本结构"的单元评价设计了"精细胞的'变形'"情境评价试题，试题的试题题面、评价要点、评价目标以及作答建议见表5-18。

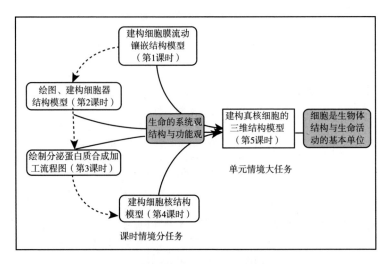

图 5-15 "细胞的基本结构"单元情境大任务与
课时情境分任务之间的逻辑关联

表 5-18 "细胞的基本结构"单元评价试题设计

评价单元	细胞的基本结构
试题情境	精细胞的"变形"
评价目标	大概念：细胞是生物体结构与生命活动的基本单位
试题题面	科学研究表明，在精细胞变形为"精子"的过程中：精子的头部几乎只保留了细胞核，部分细胞质变成精子的颈部和尾部，大部分细胞质及多数细胞器被丢弃，但全部线粒体被保留下来，并集中在尾的基部（见下图） 请结合本章所学内容分析，精细胞在"变形"的过程中各个细胞结构的变化对生命的意义是什么？
评价要点	评价学生的作答应从以下三个方面进行综合考量—— 大概念方面：学生的作答中至少要体现出一个大概念； 基本概念方面：学生的作答中应包含"细胞器"以及"细胞核"两个重要的基本概念； 具体知识方面：学生的作答应包含对保留细胞核的意义、保留线粒体的意义以及丢失多余细胞质与细胞器的意义

续表

评价单元	细胞的基本结构
试题情境	精细胞的"变形"
评价目标	大概念:细胞是生物体结构与生命活动的基本单位
作答建议	学生反映大概念的作答可以有三种方式:一是从"细胞是生物体结构与生命活动的基本单位"出发,逐个分析精细胞各个部分变形过程对生命的意义;二是从"生命的系统观"的角度出发,分点阐述精细胞各个部分变形的意义;三是从"结构与功能观"的角度出发,阐述精细胞各个部分变形的理由

6. 定结果:揭示大概念,开展反思学习

不同于零散的小概念或基础知识的学习,大概念的形成与发展需要教师进一步揭示以帮助学生领悟。在完成单元所有的教学环节与情境评价之后,教师需要开展相应的概念揭示活动,帮助学生通览反思单元学习中的所有基本概念与基本知识,梳理概念与概念之间的联系,进而提炼、抽象、明晰单元大概念。为此,可以采用"概念拼图"的揭示活动进行反思引导。本单元的大概念包括3个,可以将3个大概念进行综合分析,拆解为3个层次共6块拼图,分别对应6个核心概念:细胞、细胞膜、细胞器、细胞核、结构、功能。首先,教师呈现"细胞"拼图,引导学生联想"结构";其次,教师呈现"结构"拼图,帮助学生回忆"细胞膜""细胞器""细胞核"三个核心概念;再次,教师呈现"功能"拼图,再帮助学生整理联结"细胞""细胞膜""细胞器""细胞核"四个核心概念,通过这几个顺次活动,能够有效帮助学生建立起概念和概念之间的联系;最后,引导学生对6个拼图进行通盘考虑,进而概括、抽象、明晰,形成大概念"生命的系统观"、"结构与功能观"及"细胞是生物体结构与生命活动的基本单位"。

7. 单元视域下的大概念教学反思

大概念教学将"少而精"的大概念作为课程教学的着眼点与聚焦点,能有效地建立起零散知识与基本概念之间的纵横联系,使学科知识结构化、网络化、通联化,实现了知识之间的深度联结。大单元教学让学习过程成为一个连续的有机整体,也让学习活动成为一个完成的"学习系统":学生在大概念目标指引下,在前后关联的单元情境大任务中通过"理论学习与实践应用的相互印证"而习得知识、熔炼思维、获得能力,发展相应的学科核心素养;教师在大概念目标指引下,通过"单元评价"反思教学目标的达成度,通过"概念揭示"凸显教学目标的清晰度。

总结　大概念：落实学科核心素养的"密码"

2014 年，教育部印发《关于全面深化课程改革落实立德树人根本任务的意见》，强调"各学段学生发展核心素养体系"，"明确学生完成不同学段、不同年级、不同学科学习内容后应该达到的程度要求"。随后，教育部发布《普通高中课程方案及各学科课程标准（2017 年版 2020 年修订）》凝练了各学科核心素养，并指出使用学科大概念整合教学内容，落实学科核心素养。

事实上，怀特海曾在《教育的目的》一书中提到了大概念对于落实学科核心素养的重要价值，其指出"对观念结构的欣赏是文化智能的重要方面，这只能在学科学习的影响下得以生长。……唯有学科学习能够对普遍观念的准确结构予以欣赏，对结构化的关系予以欣赏，对观念服务于理解生活予以欣赏。如此学科化的智能应当更抽象，又更具体。它经由对抽象思想的理解和具体事实的分析得以锻炼"，这里所提出的学科中的"普遍观念"与学科核心素养具有一致的内涵，而"普遍观念的准确结构"则与大概念有着相似的功能，即用以解释学科核心素养的基本内涵。一般认为，学科核心素养不否认学科知识，但指向的是学科高级能力，由学科事实的学习走向学科理解、学科思维与学科观念的发展。[①] 让学科教育超越学科事实，走向学科观念是发展学生学科核心素养的关键所在，这一过程需要大概念的引领，即大概念成为全面落实学科核心素养的"密码"。

一　大概念课程是落实学科核心素养的直接载体

经合组织（OECD）教育 2030（E2030）项目课程分析指出，课程是

---

① 张华：《论学科核心素养——兼论信息时代的学科教育》，《华东师范大学学报》（教育科学版）2019 年第 1 期，第 55~65 + 166~167 页。

提升学生表现和福祉的强大工具，并为学生适应未来生活以及迎接未来挑战做好准备，同时它还可以确保各级各类教育的质量保持在同一水平，并且有效促进教师、家长与学生之间的沟通，虽然课程开发过程必然因不同的国家背景和时间而不同，但仍然有一套相对稳定的课程设计的指导原则，具有跨国家的指导性，也经得起时间的考验。OECD 基于《2030 年学习指南》的目标和愿景，通过梳理和分析相关研究揭示了学科内设计原则、跨学科设计原则、校外设计原则以及过程设计原则等 4 个方面的 12 条设计原则。在跨学科设计原则所涵盖的可迁移性原则中，OECD 指出，基于可迁移性原则设计课程需要对课程进行结构化，让学生理解支撑特定学科的大概念，并了解它们是如何在不同学科中使用的，同时让学生认识到如何使用大概念在特定情境中解决问题以及在其他情境中如何运用大概念。

（一）大概念课程以结构化设计深入学科本质

在整个教育研究历史中，学科本质一直是重点关注的主题，来自美国、英国以及中国的诸多教育文件都将理解学科本质作为重要的教育目标。学科本质在根本上回应了学科是什么的本质性问题，融合了本学科的性质、学科专家如何开展工作、学科如何与其他学科相互作用等复杂内容。理解学科本质是发展学生学科核心素养、提高学科教学质量的核心，其不仅仅是在帮助学生发展对学科知识的有意义的理解，而且帮助学生发展出有关学科的真正的观念和见解，使学生能够在一个清晰的解释框架中理解过去和现在的观察结果并预测未来可能发生的现象等。大概念是集中体现学科本质及其特殊性的，最能够代表学科结构、构成学科框架的中心性概念，其能够将学科思想与学科事实相互联系起来。围绕大概念进行的课程结构化设计能够系统勾勒内容，将学科知识模块化、学科方法体系化、学科思想进阶化，深刻反映学科内部的发展脉络并在一定程度上预测学科未来发展的方向，有效表征与解释学科本质。大概念视野下的学科课程一方面是学科过去发展的组织，另一方面是学科未来发展的思考。

（二）大概念课程以跨学科联结打通迁移路径

随着时代变迁与社会发展对人才培养要求的不断提升，学科课程内容的选择和组织也在不断发生变化，人们逐渐开始认识到现实世界是复杂的、综合性的，学生的学习需要完成理解与迁移两方面的高质量发展，只掌握某一学科知识使得学生思维受到限制，并不能够很好地处理真实问题。因而，跨学科课程的建设以及在学科课程中进行跨学科实践目前受到学科专家的广泛重视。长久以来，部分跨学科课程设置主要是从现实环境中寻找复杂问题并找寻问题的解决方案，但往往将重心聚焦在寻找知识内核上。这样一来，尽管跨学科课程完成了一定的知识整合，却形成了新的知识碎片，学生并没有关注到各类知识之间的有机联系。围绕大概念的跨学科课程重视以概念的整体观进行设计，将跨学科主题背后的基本原理或基本原则加以揭示，以其为中心进行多种知识的聚合并指导跨学科实践，这能够更好地将跨学科课程中的概念体系与活动体系贴合起来，帮助学生通过具体的课程内容学习到可以迁移的重要观念。

二 大概念教学是培育学科核心素养的关键内核

当前，科学技术的高速发展以及社会进程的深度进行正在对传统教学提出根本性的挑战，国家落实立德树人任务与发展学生学科核心素养的培养目标和教师实际课堂教学之间的巨大差距使得以往零散式、讲授式的教学理念不能再持续获得更高效更有质量的教学成果，教学理念亟待更新。布鲁纳曾经指出，一种教学理论应当详述各种方法，按照这些方法，应该把一批知识组织起来，以便学习者最易于掌握，这种最佳结构往往可以产生更大的知识实体，但这种结构也有赖于知识领域的进展情况。[1] 事实上，这里所讲的"最佳结构"即是由大概念彼此联系所形成的学科网络。大概念教学开始让学生思考学科知识背后的逻辑理念，不再进行碎片化的、无目的的学习，强化了教学的情境化设计以及学生的过程性思考，成为培养学生学科核心素养的关键内核。

（一）大概念教学以有意义设计引发学生思考

OECD 在《面向 2030 的学习框架》中描述了需要塑造未来一代具有创造新价值、处理矛盾、摆脱困境以及承担责任等能力来面对不稳定、不确

---

① 〔美〕J. S. 布鲁纳：《布鲁纳教育论著选》，邵瑞珍等译，人民教育出版社，2018，第420～423页。

定以及不明确的未来世界，认为未来的教育需要发展与世界接触所需的相互关联的能力，学习者应该能够将他们的学习经验与现实世界联系起来，能够在学校之外的真实生活中有机会去发现所学内容之间是如何相互关联的，意识到学习的意义。[①] 同时越来越多的教学事实证明，仅仅提出一些学生知识技能掌握的表象问题已经远远不够，而让学生开始面对复杂的、真实的情境更能帮助其获得有意义的学习，学生在"调动"这些已经学习的知识技能完成任务的同时促进了自身素养发展。"只有当我们在有意义的情境中对已学过的东西整合地加以调动的时候，我们才算是有素养的"。[②] 大概念教学将学生的真正理解置于教学组织的核心位置，通过概念金字塔或者概念—情境平行空间的方式搭建具体事实与抽象概念之间的有意义对接，实现学生的有意义思考与有意义学习。

（二）大概念教学以过程性学习促进学生理解

"我们教一门课，不是建造有关这一科目的一个小型的现代图书馆，而是使学生亲自像一名数学家那样思考数学，像一名史学家那样思考史学，使知识的获得过程体现出来。认识是一个过程而不是一种产品。"[③] 教学不能仅是传递关于结果的知识，而是可以还原知识产生的本来状态，让学生可以追踪、经历并获得知识的产生过程，使得学生能够在过程中产生探究与推断，理解学习内容。知识和技能是解决问题的基础，但成功组织、联结以及调用这些知识和技能才是解决问题的关键。大概念教学通过建构相对完整的概念体系，将零散的知识系统化、结构化，子概念不再孤立地存在，而是通过子概念与子概念之间的相互支撑，使学生在头脑中厘清概念间的逻辑关系，而大概念作为一个导引发挥着"文件夹"的作用，使整个概念体系本身产生教育意义，帮助学生获得认识情境和迁移知识的能力，从而使知识真正地"活"起来。大概念教学将知识发生的过程、知识与知识之间联结的过程在学生面前比较完整地展现出来，学生能够深刻地理解知识本质，进而创造性地应用知识来解决问题。

---

① 孟鸿伟：《OECD 学习框架 2030》，《开放学习研究》2018 年第 3 期，第 9～12＋19 页。
② 张均兵：《易克萨维耶·罗日叶情境化命题思想的启示》，《中国考试》2013 年第 6 期，第 26～32 页。
③ 〔美〕J. S. 布鲁纳：《布鲁纳教育论著选》，邵瑞珍等译，人民教育出版社，2018，第 430～431 页。

三　教师是推进大概念课程与教学变革的基石

　　新时期中国基础教育改革在很大程度上取决于教师对于以大概念理念为导向的新课程理念的理解能力、内化能力及转化能力，而教学是教师理解能力、内化能力与转化能力的直接体现，是教师将大概念理念付诸实践的起点，联结大概念理念与教学行为之间的桥梁，同时也是大概念理念落实的"最后一公里"。长久以来，部分教师虽然不断强调自身的教学方案是按照新课程理念进行整体设计的，但是通过研究其教学设计方案，发现并无法有效体现新课程的诸多理念，尤其是课程理念在教学目标的设计转化中存在极大落差。究其根本，主要是由于教育研究者虽然指出教师在进行教学设计时一定要深入研读并全面体现新的课程理念，但尚未对教师进行细致入微的有效指导，仅仅凭借教师自我的实践经验实现教学设计的突破是难上加难，课程改革难度加大，改革周期延长，无形间阻碍了中国教育事业的发展。

　　教师是教学的直接规划者，强化教师专业发展是保证新课程大概念理念落实的坚实基础，具化到教学目标设计而言，教师较强的教学设计能力是决定课程改革成功的关键因素。一般认为，教学设计能力主要是指教师运用新的课程理念，根据课程要求以及学生发展规律进行针对性的教学设计的能力，包括对课程标准的理解、对学习内容的分析、对教学媒介的选择以及对所形成教学设计进行评价修改等方面的能力。与教师具有一定教学理论功底不同的是，教学设计能力更偏向是一种决策能力，是进行教学最为重要的一项技能。当前教师教学设计能力的突出问题是理想化与割裂化，所谓理想化是指教师认为只要熟读了课程标准等文本材料，掌握了教学理论等理论知识就可以进行教学设计了，将教学设计想象得过于简单，而所谓表层化是指教师并没有将课程理念与教学设计完全融合在一起，理论与实践之间的跨越与桥接无法顺利完成。这两类问题的关键性所在是教师的转化能力，也就是说教师对于课程理念的教学转化能力不足，缺乏这一层次课程转化的有力引导。事实上，大概念的形成不是一蹴而就的，教师不仅需要关注每节课的教学，同时还要关注单元的教学以及整个学科课程的结构脉络。因此，教师观念的转变与更新，专业能力的发展与提升对于促进大概念课程与教学变革有着举足轻重的作用。

（一）加速教师的意识觉醒

教师意识觉醒是教师建立主体性、发展自主性、解放教育理想的关键。教师必须对自己以及所身处的实践世界有更多的觉知，能够质疑、挑战习以为常的做法、现象。[①] 目前来看，大概念视野下的课程与教学变革给教师带来了一定的挑战，教师对于大概念理念的理解仍然停留在表层水平，部分教师仍然不了解大概念的真实意图。因此，加速教师的大概念意识觉醒迫在眉睫。教师大概念意识的觉醒是提升教师课程理解与教学实施的内部动因，是提升学校课程教学质量的关键因素。教师意识觉醒能够保证教师的课程领导、教学行为、专业精神和从教态度在变革中都能保持持续发展的动力。首先，教师需要进行知识积累，大概念理论知识是教师深度参与变革的基础准备，教师需要根据自身的理解将其内化并运用在实践中。其次，教师需要进行反思批判，反思与批判是教师大概念意识觉醒的途径，其中反思是教师对于大概念教学目标、过程以及结果的深刻认识，有利于教师理性地做出补充修正以及正确决策；批判不同于全盘否定，而是判断质疑，是教师理性思考、敢于突破、不断追求大概念教学合理性的不竭动力。最后，教师需要进行交往实践，交往实践是教师大概念意识觉醒的必经之路，如果离开了交往实践，教师的大概念意识就不可能获得真正意义上的觉醒，交往实践关注教师在实践中的个体行为，同时关注教师在实践中的群体行为。

（二）创设多元的支持环境

多元的支持环境是提升教师大概念课程设计与教学实践能力的重要条件，良好的支持环境能够有效调动教师的积极性，激发教师寻求改变的热情。具体而言，促进教师能力提升的支持环境可从三个方面创设。首先是资源保证，资源保证是指学校对于教师课程转化过程中所需资金、文本等资源供应充足，教师能够方便查阅学习有关大概念的知识内容，能够获得参与相关培训交流的机会，能够遇到问题时获得及时解决。其次是领导重视，即学校领导能够认识到教师在以大概念理念落实学科核心素养过程中的关键作用与重要地位，减少教师的事务性工作，为提升教师能力提供便

---

① Freire P., *Education for Critical Consciousness* (New York: Continuum, 1973), p. 107.

利条件。教师事务性工作降低了教师对于课程教学的精力投入，使教师产生事务性负担感，更容易引发教师职业倦怠。因此，学校领导应减轻教师课堂教学活动之外的其他负担，保证教师课程转化的时间投入与精力投入。最后是赋权增能，即提高教师在课程教学过程中的自主性与选择性。教师赋权增能使得教师能够在课程教学中保有不竭的热情与行动的动力，提升教师影响力，强化教师自我效能感，使教师对课程转化充满信心并愿意去做，从而提升教师落实学科核心素养的能力。

参考文献

一 中文参考文献

[1]〔美〕Norman. E. Gronlund、Susan M. Brookhart：《设计与编写教学目标（第八版）》，盛群力、郑淑贞、冯丽婷译，中国轻工业出版社，2017。

[2]〔美〕R. M. 加涅：《学习的条件和教学论》，皮连生、王映学、郑藏等译，华东师范大学出版社，1999。

[3]〔美〕阿尔伯特·爱因斯坦：《爱因斯坦晚年文集》，方在庆、韩文博、何维国译，海南出版社，2014。

[4]〔德〕埃德蒙德·胡塞尔：《欧洲科学危机和超验现象学》，张庆熊译，上海译文出版社，1988。

[5]安维复：《科学哲学：基本范畴的历史考察》，北京师范大学出版社，2015。

[6]〔美〕D. P. 奥苏伯尔等：《教育心理学——认知观点》，佘星南、宋钧译，人民教育出版社，1994。

[7]毕华林、卢巍：《化学基本观念的内涵及其教学价值》，《中学化学教学参考》2011 年第 6 期。

[8]〔英〕伯特兰·罗素：《教育与美好生活》，张鑫毅译，上海人民出版社，2017。

[9]〔法〕布鲁诺·雅罗森：《科学哲学》，张莹译，北京大学出版社，2000。

[10]蔡千斌：《物理教学中提取大概念的基本路径》，《中学物理教学参考》2021 年第 13 期。

[11]蔡清田：《核心素养的学理基础与教育培养》，《华东师范大学学报》

（教育科学版）2018 年第 1 期。

[12] 蔡潇、刘徽：《基于大概念的跨学科课程设计——以"宇宙中生命的起源"课程为例》，《上海教育》2018 年第 26 期。

[13] 蔡潇、刘徽：《课程标准中的大概念——以澳大利亚课程标准为例》，《上海教育》2020 年第 17 期。

[14] 陈倩：《大概念统整的学科项目化学习设计研究》，四川师范大学硕士学位论文，2020。

[15] 陈锡喜、龚咏梅：《马克思主义哲学原理概论》，华东师范大学出版社，2002。

[16] 陈悦、陈超美、刘则渊、胡志刚、王贤文：《CiteSpace 知识图谱的方法论功能》，《科学学研究》2015 年第 2 期。

[17] 陈志峰、叶悦、张燕南：《从澳门经验看粤港澳大湾区 STEM 教育政策——基于史密斯政策执行过程模型的分析》，《上海教育科研》2021 年第 9 期。

[18] 单思宇、徐鹏：《基于学科大概念的初中读写教学理路探寻》，《语文建设》2020 年第 23 期。

[19] 邓靖武：《大概念统摄下物理单元知识结构构建及教学探讨》，《课程·教材·教法》2021 年第 1 期。

[20] 顿继安、何彩霞：《大概念统摄下的单元教学设计》，《基础教育课程》2019 年第 18 期。

[21] 方瓅绅：《东西方 STEM 教育现况与知识类聚图谱：2007—2017 年》，智能信息技术应用学会会议论文，韩国首尔，2019。

[22] 冯建军：《走向道德的生命教育》，《教育研究》2014 年第 6 期。

[23] 高晶、王荣生：《过程技能与"大概念"——以语文学科为背景》，《课程·教材·教法》2021 年第 7 期。

[24] 顾佳磊：《卑诗省科学课程的大概念与学习标准》，《上海教育》2018 年第 26 期。

[25] 顾佳磊：《加拿大卑诗省的科学课程 基于大概念的新课程》，《上海教育》2018 年第 26 期。

[26] 郭萌萌：《普通高中生命教育课程开发与实施研究》，辽宁师范大学硕士学位论文，2013。

[27] 郭玉英、姚建欣：《基于核心素养学习进阶的科学教学设计》，《课

程·教材·教法》2016 年第 11 期。

[28] 何彩霞：《化学学科核心素养导向的大概念单元教学探讨》，《化学教学》2019 年第 11 期。

[29] 何彩霞：《学科大概念与化学实验单元教学》，《基础教育课程》2019 年第 18 期。

[30] 何彩霞：《以大概念引领学生思维发展——高中化学必修 1 "物质的分类及转化"教学探讨》，《教育与装备研究》2019 年第 9 期。

[31] 何美婕、刘徽、蒋昕昀：《大概念教学应用阶段的教学设计》，《上海教育》2020 年第 11 期。

[32] 何善亮：《论中小学科学教育的内容选择与表达方式——兼谈科学教育需要什么样的大概念》，《天津师范大学学报》（基础教育版）2019 年第 2 期。

[33] 贺慧、陈倩：《大概念统整下的学科项目式学习设计》，《天津师范大学学报》（基础教育版）2021 年第 1 期。

[34] 〔美〕赫伯特·西蒙：《认知——人行为背后的思维与智能》，荆其诚、张厚粲译，中国人民大学出版社，2020。

[35] 胡善义：《以大概念的理念建构科学概念的教学研究——以〈溶解〉单元为例》，《教育导刊》2018 年第 3 期。

[36] 华连连、张悟移：《知识流动及相关概念辨析》，《情报杂志》2010 年第 10 期。

[37] 化学课程标准研制组编写《普通高中化学课程标准（实验）解读》，湖北教育出版社，2004。

[38] 黄政杰：《课程转化整合探究之概念架构研析》，《课程与教学季刊》2013 年第 3 期。

[39] 〔美〕杰伊·麦克泰格、〔美〕格兰特·威金斯：《让教师学会提问——以基本问题打开学生的理解之门》，俎媛媛译，中国轻工业出版社，2015。

[40] 解建团：《脑科学与教育》，陕西师范大学硕士学位论文，2004。

[41] 靳松：《认识何以形成——洛克哲学思想的认识论基础》，《西南大学学报》（社会科学版）2010 年第 4 期。

[42] 李春艳：《中学地理"大概念"下的单元教学设计》，《课程·教材·教法》2020 年第 9 期。

［43］李刚：《科学大概念的课程转化研究》，东北师范大学博士学位论文，2019。

［44］李刚：《围绕学科大概念的教学转化模式研究：从方法到实践》，《上海教育科研》2021 年第 1 期。

［45］李刚、姜舒：《围绕大概念构建幼小初高大生命教育一体化课程的思考》，《生活教育》2020 年第 12 期。

［46］李刚、吕立杰：《大概念课程设计：指向学科核心素养落实的课程架构》，《教育发展研究》2018 年第 Z2 期。

［47］李刚、吕立杰：《大概念视域下我国大中小学劳动教育课程一体化建设的思考》，《教育科学》2020 年第 5 期。

［48］李刚、吕立杰：《国外围绕大概念进行课程设计模式探析及其启示》，《比较教育研究》2018 年第 9 期。

［49］李刚、吕立杰：《科学教育中的大概念：指向学生科学观念的获得》，《自然辩证法研究》2019 年第 9 期。

［50］李刚、吕立杰：《落实学科核心素养：围绕学科大概念的课程转化设计》，《教育发展研究》2020 年第 Z2 期。

［51］李刚、吕立杰：《学科大概念基本样态与课程角色的比较与分析》，《教育科学研究》2020 年第 9 期。

［52］李刚、吕立杰、杨曼：《科学教育中的能量大概念：内容释义、哲学内涵与课程设计》，《首都师范大学学报》（社会科学版）2020 年第 5 期。

［53］李海东：《基于核心素养的"立体几何初步"教材设计与教学思考》，《数学教育学报》2019 年第 1 期。

［54］李坤崇：《能力指标转化的理念》，载林生传主编《国民中小学九年一贯课程理论基础丛书》，台湾教育部门编印，2003。

［55］李润洲：《论课改理论可靠性的认识论基础》，《全球教育展望》2007 年第 7 期。

［56］李松林：《以大概念为核心的整合性教学》，《课程·教材·教法》2020 年第 10 期。

［57］李卫东：《检视大概念、主题、学习任务群与学习项目——基于知识观的视角》，《课程·教材·教法》2021 年第 6 期。

［58］李文颖：《关注生命——再谈生物学教学中的生命教育》，《中学生物

教学》2003 年第 12 期。

［59］李学书：《指向核心素养培育的大概念：课程意蕴及其价值》，《教育研究与实验》2020 年第 4 期。

［60］李学书、胡军：《大概念单元作业及其方案的设计与反思》，《课程·教材·教法》2021 年第 10 期。

［61］李业平：《STEM 教育研究与发展：一个快速成长的国际化领域》，《数学教育学报》2019 年第 3 期。

［62］李玉国、赵杰：《指向核心素养养成的单元大概念教学策略——以人教版（2019）高中数学必修一"集合"为例》，《中学数学》2020 年第 19 期。

［63］〔苏〕列宁：《唯物主义与经验批判主义》，曹葆华译，人民出版社，1956。

［64］刘大椿：《科学哲学》，中国人民大学出版社，2006。

［65］刘徽：《"大概念"视角下的单元整体教学构型——兼论素养导向的课堂变革》，《教育研究》2020 年第 6 期。

［66］刘徽：《大概念教学：让学生像科学家一样思考——读〈以大概念理念进行科学教育〉》，《现代教学》2019 年第 21 期。

［67］刘徽：《深度学习：围绕大概念的教学》，《上海教育》2018 年第 18 期。

［68］刘徽：《图解大概念和它的概念小伙伴们》，《上海教育》2020 年第 3 期。

［69］刘徽、陈森燕：《大概念视角下的单元设计》，《上海教育》2020 年第 11 期。

［70］刘徽、程朗：《大概念教学建构阶段的活动设计》，《上海教育》2020 年第 11 期。

［71］刘徽、盛群力：《大概念视角下的课程设计》，《上海教育》2020 年第 11 期。

［72］刘徽、徐玲玲：《大概念和大概念教学》，《上海教育》2020 年第 11 期。

［73］刘徽、徐玲玲：《大概念教学过程的阶段和方法设计》，《上海教育》2020 年第 11 期。

［74］刘徽、俞建华：《大概念教学中基本问题的设计》，《上海教育》

2020 年第 11 期。

[75] 刘乃华：《幼儿生命教育教程编制和实施的行动研究》，华东师范大学博士学位论文，2007。

[76] 柳春艳：《教育技术学：从循证走向智慧教育》，《中国电化教育》2018 年第 10 期。

[77] 吕立杰：《大概念课程设计的内涵与实施》，《教育研究》2020 年第 10 期。

[78] 吕立杰、韩继伟、张晓娟：《学科核心素养培养：课程实施的价值诉求》，《课程·教材·教法》2017 年第 9 期。

[79] 罗晓航、贺慧、陈倩：《基于大概念实施整合性教学》，《人民教育》2021 年第 11 期。

[80] 罗玉婵：《点亮心灯，珍视生命——语文教学如何渗透生命教育》，《南方论刊》2011 年第 S1 期。

[81] 马珺：《我国高校生命教育课程研究》，天津师范大学硕士学位论文，2012。

[82] 中共中央编译局编《马克思恩格斯选集》第 2 卷，人民出版社，2012。

[83] 〔美〕玛利亚·哈迪曼：《脑科学与课堂：以脑为导向的教学模式》，杨志等译，华东师范大学出版社，2017。

[84] 〔美〕美国科学促进协会：《科学素养的导航图》，中国科学技术学会译，科学普及出版社，2008。

[85] 孟鸿伟：《OECD 学习框架 2030》，《开放学习研究》2018 年第 3 期。

[86] 孟庆楠：《初中道德与法治校本课程开发研究》，东北师范大学博士学位论文，2019。

[87] 曲玉波、朱成全主编《马克思主义哲学》，东北财经大学出版社，2002。

[88] 任虎虎：《大概念的基本特征及教学设计策略》，《中学物理》2020 年第 9 期。

[89] 任虎虎：《基于大概念的高中物理单元逆向教学研究》，《基础教育课程》2020 年第 8 期。

[90] 任虎虎：《基于大概念的高中物理单元整合教学——以"圆周运动及其应用"单元为例》，《中学物理教学参考》2021 年第 13 期。

［91］任虎虎：《指向大概念的高中物理微专题教学策略——以"传送带问题"教学为例》，《物理之友》2020 年第 8 期。

［92］任虎虎：《指向深度学习的高中物理大概念教学策略——以"牛顿第一定律"教学为例》，《物理通报》2020 年第 10 期。

［93］盛群力、李志强编著《现代教学设计论》，浙江教育出版社，1998。

［94］〔美〕舒尔曼（Lee S. Shulman）：《实践智慧：论教学、学习与学会教学》，王艳玲、王凯、毛齐明、屠莉娅等译，华东师范大学出版社，2014。

［95］宋友文、林聪：《以对话机制凝聚多元性——新世纪美国价值教育发展的新趋势》，《教学与研究》2018 年第 9 期。

［96］苏意雯：《数学教师专业发展的一个面向：数学史融入数学教学之实作与研究》，台湾师范大学博士学位论文，2005。

［97］孙良红、刘徽：《大概念教学如何落实？——以加拿大不列颠哥伦比亚省一节四年级数学课为例》，《上海教育》2019 年第 6 期。

［98］台湾教育部门：《国民中小学九年一贯课程理论基础丛书——设计评析篇》，台湾教育部门编印，2003。

［99］唐斌：《"视域中的结局"及其教育学意蕴：杜威教育目的论再探》，《苏州大学学报》（教育科学版）2018 年第 1 期。

［100］陶志斌：《小学生命教育课程建构与实践探索》，《上海教育科研》2018 年第 5 期。

［101］滕梅芳、刘徽、蒋昕昀：《大概念教学准备阶段的活动设计》，《上海教育》2020 年第 11 期。

［102］田景正、万鑫觖、邓艳华：《蒙台梭利教学法及其在中国的传播》，《课程·教材·教法》2014 年第 6 期。

［103］王本陆主编《课程与教学论》（第 3 版），高等教育出版社，2017。

［104］王春、李刚：《大概念统摄下的中学化学单元整体教学设计》，北京教育出版社，2021。

［105］王强、李松林：《学科大概念的剖析与建构——以物理学科为例》，《上海教育科研》2021 年第 10 期。

［106］王荣生：《事实性知识、概括性知识与"大概念"——以语文学科为背景》，《课程·教材·教法》2020 年第 4 期。

［107］王文富：《深入挖掘知识背后的学科观念——以"CO_2 制取的研究"

教学片段谈学生化学学科观念的培养》，《中学化学教学参考》2014
年第 22 期。

[108] 王喜斌：《学科"大概念"的内涵、意义及获取途径》，《教学与管
理》2018 年第 24 期。

[109]〔美〕薇薇恩·斯图尔特：《面向未来的世界级教育：国际一流教育
体系的卓越创新范例》，张煜、李雨英子、张浩然译，浙江人民出
版社，2017。

[110] 韦钰：《以大概念的理念进行科学教育》，《人民教育》2016 年第
1 期。

[111] 魏来、徐鹏：《基于语文学科大概念的单元教学路径》，《语文教学
通讯》2021 年第 10 期。

[112]〔英〕温·哈伦：《科学教育的原则和大概念》，韦钰译，科学普及
出版社，2011。

[113] 邬焜：《当代科学影响哲学的几个重要基础理论问题》，《自然辩证
法研究》2005 年第 7 期。

[114] 吴清山、林天佑：《教育名词：课程转化》，《教育资料与研究双月
刊》2011 年第 10 期。

[115] 武小鹏：《国家政策视角下国际 STEM 教育发展路径、价值取向和
启示》，《当代教育论坛》2020 年第 2 期。

[116] 项贤明：《泛教育论——广泛教育学的初步探索》，山西教育出版
社，2004。

[117] 肖思汉、〔美〕William A. Sandoval：《科学课堂上的"探究"与
"实践"有何不同》，《课程·教材·教法》2017 年第 12 期。

[118] 徐玲玲、刘徽：《大概念教学的评估设计》，《上海教育》2020 年第
11 期。

[119] 徐鹏：《基于语文学科大概念的教学转化》，《中学语文教学》2020
年第 3 期。

[120] 闫守轩、朱宁波、曾佑来：《十二年来我国课程研究的热点主题及
其演进——基于 2001～2012 年 CSSCI 数据库关键词共现知识图谱
的可视化分析》，《全球教育展望》2014 年第 3 期。

[121] 杨向东：《基于核心素养的基础教育课程标准研制》，《全球教育展
望》2017 年第 10 期。

[122] 叶兆宁、杨冠楠、周建中：《基于"大概念"的馆校结合 STEM 主题活动的设计剖析》，《自然科学博物馆研究》2019 年第 5 期。

[123] 叶兆宁、周建中、杨元魁：《围绕"大概念"设计 STEM 课程》，《人民教育》2018 年第 7 期。

[124] 于晓雅：《STEM 教育的国内外研究与实践》，《中国民族教育》2018 年第 Z1 期。

[125] 余佩融：《绘本在儿童生命教育中的运用研究》，《现代装饰》（理论）2014 年第 4 期。

[126] 〔美〕约翰·杜威：《我们怎样思维·经验与教育》，姜文闵译，人民教育出版社，2017。

[127] 〔美〕约瑟夫·劳斯：《知识与权力——走向科学的政治哲学》，盛晓明、邱慧、孟强译，北京大学出版社，2004。

[128] 张芬芬、陈丽华、杨国扬：《台湾九年一贯课程转化之议题与因应》，《教科书研究》2010 年第 1 期。

[129] 张华：《论学科核心素养——兼论信息时代的学科教育》，《华东师范大学学报》（教育科学版）2019 年第 1 期。

[130] 张晶：《HPS（科学史、科学哲学与科学社会学）：一种新的科学教育范式》，《自然辩证法研究》2008 年第 9 期。

[131] 张学斌、朱琼瑶编著《教学设计理论》，辽宁师范大学出版社，1998。

[132] 张燕、李松林、刘莉等：《大概念统整下的项目化学习探究（笔谈）》，《教育与教学研究》2021 年第 5 期。

[133] 张永祥：《基础教育课程改革知识观研究》，中国社会科学出版社，2018。

[134] 赵海艳、邓靖武：《大概念统摄下的高三物理复习课堂实践——以"动生电动势能量转化关系"为例》，《中学物理》2021 年第 19 期。

[135] 中共中央、国务院印发《关于全面加强新时代大中小学劳动教育的意见》，中华人民共和国中央人民政府发〔2020〕20 号，http://www.gov.cn/zhengce/2020 – 03/26/content_ 5495977.htm，最后检索日期：2020 年 3 月 31 日。

[136] 中华人民共和国教育部：《普通高中思想政治课程标准（2017 年版）》，人民教育出版社，2018。

[137] 周春梅：《地理大概念"热力差异是地表差异的基础"及其教学研究》，东北师范大学博士学位论文，2021。

[138] 诸大建：《科学观念简论》，《同济大学学报》（人文·社会科学版）1990年第6期。

[139] 祝钱：《国内"大概念"教学的历程检视和实践展望——基于2000～2020年间61篇核心论文的研究》，《上海教育科研》2021年第6期。

二 外文参考文献

[1] Atweh B., Goos M., "The Australian Mathematics Curriculum: A Move Forward or Back to the Future?" *Australian Journal of Education* 55 (2011): pp. 214 – 228.

[2] Bang D., Park E., Yoon H., et al., "The Design of Integrated Science Curriculum Framework Based on Big Ideas," *Journal of the Korean Association for Science Education* 33 (2013): pp. 1041 – 1054.

[3] Bernard J. Baars and Nicole M. Gage, *Cognition, Brain and Consciousness: An Introduction to Cognitive Neuroscience* (San Diego: Elsevier Academic Press, 2010), pp. 111 – 115.

[4] Bruner J. S., Lufburrow R. A., *The Process of Education* (Cambridge: Harvard University Press, 1960).

[5] Chalmers C., Carter M., Cooper T., et al., "Implementing 'Big Ideas' to Advance the Teaching and Learning of Science, Technology, Engineering, and Mathematics (STEM)," *International Journal of Science & Mathematics Education* 15 (2017): pp. 25 – 43.

[6] Chalmers C., Nason R., "Systems Thinking Approach to Robotics Curriculum in Schools," *Robotics in STEM Education: Redesigning the Learning Experience ed. Khine M. S.* (Switzerland: Springer, 2017), pp. 33 – 57.

[7] Charles R. I., "Caronel C. A., Big Ideas and Understandings as the Foundation for Early and Middle School Mathematics," *Journal of Mathematics Educational* 7 (2005): pp. 9 – 24.

[8] Clark E., *Designing and Implementing an Integrated Curriculum: A Student-Centered Approach* (Vermont: Holistic Education Press, 1997), p. 94.

[9] Crissman S. , Lacy S. , Nordine J. C. , Tobin R. , "Looking through the energy lens," *Science and Children* 52 (2015): pp. 26 – 31.

[10] Cuoco A. , Goldenberg E. P. , Mark J. , et al. , "Organizing a Curriculum around Mathematical Habits of Mind," *Mathematics Teacher* 103 (2010): pp. 682 – 688.

[11] Curriculum Redesign, "What's new? What's the same?", accessed May 1st, 2019, https://curriculum. gov. bc. ca/sites/curriculum. gov. bc. ca/ files/pdf/redesign. pdf. 2015 – 06 – 01/2019 – 05 – 01.

[12] DeJong O. , Talanquer V. , *Why Is It Relevant to Learn the Big Ideas in Chemistry at School?* (Rotterdam: Sense Publishers, 2015), pp. 11 – 31.

[13] Drake S. , Burns R. , *Meeting Standards through Integrated Curriculum* (Alexandria: Association for Supervision & Curriculum Development, 2004), p. 181.

[14] Drake S. , *Creating Integrated Curriculum: Proven Ways to Increase Student Learning* (Thousand Oaks CA: Corwin Press, 1998), pp. 93 – 113.

[15] Edward O. Wilson, *Consilience: The Unity of Knowledge* (New York: Vintage, 1999), pp. 294 – 296.

[16] Erickson H. L. , *Stirring the Head, Heart, and Soul: Redefining Curriculum and Instruction* (Thousand Oaks: Corwin Press, 1995), p. 221.

[17] Fell M. J. , Chiu L. F. , "Children, Parents and Home Energy Use: Exploring Motivations and Limits to Energy Demand Reduction," *Energy Policy* 65 (2014): pp. 351 – 358.

[18] Grant S. G. & Gradwell J. M. , "The Road to Ambitious Teaching: Creating Big Ideas Units in History Classes," *Journal of Inquiry & Action in Education* 2 (2009): p. 2.

[19] Hacking I. , Hacking J. , *Representing and Intervening: Introductry Topics in the Philosophy of Natural Science* (Cambridge: Cambridge university Press, 1983), pp. 103 – 106.

[20] Hanson R. , "Long-Term Effects of the Energy Source Education Program," *Studies in Educational Evaluation* 19 (1993): pp. 363 – 381.

［21］ Harlen W. , *Principles and Big Ideas of Science Education* (Hatfield, UK: Association of Science Teachers, 2010) .

［22］ Harrison A. G. , Treagust D. F. , "Conceptual Change Using Multiple Interpretive Perspectives: Two Case Studies in Secondary School Chemistry," *Instructional Science* 29 (2001): pp. 45 - 85.

［23］ Hiebert J. & Carpenter T. P. , "Learning and Teaching with Understanding," *Handbook of Research on Mathematics Teaching and Learning* (1992): pp. 65 - 97.

［24］ Jan H. van Driel, Astrid M. W. Bulte, Nico Verloop, "The Conceptions of Chemistry Teachers about Teaching and Learning in the Context of a Curriculum Innovation," *International Journal of Science Education* 27 (2005): pp. 303 - 322.

［25］ Johnson C. C. , Peters-Burton E. E. , Moore T. J. , *STEM Road Map: A Framework for Integrated STEM Education* (New York: Routledge, 2015).

［26］ Kalathaki M. , " Reflections on a School Teaching: An Exemplary Teaching about Primary Productivity & Energy Flow in Natural Ecosystems," *Journal of Education & Learning* 5 (2016): p. 291.

［27］ Karpudewan M. , Ponniah J. , "Project-Based Learning: An Approach to Promote Energy Literacy Among Secondary School Students," *The Asia-Pacific Education Researcher* 25 (2016): pp. 229 - 237.

［28］ National Council of Teachers of Mathematics, *Principles and Standards for School Mathematics* (Reston: NCTM, 2000), p. 17.

［29］ National Society for the Study of Education, *Mathematics Education: The Sixty-Ninth Yearbook of the National Society for the Study of Education* (Chicago: University of Chicago Press, 1970), pp. 23 - 71.

［30］ Olson J. K. , " Concept-Focused Teaching: Using Big Ideas to Guide Instruction in Science," *Science and Children* 46 (2008), p. 45.

［31］ Royer J. M. , Cable G. W. , "Illustrations, Analogies, and Facilitative Transfer in Prose Learning," *Journal of Educational Psychology* 68 (1976): pp. 205 - 209.

［32］ Schulman L. , "Those Who Understand: Knowledge Growth in Teaching,"

Educational Researcher 15 (1986): pp. 4 – 14.

[33] Shulman L. S., "Knowledge and Teaching: Foundations of the New Reform," *Harvard Educational Review* 57 (1987): pp. 1 – 22.

[34] Smith J. P., Disessa A. A., Roschelle J., "Misconceptions Reconceived: A Constructivist Analysis of Knowledge in Transition," *Journal of the Learning Sciences* 3 (1994): pp. 115 – 163.

[35] Taylor J. A., "Transformative Learning: Becoming Aware of Possible Worlds" (Master Clniss., University of British Columbia, 1989), pp. 196 – 206.

[36] Walker R. S., "Designing Art Curriculum with Big Ideas," *Journal of Arts Education* 139 (2004): pp. 52 – 55.

[37] Watagodakumbura C., "Principles of Curriculum Design and Construction Based on the Concepts of Educational Neuroscience," *Journal of Education & Learning* 6 (2017): pp. 54 – 55.

[38] Whiteley M., "Big Ideas: A Close Look at the Australian History Curriculum from a Primary Teacher's Perspective," *Agora* 47 (2012): pp. 41 – 45.

[39] Wiggins G., Mctighe J., *Understanding by Design* (Expanded 2nd ed.) (Aloxandria: Association for Supervision & Curriculum Development, 2005).

[40] "Curriculum Redesign Update", accessed May 1st, 2019, https://curriculum. gov. bc. ca/sites/curriculum. gov. bc. ca/files/pdf/Curriculum%20Redesign%20Update %20Winter. pdf.

[41] "First peoples principles of learning", accessed May 1st, 2019, http://www. fnesc. ca/wp/wp – content/uploads/2015/09/PUB – LFP – POSTER – Principles – of – Learning – First – Peoples – poster – 11x17. pdf.

[42] "Science Curriculum 11 Physics", accessed May 3, 2019, https://curriculum. gov. bc. ca/sites/curriculum. gov. bc. ca/files/curriculum/science/en_ science_ 11_ physics_ elab. pdf.

[43] "Science Curriculum Goals – and – Rationale", accessed May 3, 2019, https://curriculum. gov. bc. ca/curriculum/science/core/goals – and – rationale.

[44] "Science Curriculum Introduction", accessed May 1st, 2019, https：//
curriculum. gov. bc. ca/curriculum/science/core/Introduction.

[45]《中共中央　国务院关于全面加强新时代大中小学劳动教育的意见》，
中华人民共和国教育部，http：//www. moe. gov. cn/jyb_ xxgk/moe_
1777/moe_ 1778/202003/t20200326_ 435127. html，最后检索日期：
2019 年 5 月 3 日。

后　记

　　我真正与教育研究结缘应该是在十二年前，离开了摸不到头脑的电气工程专业，转向了物理课程与教学论，然后是大课程与教学论的思考与研究。由理科到文科的大开大合之举所带给我的虽有惊喜却更多的是战战兢兢，如履薄冰。所幸家人支持、良师指点、益友保护，才使得我这一路走来也算平安，也开始对教育有想法、有执念。我特别感谢我们国家的教育，能够让我在更高的地方回望与思考，能够让我在更深的地方凝视与潜行，也正是这一腔热血让渺小的我时刻都在参与勾勒我们国家教育的未来，都在描绘课程、教学以及教师的蓝图，都在竭尽全力找寻教育的意义是什么，都在全力以赴回答教育的目的是什么。

　　可以说，本书完整呈现了我长久坚持的教育立场和教育期待，希望未来的自己在某一天看到这篇后记时还能想得起来以前走过的路，还能看得清楚未来要走的路，那就是做有意义的思考，做落下去的研究，不止于理想，不陷于现实。时至今日，是到了该说结束的时候了，就像人生的一个阶段落幕，然后走向另一个阶段。如果说这本书的写作过程是我不断剖析批判与解构重建自我的过程，那么这本书的出版则是凝结了我这五年以来围绕大概念课程与教学的全部理解，也是我能对推动国家教育改革所贡献的全部力量，虽有不足但希望有益。

　　感谢社会科学文献出版社以及陈颖编审对本书的认可，历经数次订正审校后终于使这份沉甸甸的思考得以面世。同时特别感谢团队每一位成员的付出和努力，愿意为我国教育发展燃烧自己的心力。衷心希望所有教育人都能够为提升我们国家的教育质量而努力，这是一种持之以恒、永不言弃以及无所畏惧的努力。

姜桂劲气运丹田，山川舒卷不动摇。

回首高处观霁景，长路踏浪飏云帆。

是为记。

李　刚

2022 年 8 月于长春

图书在版编目（CIP）数据

大概念课程与教学：从理论到实践／李刚著.—
北京：社会科学文献出版社，2022.10
　　ISBN 978-7-5228-0295-4

　　Ⅰ.①大…　Ⅱ.①李…　Ⅲ.①高中-教学研究　Ⅳ.
①G632.0

　　中国版本图书馆 CIP 数据核字（2022）第 109747 号

大概念课程与教学：从理论到实践

著　　者／李　刚

出 版 人／王利民
责任编辑／陈　颖
责任印制／王京美

出　　版／社会科学文献出版社（010）59367127
　　　　　　地址：北京市北三环中路甲 29 号院华龙大厦　邮编：100029
　　　　　　网址：www.ssap.com.cn
发　　行／社会科学文献出版社（010）59367028
印　　装／三河市尚艺印装有限公司

规　　格／开本：787mm×1092mm　1/16
　　　　　　印张：15.25　字数：256 千字
版　　次／2022 年 10 月第 1 版　2022 年 10 月第 1 次印刷
书　　号／ISBN 978-7-5228-0295-4
定　　价／98.00 元

读者服务电话：4008918866